AF177517

ro
ro
ro

Rowohlt Verlag GmbH, Kirchenallee 19, 20099 Hamburg

Kontaktadresse nach EU-Produktsicherheitsverordnung:
produktsicherheit@rowohlt.de

Nach dem Ende des Zweiten Weltkriegs kamen sie aus ganz Mittel- und Osteuropa nach Deutschland: Es waren rund zwölf Millionen Menschen, die nichts im Gepäck hatten als die Erinnerung an die verlorene Heimat und den festen Willen, sich nicht aufzugeben. Sie waren keineswegs willkommen – die Flüchtlinge mussten nicht nur ihr Leben neu organisieren, sondern auch mit Ressentiments, gar Anfeindungen fertigwerden. Wie haben sie ihre Lage gemeistert? Erst heute sind viele Betroffene bereit, über ihr Schicksal als Vertriebene im Nachkriegsdeutschland offen zu reden. Auf der Grundlage unveröffentlichter Quellen und zahlreicher Interviews mit ehemaligen Flüchtlingen und Menschen, die sie damals aufnahmen, widmet sich das vorliegende Buch diesem heiklen Kapitel – ein ungewöhnlicher Blick auf die Nachgeschichte von Flucht und Vertreibung und zugleich ein fesselndes historisches Panorama.

Ein Team von deutschen Filmautoren, zu dem die Regisseure Henning Burk und Erika Fehse sowie die WDR-Journalistinnen Susanne Spröer und Gudrun Wolter zählen, hat gemeinsam mit der renommierten Historikerin Marita Krauss dieses Buch verfasst.

Fremde Heimat

Das Schicksal der Vertriebenen nach 1945

Mit Beiträgen von
Henning Burk
Erika Fehse
Marita Krauss
Susanne Spröer
Gudrun Wolter

Rowohlt Taschenbuch Verlag

3. Auflage Juni 2020

Veröffentlicht im Rowohlt Taschenbuch Verlag,
Reinbek bei Hamburg, Februar 2013
Copyright © 2011 by Rowohlt · Berlin Verlag GmbH, Berlin
Autorin der Stichwörter Susanne Spröer
Karten Peter Palm, Berlin
Umschlaggestaltung ZERO Werbeagentur, München,
nach einem Entwurf von any.way, Walter Hellmann
(Foto: ullstein bild – Gronefeld)
Satz aus der DTL Haarlemmer PostScript (InDesign)
bei KCS GmbH, Buchholz bei Hamburg
Druck und Bindung BoD - Books on Demand GmbH,
Norderstedt, Germany
ISBN 978 3 499 62766 8

Inhalt

Stichwörter

Grenzdurchgangslager Friedland 52 · Vertriebenenstädte und Flüchtlingssiedlungen 72 · Nissenhütte 90 · Bundesministerium für Vertriebene, Flüchtlinge und Kriegsgeschädigte 106 · «Charta der deutschen Heimatvertriebenen» 122 · «Operation Schwalbe» 136 · Rügenwalder Teewurst 164 · Lastenausgleich in der Bundesrepublik 189 · Ausgleichsmaßnahmen und Bodenreform in der SBZ und der DDR 223 · Zwischen Traumland und Schweigen: Bücher der Kinder- und Enkelgeneration 229 · «Grün ist die Heide»: Der deutsche Heimatfilm 243 · Vertriebenen-Organisationen, -Parteien und -Verbände 253 · Stiftung Flucht Vertreibung Versöhnung 256 · Prominente aus Vertriebenenfamilien 257

Gudrun Wolter

«Flüchtling bleibt man sein Leben lang»: das Schicksal der Vertriebenen nach 1945

Peter Kurzeck hat immer wieder denselben Traum: Mit einem Koffer in der Hand kommt er an einem Bahnhof an. Im selben Moment weiß er nicht mehr, wo er sich befindet. Verzweifelt versucht er, sich wenigstens an das Ziel seiner Reise zu erinnern. Vergeblich. Plötzlich verschwindet sein Gepäck, dann der halbe Bahnhof um ihn herum. Und er steht verloren am Rande eines Niemandslandes …

Peter Kurzeck stammt aus Tachau im Böhmerwald und war drei Jahre alt, als er mit seiner Mutter und seiner Schwester den «Abschub» erlebte, wie die Tschechen die Vertreibung der Sudetendeutschen bis heute nennen. Er wuchs im hessischen Staufenberg auf.

Horst-Dieter Lindner ist, wie er sagt, im Sauerland zu Hause. Dort besuchte er jüngst ein Klassentreffen seiner Realschule. Man sprach über die früheren Zeiten, und er bedankte sich nachträglich bei seinen ehemaligen Mitschülern: «… dafür, dass sie mich nie haben spüren lassen, dass ich aus dem Osten kam.» Als Sechsjähriger ist mit seiner Familie aus Breslau vertrieben worden, hat Gewalt und Willkür erlebt, die Hilflosigkeit und Todesangst der Erwachsenen, das Gefühl, vollkommen ausgeliefert zu sein. Angekommen im Sauerland, ein evangelisches Stadtkind in einer katholisch-ländlichen Umgebung, hat der Junge seine ganze Kraft darauf verwendet, sich anzupassen. Er ging mit den anderen in die Messe, schaute sich das Bekreuzigen ab, verleugnete seine Herkunft, den sozialen Absturz, die Unterkunft neben dem Flüchtlingslager. Er hat sich, wie viele Kinder von Vertriebenen, mit zähem Fleiß hochgearbeitet – und blieb sein Leben lang darum bemüht, nicht aufzufallen.

Auch Ingrid Berlik hat es geschafft. Sie war zwölf, als sie mit der Mutter und den Geschwistern aus Danzig vertrieben wurde und in Drachensee bei Kiel landete, in einem ehemaligen Lager für Zwangsarbeiter. Das Mädchen aus gutbürgerlichem Hause lebte fortan in einer Baracke, ohne jede Intimsphäre, in hygienischen Verhältnissen, die jeder Beschreibung spotteten, in bitterer Armut. Als «dreckiges Lagermädchen» im Gymnasium ausgegrenzt, verstummte sie – und ging mit zähem Willen ihren Weg. Mit viel Glück errang sie einen Platz in einem katholischen Internat, studierte zwei Jahre in Kiel und konnte 1956, als angehende Lehrerin, mit der Mutter und den kleineren Geschwistern endlich das Lager verlassen und gemeinsam in eine kleine Mietwohnung einziehen. Ingrid Berlik war seitdem viel im Ausland unterwegs, hat nie wieder Wurzeln geschlagen, ein Leben lang auf dem Sprung. Jahrelang hatte sie ausharren müssen in einer unwürdigen Situation, ohne daran etwas ändern zu können. Wenn sie sich künftig irgendwo nicht mehr wohl fühlte, ergriff sie die Flucht.

Peter Kurzeck, Hans-Dieter Lindner und Ingrid Berlik sind drei von zwölf Millionen Deutschen, die als Folge des von Deutschland begonnenen Zweiten Weltkriegs aus ihrer Heimat vertrieben wurden und in dem Gebiet, das vom Deutschen Reich übrig blieb, ihr Leben ganz von vorn beginnen mussten. Es sind Geschichten wie diese, die heute deutlich machen, dass der Lebensweg dieser Menschen nach 1945 nur unzureichend beschrieben ist, wenn man pauschal von gelungener Integration spricht. Die meisten haben es mit viel Fleiß und Zielstrebigkeit wieder zu materiellem Besitz gebracht und sich darüber hinaus auch die Anerkennung ihrer einheimischen Nachbarn erworben. Doch der Preis dafür war hoch. Sie verstummten, verdrängten, verleugneten, was ohnehin niemand hören wollte.

Schätzungsweise jeder vierte Bundesbürger hat heute Vertriebene in seiner Familie – Großeltern, Eltern oder Schwiegereltern. Die Generation der Enkel weiß häufig genug nur, dass der Opa irgendwo aus Ostpreußen stammt oder die Oma aus dem Sudetenland. Doch wie ihr Lebensweg verlief, welche Kraft der Neuanfang gekostet hat, wie viele Demütigungen sie erlitten, wie viel Zorn und wie viele Tränen sie herunterschluckten, um ihr Ziel, endlich wieder dazuzugehören, nicht aus den Augen zu verlieren – das haben die Alten nicht erzählt und die Enkel nicht gefragt. Und immer wenn in Todesanzeigen ein Geburtsort in Schlesien oder Ostpreußen, in Pommern oder Böhmen auftaucht, ist wieder jemand gegangen, den man hätte fragen können: Wie erträgt man es, wenn einem ohne Vorwarnung jede Sicherheit genommen wird? Wenn man aus allen Bindungen herausgestoßen wird? Wenn man nicht nur Haus und Hof, Hab und Gut verliert, sondern auch Verwandte und Nachbarn und die Gewissheit, in einem vertrauten sozialen Gefüge einen festen Platz zu haben? Wenn man auch die gewohnte kulturelle Umgebung verlassen muss – die Landschaft mit ihrem Licht, ihren Farben und ihrem Geruch, mit Wiesen und Wäldern, mit Dörfern und Städten, mit der typischen Architektur, den traditionellen Festen, mit der Sprache und der Geschichte, in die die eigene Familie eingebunden ist? Was passiert, wenn man Menschen all das nimmt und sie zwingt, als Unbekannte in einer in jeder Hinsicht fremden Umgebung ihr Leben neu zu beginnen? Es sind solche Fragen, die den Anstoß für dieses Buch gegeben haben.

Als sich Winston Churchill, Franklin D. Roosevelt und Josef Stalin im November 1943 in Teheran trafen, um über eine mögliche Nachkriegsordnung zu beraten, spielten derlei Fragen keine Rolle. Schnell war klar, dass Stalin einen Teil der polnischen Ostgebiete für sich beanspruchte – bis zur sogenannten Curzon-Linie, der 1919 festgelegten polnisch-sowjetischen Grenze, die sich in etwa mit der Grenzziehung des Hitler-Stalin-Paktes von 1939 deckte. Und weil Polen als Opfer des Krieges nicht für Stalins Gebietsansprüche büßen sollte, beschloss man, sein Staatsgebiet auf Kosten Deutschlands nach Westen zu verschieben. Damit waren die Weichen für die Vertreibung von mehreren Millionen in Ostpreußen, Westpreußen, Danzig, Pommern, Posen, Ostbrandenburg und Schlesien beheimateten Deutschen, aber auch von Millionen im zukünftigen sowjetischen Staatsgebiet lebenden Polen gestellt. Was das für die betroffenen

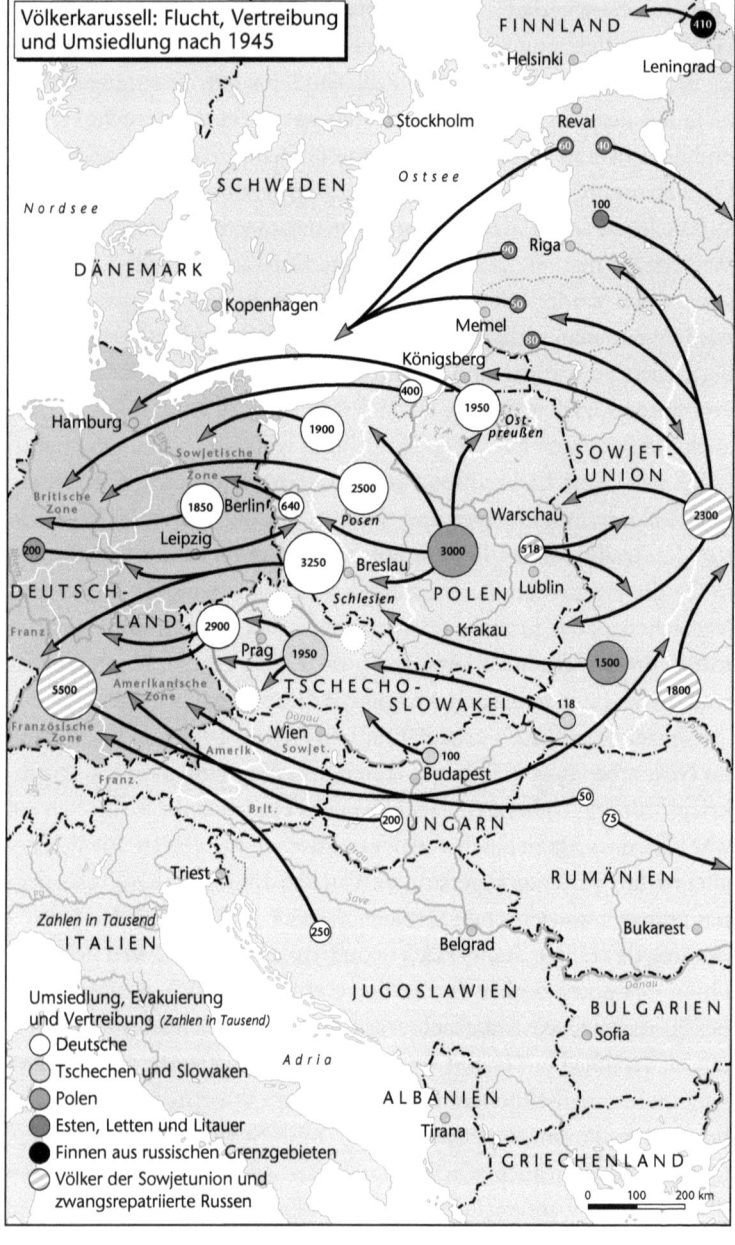

Völkerkarussell: Flucht, Vertreibung und Umsiedlung nach 1945

FINNLAND
Helsinki
Leningrad

Stockholm

SCHWEDEN

Ostsee

Reval

Nordsee

DÄNEMARK

Riga

Kopenhagen

Memel

Königsberg

Hamburg

Ost-
preußen

SOWJET-
UNION

Sowjetische
Zone

Britische
Zone

Berlin

Posen

Warschau

Leipzig

Breslau

POLEN

Lublin

DEUTSCH-

Schlesien

LAND

Krakau

Franz.

Prag

Amerikanische
Zone

TSCHECHO-

Zone

SLOWAKEI

Französische
Zone

Wien

Donau

Sowjet.

Amerik.

Franz.

Brit.

UNGARN

Triest

Save

RUMÄNIEN

Zahlen in Tausend
ITALIEN

Bukarest

JUGOSLAWIEN

Belgrad

BULGARIEN

Adria

Sofia

ALBANIEN

Tirana

GRIECHENLAND

Donau

Umsiedlung, Evakuierung
und Vertreibung (Zahlen in Tausend)
○ Deutsche
○ Tschechen und Slowaken
○ Polen
● Esten, Letten und Litauer
● Finnen aus russischen Grenzgebieten
◐ Völker der Sowjetunion und
   zwangsrepatriierte Russen

0   100   200 km

Männer und Frauen, Kinder und Alten bedeuten würde, stand nicht zur Debatte.

Zwangsumsiedlungen, Aussiedlungen, Vertreibungen galten seit Ende des Ersten Weltkriegs als probates Mittel, um Nationalitätenkonflikte zu befrieden – Folge der Nationalstaatsidee, die sich im 19. Jahrhundert in Europa auszubreiten begann. Bis dahin definierten sich die Staaten vor allem über die Loyalität ihrer Untertanen gegenüber dem Herrscherhaus. Im Königreich Preußen konnten beispielsweise Hugenotten weiterhin in Schulen und Kirchen französisch sprechen und dennoch preußische Staatsbürger sein. Mit den bürgerlichen Freiheitsidealen und den aufkommenden Nationalbewegungen änderte sich das – jetzt wurde der Staat als Zusammenschluss von Bürgern eines Volkes, einer Sprache und Kultur verstanden. Noch im 19. Jahrhundert lösten sich Griechenland, Serbien, Rumänien und Bulgarien aus dem Osmanischen Reich. Nach dem Ende des Ersten Weltkriegs schließlich gingen aus der Konkursmasse der großen Vielvölkermonarchien – Österreich-Ungarn, russisches Zarenreich und Osmanisches Reich – weitere neue Nationalstaaten hervor: Finnland, Estland, Lettland und Litauen, Polen, die Tschechoslowakei und Ungarn.

Tatsächlich gab es auf der europäischen Landkarte jedoch nur wenige ethnisch einheitlich besiedelte Gebiete. Jeder der neuen Nationalstaaten beherbergte deshalb keinesfalls nur ein einziges Volk, eine einzige Kultur und Sprache. Und so fanden sich plötzlich viele Menschen in ihrer seit Jahrhunderten angestammten Heimat als misstrauisch betrachtete Minderheit eines neuen Staates wieder. Konflikte waren programmiert, und Türken und Griechen waren die Ersten, die sie blutig austrugen – an ihnen wurde vollzogen, was harmlos «Entmischung» hieß. 1923, nach dem griechisch-türkischen Krieg, regelte der Vertrag von Lausanne den «Bevölkerungstransfer» von rund 1,8 Millionen Menschen: 430000 Türken wurden daraufhin aus Griechenland ausgesiedelt, 1,35 Millionen Griechen mussten die Türkei verlassen – darunter auch die Familie des griechischen Liedermachers Mikis Theodorakis.

Das millionenfache Leid, das diese Vertreibung mit sich brachte, wurde ignoriert. Denn jetzt, als nationale Staaten in Europa Wirklichkeit und nicht mehr wegzudenken waren, galt die «Entmischung» der durcheinander siedelnden Völker als fast zwangsläufige Konsequenz.

«Vertrieben für Frieden» hieß die Formel, und sie galt als Erfolgsmodell zur Vermeidung künftiger Nationalitätenkonflikte. Darauf besann sich zwanzig Jahre später US-Präsident Roosevelt, als er, ein halbes Jahr vor der Konferenz von Teheran 1943, dem britischen Außenminister Anthony Eden erklärte: «Wir wollen Vorkehrungen treffen, um die Preußen aus Ostpreußen auf die gleiche Weise zu entfernen, wie die Griechen nach dem letzten Krieg aus der Türkei entfernt wurden.» Eineinhalb Jahre später verkündete Winston Churchill in einer Rede vor dem britischen Unterhaus: «Die Vertreibung ist – soweit wir es zu überschauen vermögen – das befriedigendste und dauerhafteste Mittel. Es wird keine Mischung der Bevölkerung geben, wodurch endlose Unannehmlichkeiten entstehen wie im Fall von Elsass-Lothringen. Es wird gründlich aufgeräumt.»

Churchill hielt diese Rede am 15. Dezember 1944. Da war der kleine Peter Kurzeck noch in Tachau, Ingrid Berlik noch in Danzig und Horst Dieter Lindner in Breslau. Ein Woche darauf würden sie Weihnachten feiern – ohne zu wissen, dass es das letzte Weihnachtsfest in der Heimat sein sollte. Doch ihr Schicksal und das von Millionen Menschen in Europa war längst besiegelt, und mit der vorrückenden Roten Armee wurden Fakten geschaffen. Bei der Konferenz in Potsdam im Juli 1945 wurden nur noch die Einzelheiten geregelt. Sofern die Deutschen im Osten nicht schon vor der sowjetischen Armee geflohen, auf dem Balkan vor dem Anrücken der jugoslawischen Partisanen evakuiert worden oder den wilden Vertreibungen durch Tschechen oder Polen zum Opfer gefallen waren, sollte «die Überführung der deutschen Bevölkerung […] in ordnungsgemäßer und humaner Weise erfolgen». Doch das sicherzustellen, sahen sich die USA und Großbritannien außerstande – die Deportationen fanden im Einflussbereich Stalins statt, und tschechische wie polnische Milizionäre hatten meist wenig zu befürchten, wenn sie Rachegelüste an Deutschen auslebten.

Die Alliierten hatten ein Großexperiment nie gekannten Ausmaßes angestoßen, die größte ethnische Säuberung der europäischen Geschichte – einer Idee folgend, die ihnen die nächstliegende schien, die ihren Interessen entgegenkam und denen jener Nationen, die unter dem von Deutschland begonnenen Krieg, der nationalsozialistischen deutschen Besatzung und der damit einhergehenden Willkür und Gewalt am meisten gelitten hatten. Unter deutscher Herrschaft hatten Polen und Tschechen Zwangsumsiedlungen und Massenmord erlebt. Die Ausweisung der deutschen Bevölkerung schien daher folgerichtig und befriedigte außerdem den Wunsch nach Rache für das erlittene Leid der eigenen Bevölkerung.

Die Familie Elvira Schmidts beispielsweise hatte ihren Bauernhof in Bessarabien, einem deutschen Siedlungsgebiet am Schwarzen Meer, notgedrungen verlassen – als Folge des Hitler-Stalin-Paktes von 1939 und der nationalsozialistischen «Heim-ins-Reich»-Politik. Bessarabien gehörte jetzt zu Stalins Interessengebiet. Elviras Familie wurde, nach einer mehrmonatigen Odyssee durch verschiedene Lager, im deutsch besetzten polnischen Warthegau angesiedelt. Das Haus, in das sie einzogen, war komplett eingerichtet – die Polen, denen es gehörte, waren daraus vertrieben worden. 1945 traf dieses Schicksal dann Elvira Schmidts Familie selbst. Sie musste zum zweiten Mal ihre Sachen packen, mit ungewisser Zukunft.

Die lebenslangen Folgen für jene Menschen, die die Vertreibung unabhängig von möglicher persönlicher Schuld traf, konnten und wollten die Siegermächte nicht ermessen. Doch als Besatzungsmächte sollten sie bald alle Hände voll zu tun haben, um für Kleidung, Nahrung und Unterkunft von zwölf Millionen Menschen zu sorgen, die im schwer zerstörten Deutschland westlich von Oder und Neiße ankamen, schmutzig, hungrig, ausgeplündert, traumatisiert von den Erlebnissen während ihrer Flucht und Vertreibung.

Eine, die davon betroffen war, ist Hildegard Spors. Sie floh im Februar 1945 aus Schlochau in Westpreußen. Der Vater, der noch einmal zurückging, um nach den Tieren zu sehen, wurde von sowjetischen Soldaten erwischt und kam nie wieder. Eine Cousine wurde unterwegs erschossen, weil sie sich einem Rotarmisten widersetzt hatte. Ihre Mutter wurde an die Wand gestellt und entkam nur durch einen glücklichen Zufall der Erschießung. «Todesangst hatten wir die ganze Zeit. Immer. Immer.»

Hildegard Spors' Familie brach die Flucht ab, kehrte um, 150 Kilometer zurück nach Hause. Doch in ihrem Haus lebten jetzt Polen, ein Onkel arbeitete als Knecht auf dem eigenen Hof, die Verwandten des Vaters waren erschossen worden. Die Familie kam irgendwo unter, Mutter und Tante wurden nachts von polnischen Milizionären abgeholt, verprügelt, acht Tage lang in einen Keller gesperrt. Hildegards Bruder, ein blondes und blauäugiges Kind von zwölf Jahren, wurde, weil er so deutsch aussah, immer wieder willkürlich ins Gesicht geschlagen. Den Jungen und seine Familie traf die Rache derer, die vorher unter dem deutschen Terrorregime gelitten hatten. Nie wieder hat er sich von dieser Erfahrung völligen Ausgeliefertseins erholt – die Angstträume haben ihn für den Rest seines Lebens nicht mehr losgelassen.

Ein Jahr blieb Hildegard Spors mit ihrer Familie noch in der Heimat – als Arbeitskräfte bei polnischen Bauern. Dann kam die endgültige Vertreibung: die Deportation in Zügen Richtung Westen. Von dem, was sie am Leibe trugen, wurde ihnen ein Teil unterwegs noch abgenommen. Als sie im Lager Drachensee bei Kiel eintrafen, besaßen sie nichts mehr. Da war Hildegard ein zehnjähriges Mädchen und der Krieg seit einem Jahr vorbei.

Ihre Flucht- und Vertreibungsgeschichte ist eine von vielen. Sie zeigt, wie unmöglich es den westlichen Alliierten war, für die «Überführung der Deutschen in humaner Weise» Sorge zu tragen. Denn noch bevor die Potsdamer Konferenz im Juli 1945 die Einzelheiten des längst vorher getroffenen Vertreibungsbeschlusses regelte, erlebte die deutsche Bevölkerung jenseits von Oder und Neiße die Umsetzung dieser Maßnahme, die am Ende mehr als zwölf Millionen Deutsche traf.

Wer mit dem Leben davongekommen war und sich in einem der Durchgangslager westlich von Oder und Neiße erst einmal in Sicherheit wusste, dem wurde mit Hilfe der alliierten Besatzungsbehörden eine vorläufige Bleibe zugewiesen: eine Pritsche in einem gerade von befreiten Zwangsarbeitern geräumten Lager; eine mit Hilfe von Wolldecken geteilte Scheune; ein Zimmer in einem Bauernhaus, das die Einheimischen frei räumen mussten.

Die Besatzer sorgten mit dem nötigen Nachdruck dafür, dass die Deutschen zusammenrückten und den Neuankömmlingen Platz machten. In einem schwer kriegszerstörten Land, dem rund ein Drittel seines Territoriums mit landwirtschaftlichen Flächen und industriellen Zentren verlorengegangen war, einem Land ohne funktionierende Infrastruktur und aufgeteilt in vier Besatzungszonen, mussten sie jetzt zwölf Millionen Habenichtse unterbringen, die oft nicht mal mehr einen Löffel besaßen, um die zugeteilte Suppe essen zu können.

Für eine Zwangsumsiedlung dieser Größenordnung und unter diesen Umständen gab es weder ein Vorbild noch Erfahrungen, geschweige denn einen ausgearbeiteten Plan aufseiten der Alliierten.

Wie man den Entwurzelten, die psychisch und physisch bereits großes Leid ertragen hatten, den Neuanfang erleichtern könnte, dazu wurden kaum Überlegungen angestellt. Man brachte die Flüchtlinge dort unter, wo Platz war, nicht, wo sie sich aufgrund ihrer Herkunft möglicherweise leichtergetan hätten, ihr Schicksal anzunehmen. So landete der evangelische Bürgersohn aus der modernen Großstadt Breslau in einem konservativen katholischen Dorf, die katholische Beamtentochter aus Danzig in einem Barackenlager, und der ostpreußische Gymnasiast aus guter Familie musste als Knecht bei einem Bauern die Drecksarbeit verrichten.

Die Alliierten befürchteten, es könne zu Aufruhr und Aufständen kommen, wenn man Vertriebene aus denselben Heimatorten in Gruppen zusammenließ. Deshalb sorgte man dafür, dass sie möglichst verstreut untergebracht wurden – und so den letzten Halt verloren: das Aufgehobensein in einer Gemeinschaft von Menschen

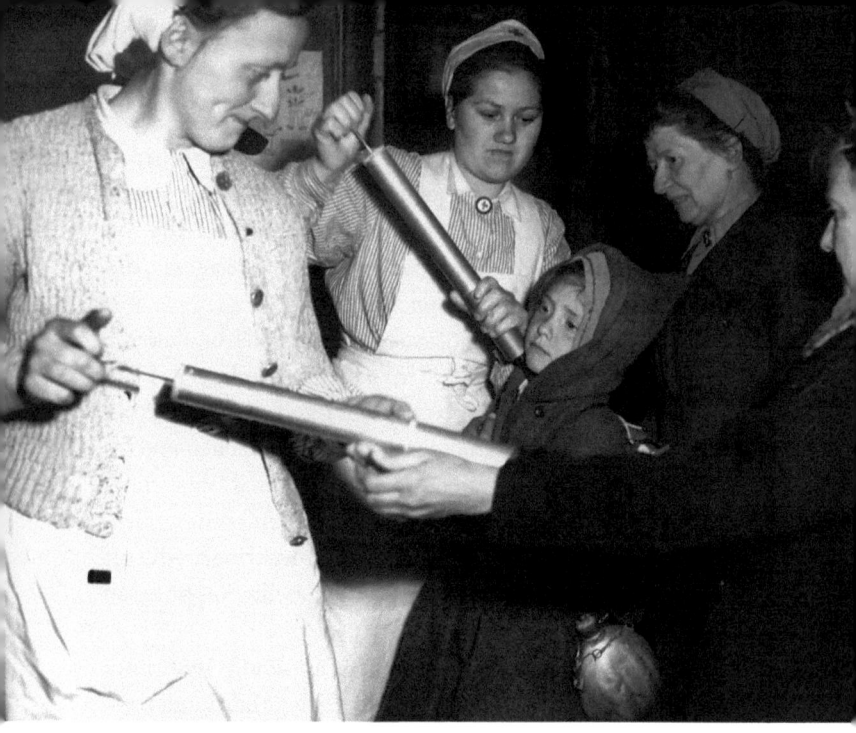

Rotkreuzschwestern bei der Entlausung von Flüchtlingen mit DDT am Frankfurter Hauptbahnhof, April 1946. Entlassene Kriegsgefangene und Flüchtlinge erhielten Lebensmittelkarten nur gegen Vorlage einer Entlausungsbescheinigung.

gleicher Herkunft und Kultur. Nach dem Verlust der Heimat folgte der Verlust der kulturellen Identität.

Sehr bald, schon vor der sich abzeichnenden Gründung der beiden deutschen Staaten, übertrugen die Besatzungsmächte die Verantwortung für das Schicksal der Vertriebenen auf die deutschen Behörden, die in West und Ost höchst unterschiedlich mit «ihren» Ostpreußen, Pommern, Schlesiern, Bessarabien- und Sudetendeutschen umgingen.

Die Sowjetische Besatzungszone und spätere DDR hatte 4,3 Millionen Flüchtlinge und Vertriebene aufgenommen, allein in Mecklenburg war bald jeder zweite Einwohner ein «Umsiedler» – diese Bezeichnung schrieb die sowjetische Militäradministration vor, um mit Rücksicht auf die Sowjetunion und die sozialistischen Bruderländer die wahren Umstände der Vertreibung zu verschleiern. Schließlich hatte Polen fast die Hälfte seines Vorkriegsterritoriums im Osten an die Sowjetrepubliken Litauen, Weißrussland und die Ukraine verloren und war dafür mit Ostpreußen, Hinterpommern, Ostbrandenburg und Schlesien entschädigt worden.

Die SED sprach bald nur noch von «Neubürgern», die besondere Lage der Entwurzelten wurde aus der Sprache getilgt, die Betroffenen in keiner Statistik oder Erhebung mehr gesondert erfasst, ihre Eingliederung als erledigt betrachtet. Im Jahr 1946 hatten sie von der sowjetischen Militäradministration eine einmalige Soforthilfe zugestanden bekommen: eine Unterstützung für Bedürftige und Arbeitsunfähige von 300 Mark pro Erwachsenem und 100 Mark für deren Kinder. Eine dem Lastenausgleich vergleichbare Entschädigung für das verlorene Hab und Gut konnte es schon deshalb nicht geben, weil nicht der Eindruck entstehen durfte, dass dieser Besitz keinesfalls freiwillig aufgegeben wurde. Bereits am 6. Juni 1950 erkannte die DDR-Regierung die Oder-Neiße-Grenze als gültige deutsch-polnische Grenze an und bestrafte forthin jeden, der sie in Frage stellte. Sich mit ihren Landsleuten zu treffen, um die Kultur der Heimat zu pflegen oder sich einfach unter Menschen gleichen Schicksals auszutauschen, war den «Neubürgern» ebenfalls verboten. So erfuhr die in Mecklenburg angesiedelte Bessarabiendeutsche Elvira Schmidt erst nach der politischen Wende 1989, wie viele andere Bessarabiendeutsche all die Jahre in ihrer Umgebung gewohnt hatten.

Anders in der Bundesrepublik: Insgesamt 7,9 Millionen Vertriebene hatten die drei westlichen Besatzungszonen aufgenommen. Ende 1948 wurde das von den Alliierten erlassene Koalitionsverbot für die Vertriebenen aufgehoben, Landsmannschaften wurden gegründet und Interessenvertretungen ins Leben gerufen. Es gab ein Ministerium für Vertriebene, Flüchtlinge und Kriegsgeschädigte und mit dem BHE, dem Block der Heimatvertriebenen und Entrechteten, sogar eine politische Partei, die sich für die Belange von Flüchtlingen einsetzte. Umbenannt in Gesamtdeutscher Block, war sie bis weit in die sechziger Jahre in den Landesregierungen von Hessen, Schleswig-Holstein, Niedersachsen, Baden-Württemberg und Bayern vertreten und in der zweiten Legislaturperiode von 1953 bis 57 sogar an der Bundesregierung beteiligt. Mit günstigen Baukrediten und dem Lastenausgleichsgesetz von 1953 versuchte man, den Vertriebenen den Aufbau einer neuen Existenz zu erleichtern. Die Wetterkarte des deutschen Fernsehens zeigte noch Mitte der sechziger Jahre wie selbstverständlich auch Ostpreußen, Hinterpommern und Schlesien, und bei den Heimattreffen der Vertriebenenverbände bemühten sich Politiker von SPD wie CDU, den Wählern die Illusion, doch noch irgendwann heimkehren zu können, nicht zu zerstören. Das deutsche Leid und die Kritik an den kommunistischen Regimen im Osten beherrschten die politischen Debatten.

Doch mit der neuen Ostpolitik der sozialliberalen Koalition Willy Brandts wurden andere Töne angeschlagen, das Vertriebenenministerium wurde 1969 aufgelöst, die gelungene Integration als Leistung der Bundesrepublik gefeiert. Die Eingliederung der Vertriebenen galt dank Wirtschaftswunder und Vollbeschäftigung als vollzogen. Die Vertriebenenverbände gerieten mit ihrem «Recht auf Heimat» in die Defensive und unter generellen Revanchismusverdacht – der auch die Vertriebenen selbst traf, obwohl inzwischen nur noch eine kleine Minderheit von ihnen überhaupt im Bund der Vertriebenen organisiert war und dessen Politik unterstützte.

Brandts Kniefall 1970 vor dem Mahnmal für die Gefallenen des Aufstandes im Warschauer Ghetto von 1943 markierte zugleich die Hinwendung zu dem Leid, das Deutsche vor der Vertreibung als Täter verursacht hatten. Man fragte nach Schuld und Verantwortung für die Zeit des Nationalsozialismus, und jetzt, schreibt die Publizistin und ehemalige Polen-Korrespondentin Helga Hirsch, galt es «als politisch unkorrekt, über Deutsche als Opfer zu sprechen, während es als korrekt galt, den Verlust der Ostgebiete als gerechte Strafe für die NS-Verbrechen zu akzeptieren».

Das Schicksal der Flüchtlinge, in den fünfziger Jahren in Heimatfilmen wie «Grün ist die Heide» noch – wenngleich geschönt – thematisiert, passte nicht mehr in die Zeit, wer von der verlorenen Heimat in Ostpreußen oder Schlesien erzählte, wurde schnell einer rechten Gesinnung verdächtigt. Mit Ausnahme eines vielbeachteten Dreiteilers des Bayerischen Rundfunks von 1981 waren Flucht und Vertreibung auch für das Fernsehen kein Thema mehr.

Das änderte sich mit der Öffnung der Mauer nach 1989 und der Anerkennung der Oder-Neiße-Grenze durch die Regierung Helmut Kohl 1990. Mit dem Blick auf die Länder des ehemaligen Ostblocks wuchs nun auch das Interesse an der Geschichte derer, die dort einmal zu Hause gewesen waren. Verhärtete Positionen weichten auf: In Deutschland wagte man wieder, sich auch den schmerzhaften Erlebnissen der Vertriebenen zuzuwenden, und in den neuen EU-Mitgliedsstaaten Polen und Tschechien fragten bald vor allem jüngere Bürger nach den tatsächlichen Umständen der «Aussiedlung» der Deutschen nach dem Krieg. Dass dieser sensible und schwierige Prozess des Umdenkens noch andauert, zeigen die Konflikte im Zusammenhang mit dem geplanten Zentrum gegen Vertreibungen in Berlin.

Zahlreiche Dokumentationen haben sich seither in der ARD mit dem Thema Vertreibung befasst – zum Beispiel die zweiteilige Dokumentation «Die Sudetendeutschen und Hitler» (2008) vom Hessischen Rundfunk – und dabei vorwiegend die Vorgeschichte, Flucht und Vertreibung selbst und die allerersten Nachkriegsjahre in den Blick genommen.

Auch der WDR hat sich mit zwei dreiteiligen Dokumentationsreihen «Als die Deutschen weg waren» (2005) und «Als der Osten noch Heimat war» (2009) mit den Gebieten beschäftigt, in denen Deutsche bis 1945 zu Hause waren: Schlesien, Ostpreußen und das Sudetenland, Westpreußen und Pommern. Die erste Reihe beschäftigte sich mit der Frage, wie es in den einstigen deutsch besiedelten Gebieten weitergegangen war, nachdem ihre Bewohner verjagt worden waren und Tschechen, Polen oder Sowjetbürger Häuser und Höfe, Ställe und Scheunen, Betriebe und Schulen sowie das hinterlassene kul-

Wohnhäuser für Flüchtlinge, 1950

turelle Erbe in Besitz genommen hatten. Eine Fragestellung, die an Tabus rührte und deren Beantwortung manchen unserer Zeitzeugen vor allem in Polen und Tschechien noch große Überwindung kostete. Die zweite Dokumentationsreihe erzählte, welches Leben Deutsche in Pommern, Schlesien und Westpreußen führten, bevor man sie von dort vertrieb: drei Filme, die manch liebgewordenes Vorurteil über die dortige Gesellschaft und den Alltag vor 1945 erschütterten und fast vergessene Geschichten zutage förderten. Zu beiden Dokumentationsreihen ist auch jeweils ein Begleitbuch erschienen, in dem einerseits die sehr persönlich erzählten Geschichten der Zeitzeugen ausführlicher und vertiefender, als es der Fernsehfilm vermag, nachgezeichnet sind und andererseits Historiker das zeitgeschichtliche Umfeld schildern, das die Lebenswege der Betroffenen beeinflusste.

«Fremde Heimat – das Schicksal der Vertriebenen nach 1945», als zweiteilige Dokumentation vom Hessischen Rundfunk gemeinsam mit dem Südwestrundfunk und dem Westdeutschen Rundfunk für die ARD produziert, schließt daran an: Was geschah mit den Menschen, nachdem sie hier angekommen waren? Kann man wirklich von der vielbeschworenen «gelungenen Integration» sprechen? Waren die Ablehnung seitens der Einheimischen und das Heimweh und die Eingewöhnungsschwierigkeiten der Flüchtlinge tatsächlich so groß? Wie ist es ihnen gelungen, Fuß zu fassen und ein neues Leben zu beginnen? Welche politischen Eingliederungsmaßnahmen haben ihnen dabei geholfen, welche anderen ihnen die Eingewöhnung erschwert? Welchen Preis mussten sie dafür zahlen, wieder dazugehören zu können? Und nicht zuletzt: Was steckt hinter all den Erfolgsgeschichten vom endlich bezogenen Häuschen, dem florierenden Handwerksbetrieb, den zu Akademikern aufgestiegenen Kindern der einstigen Habenichtse? Es sind Fragen, die in den zahlreichen seit der politischen Wende 1989 erschienenen Büchern zu Flucht und Vertreibung kaum Eingang fanden, da zunächst die Flucht als solche wieder in den Blick rückte und allenfalls die sichtbare Not der ersten Jahre noch zum Thema wurde.

Wie es den Vertriebenen aber danach erging, wie schwer oder leicht es fiel, in der fremden Heimat wieder Wurzeln zu schlagen, welche Narben auf der Seele zurückblieben – das war unter der Oberfläche der offensichtlich materiell gelungenen Integration schwerlich auszumachen und blieb dabei weitgehend unberücksichtigt. Die Geschichten der Vertriebenen zu Ende zu erzählen und diese Lücke zu füllen, haben die Autoren der zweiteiligen Fernsehdokumentation und dieses Buches sich vorgenommen. Auch dieses Mal haben wir den sehr persönlichen Lebensgeschichten einen Überblick über die zeitgeschichtlichen Zusammenhänge, die zu ihrem Schicksal beitrugen, zur Seite gestellt.

Dreißig ausführliche Interviews mit Zeitzeugen aus ganz Deutschland und aus den unterschiedlichsten Vertreibungsgebieten haben wir geführt – die meisten der Befragten kamen als Kinder oder Jugendliche hier an. Denn von den damals Erwachsenen, also ihren Eltern oder Großeltern, leben nur noch wenige. Gehört haben wir dabei sehr unterschiedliche Geschichten, die deutlich machen, dass es das «Schicksal der Vertriebenen» nicht gibt – vielmehr hängt es sehr von den einzelnen Umständen der Herkunft und des Ankunftsortes ab, wie schwer es den Betroffenen fiel, ihr Heimweh zu überwinden und sich zu integrieren.

Sicher ist, dass die Entscheidung der Alliierten, Siedlungsgemeinschaften von Vertriebenen nach Möglichkeit bewusst zu zerstreuen, um ihre Assimilierung zu erzwingen, das Gefühl der Verlorenheit verstärkte. Als Protestant aus der Metropole Breslau und Sohn wohlhabender Stadtbewohner in einer traditionellen und konservativen katholischen Landgemeinde im Sauerland zurechtzukommen fiel besonders schwer, wenn es niemanden mehr gab, für den das bisher Vertraute, Überlieferte, in dem man sich zurechtfand und seinen Platz hatte, Gültigkeit hatte.

Horst-Dieter Lindner aus Schlesien ist es so ergangen. Immer wieder erlebte er als Vertriebener Anfeindung, Demütigungen, Ausgrenzung: «Man hat seine Herkunft und seine Heimat verleugnet. Ich hätte mich nie getraut zu sagen, dass man Flüchtling ist und dass man aus Breslau, eben aus diesem Osten kam. Man hatte immer Angst, dass einem dadurch irgendwelche Nachteile entstehen.»

Sein jahrzehntelanges Bemühen, sich anzupassen, die eigene Geschichte und den sozialen Abstieg lieber zu verschweigen, zeigt deutlich, welchen Preis der Junge für den gelungenen materiellen und sozialen Aufstieg zahlte.

Dort, wo es Vertriebenen dennoch gelang, sich in Gruppen anzusiedeln, war bei allen Schwierigkeiten der Neuanfang weniger schmerzhaft, waren die Demütigungen, Vorurteile, Anfeindungen leichter zu ertragen, das Selbstbewusstsein auch als kulturelle Gemeinschaft besser zu bewahren. Die Siedlung der Bubenreuther Geigenbauer aus dem Sudetenland ist dafür ein gutes Beispiel. Gemeinsam gelang es ihnen, das erlernte Handwerk weiterzuführen und auf diese Weise schnell die Anerkennung der Einheimischen für den Fleiß und die Strebsamkeit der böhmischen Fachleute zu erringen. Miteinander sprachen sie weiter ihren Dialekt und spielten die egerländische Musik. «Dann ist es uns natürlich nicht so schwer gefallen wie Leuten, die allein irgendwohin gekommen sind», erzählt Kurt Lutz aus Bubenreuth: «Wir waren ja lauter Egerländer in der Siedlung, da hat einer den anderen gekannt. Wenn du aus der Straße rausgegangen bist, haben sie dich gerufen, beim Namen.»

«Typisch für die Flüchtlinge war», sagt Peter Kurzeck, «dass sie zu viel gearbeitet haben. Dass sie einfach versucht haben, alles, was sie verloren hatten, nochmal neu aufzubauen.» Und von ihren Kindern, erzählt er weiter, erwarteten sie den gleichen zähen Aufstiegswillen: «Dass sie erstens eine gute Berufsausbildung benötigen und zweitens in der Ausbildung schon so fleißig sein müssen, dass die Firma merkt, sie kann einen gut gebrauchen, das wurde den Flüchtlingskindern halt eingehämmert.» Die anfängliche Ablehnung durch die Einheimischen wich im Laufe der Zeit einer schrittweisen Anerkennung der Vertriebenen, deren unermüdlicher Fleiß auffiel und deren Beitrag zum Wirtschaftswunder und zum Wiederaufbau nicht mehr bestritten wurde.

Als Anfang der siebziger Jahre die Integration der Vertriebenen als geglückt gefeiert und das Thema vorerst ad acta gelegt wurde, hatten viele unserer Zeitzeugen den Aufstieg geschafft und ihre schmerzhaften Ausgrenzungserlebnisse auf dem Weg dahin verdrängt, erleichtert, endlich dazuzugehören und sich nicht mehr beständig schützen oder rechtfertigen zu müssen. Ihren Eltern, das berichten fast alle, fiel das sehr viel schwerer. Viele verkrafteten die völlige Entwurzelung nie. Seine Mutter, erzählt Peter Kurzeck, habe, wenn sie im hessischen Staufenberg aus dem Fenster sah, immer nur ihren böhmischen Heimatort Franzensbad gesehen.

Doch mit zunehmendem Alter und verstärkt durch die Öffnung der Grenzen nach 1989, brach auch bei denen, die als Kinder alles darangesetzt hatten, sich einzufügen und die Demütigungen zu vergessen, manche Wunde wieder auf. Und so erzählen sie, was viele lange für sich behalten haben: von den Albträumen, die sie ihr Leben lang begleitet haben; von der Ängstlichkeit, die sie nie losgelassen hat; von der Unfähigkeit, irgendwo je wieder Wurzeln zu schlagen. Sie unterscheiden zwischen der Heimat, aus der sie stammen, und dem Zuhause, in dem sie leben und etwas erreicht haben, auf das sie stolz sind. Immer wieder auch wurde in den Interviews Bitterkeit spürbar: Sie möchten, dass einfach mal laut und deutlich gesagt und anerkannt wird, was die Vertriebenen geleistet, was sie auf sich genommen haben und was sie aushalten mussten. Man spürt ihr Bedürfnis, die eigene Geschichte zu erzählen und sich als Ostpreuße, Schlesier oder Böhme bekennen zu können, ohne sofort des Revanchismus verdächtigt, als Nazi beschimpft und in die rechte Ecke gestellt zu werden. Es schmerzt sie, wenn sie heute beim Besuch der alten Heimat den jungen Tschechen erzählen, dass auch sie als Deutsche hier geboren sind, und dafür ungläubig angestarrt werden. Viele haben Kontakt aufgenommen zu denen, die jetzt in ihrer alten Heimat leben, sie freuen sich aufrichtig, wenn die Kirche liebevoll restauriert wurde, der Friedhof gepflegt, das kulturelle Erbe der Deutschen geachtet wird. Und es macht sie traurig, wenn das, was sie zurücklassen mussten, nicht genutzt wurde, sondern verfiel.

«Mir ist schon klar, dass ich aus einem Land komme, das es nicht mehr gibt», sagt Peter Kurzeck, «und trotzdem kann man nicht aufhören, Spuren dieses Landes zu suchen.» Es ist die Suche nach den Wurzeln und nach der eigenen, durch ihr Schicksal vielfach gebrochenen Identität, die viele Vertriebene heute beschäftigt.

«Flüchtling», sagt Hildegard Spors, «bleibt man sein ganzes Leben. Wenn man einmal Flüchtling gewesen ist, ist man das. Da wird man immer wieder dran erinnert. Das bleibt man. Das kann man nicht ausradieren.»

Marita Krauss

Fremde Heimat:
Ankunft und erste Jahre (bis 1949)

Sie kamen zunächst in wilden Flüchtlingstrecks, später in Transport-
zügen nach Westen: aus Schlesien und aus den böhmischen Ländern,
aus Ostpreußen und Pommern, aus dem «Reichsgau Danzig-Westpreußen» und aus Rumänien, aus Jugoslawien und Ungarn. Die
Menschen deutscher Herkunft und Sprache, deren Familien oft seit
Hunderten von Jahren in diesen Gebieten ansässig waren, flohen vor
der heranrückenden Roten Armee, oder sie wurden, manche ganz
ohne Proviant und Gepäck, andere mit dreißig oder fünfzig Kilo
ihrer Habe, von Haus und Hof vertrieben. Sie mussten, ob sie selbst
schuldig geworden waren oder nicht, die Zeche dafür bezahlen, dass
das nationalsozialistische Deutschland den Krieg begonnen und ihn
in den besetzten Ländern mit großer Grausamkeit gegen die Zivilbevölkerung geführt hatte. Und sie waren Objekte der internationalen
Politik des «ethnic engineering», also der «ethnischen Steuerung», die
im 20. Jahrhundert als probates Mittel gegen Nationalitätenkonflikte
und Minderheitenprobleme galt. Diese Politik akzeptierte «Bevölke-
rungsverschiebungen», «ethnische Entmischungen» und damit Vertreibungen als Instrument der politischen Konflikteindämmung.

So wurden am Ende des Zweiten Weltkrieges auch die deutschsprachigen Bewohner Ostmittel- und Südosteuropas von einer Welle
der Gewalt erfasst. Die Siegermächte sanktionierten auf der Potsdamer Konferenz von Juli/August 1945 die Ausweisung und Aussiedlung der Deutschen aus den Gebieten östlich von Oder und Neiße
sowie aus den Nachfolgestaaten der Österreichisch-Ungarischen
Monarchie und anderen Gebieten im nun sowjetisch kontrollierten

Teil Europas als Grundlage der Nachkriegsordnung. Erst über fünfzig Jahre später, 1998, wurde «Deportation oder zwangsweiser Bevölkerungstransfer» von der UNO völkerrechtlich geächtet.

Vorgeschichten

Die Vorgeschichte der Vertreibung beginnt aber nicht 1939, sondern schon im 19. Jahrhundert mit dem «Erwachen» der Völker, dem «Risorgimento»: Mit der Hoffnung auf nationale Selbstbestimmung ging das Bestreben einher, staatliche Grenzen mit oft erst konstruierten Sprach- und Kulturgrenzen zunehmend zur Deckung zu bringen und damit die Bevölkerung «ethnisch» zu homogenisieren. Nach großen Nationen wie Deutschland oder Italien strebten auch immer mehr kleinere Länder und Regionen nach nationaler Selbstbestimmung. Militant und aggressiv warben die nationalen Gruppen um Anhänger in einer vielfach unpolitischen Bevölkerung, für die das Zusammenleben mit Anderssprachigen bisher meist kein Problem dargestellt hatte. In einem Vielvölkerreich wie Österreich-Ungarn wurde die Nationalitätenfrage zunehmend zum zentralen Problem mit großer Sprengwirkung. Sie war dann auch zumindest Auslöser des Ersten Weltkriegs, der Urkatastrophe des 20. Jahrhunderts.

Bereits in den Balkankriegen 1912/13 und im Falle der türkischen Armenierdeportation ab 1915 waren Vertreibungen und Zwangsumsiedelungen Mittel der Politik. Nach dem Ersten Weltkrieg propagierte der amerikanische Präsident Woodrow Wilson das «Selbstbestimmungsrecht der Völker»; es kam zu Volksabstimmungen, die trotz aller gegenteiligen Versicherungen die Tendenz zur Marginalisierung von Minderheiten verstärkten. Der Friedensvertrag von Versailles bzw. die Pariser Vorortverträge schrieben dann Grenzen fest, die vielfach Konfliktstoff bargen: In den neugegründeten Nachfolgestaaten des Habsburgerreiches wie der Tschechoslowakei, Ungarn oder Rumänien wurde aus den deutschsprachigen Bewohnern nun eine ethnische Minderheit, die um ihre Rechte kämpfen musste. Die innere Nationsgründung dieser neuen Staaten führte zu einer Dynamik von Dazugehörigkeit und Ausschluss, die Minderheiten vielfach in Konflikte stürzte.

Einer der Marksteine der Geschichte von «ethnic engineering» war dann der Lausanner Vertrag von 1923, der Zwangsumsiedlungen völkerrechtlich guthieß. Nach 1933 folgten die Fluchtbewegungen und erzwungenen Umsiedlungen in der Sowjetunion und die fatale NS-Politik, die Juden und politisch Andersdenkende ins Exil oder in die Vernichtung trieb, und zugleich Gebiete mit Anteilen deutscher Bevölkerung «heim ins Reich» holte: 1938 betraf das Österreich und nach dem «Münchner Abkommen» die Sudetengebiete. Bereits auf den internationalen Konferenzen von Teheran 1943 und Jalta im Februar 1945 beschlossen die Alliierten für die Zeit nach dem Krieg die Aufteilung Deutschlands in Besatzungszonen und Europas in Einflussgebiete. Als Ergebnis der Potsdamer Konferenz schrieb das Potsdamer Protokoll vom Sommer 1945 dann auch die «ordnungsgemäße Überführung deutscher Bevölkerungsteile» aus Polen und den inzwischen polnisch verwalteten deutschen Gebieten, aus der Tschechoslowakei und Ungarn fest.

Flucht und Vertreibung

Die Geschichte von Flucht und Vertreibung der deutschsprachigen Bevölkerung aus der Mitte und dem Osten Europas steckt voller menschlicher Tragödien und Katastrophen. Viel zu spät erklärten sich die nationalsozialistischen Machthaber bereit, die deutsche Bevölkerung – das waren zu diesem Zeitpunkt überwiegend Frauen, Kinder und Alte, da die meisten Männer und Familienväter im Krieg waren – vor der heranrückenden Roten Armee in Sicherheit zu bringen. So genehmigte Adolf Hitler erst im Juli 1944 die Evakuierung der Deutschen im Memelland – mit Schiffen wurden rund 50 000 Menschen nach Pillau, Danzig oder Gdingen gebracht. Die sowjetischen Truppen stießen immer weiter nach Ostpreußen vor, und im

Kreis Gumbinnen kam es in Nemmersdorf zu einem Massaker an der deutschen Zivilbevölkerung; nachdem dies bekannt wurde, entstand eine Massenpanik.

Im Januar 1945 begann eine Großoffensive der Roten Armee. Ende Januar war Ostpreußen eingekesselt. In letzter Minute floh die Zivilbevölkerung über den Heiligenbeiler Kessel, die Festung Königsberg und das Samland; das waren die wenigen Korridore, die von der Wehrmacht noch frei gehalten wurden. Das vereiste Frische Haff war für die meisten Ostpreußen der einzige Weg hinaus – viele der Trecks blieben unter schlimmsten Bedingungen liegen, wurden von deutschen oder sowjetischen Truppen von den Straßen gedrängt, der harte Winter, alliierte Tiefflieger, die Bomben auf die Fliehenden abwarfen, und verstopfte Straßen potenzierten das Chaos. Etliche Flüchtende mussten nach Hause zurückkehren.

In einer großangelegten Rettungsaktion brachte die deutsche Kriegsmarine noch 900 000 Flüchtlinge und 350 000 Verwundete über die Ostsee. Die mit Flüchtlingen völlig überfüllten Kreuzfahrtschiffe der nationalsozialistischen Tourismusorganisation «Kraft durch Freude» wurden von sowjetischen U-Booten beschossen – es sanken die «Wilhelm Gustloff» (9343 Tote), die «Steuben» (3608 Tote) und die «Goya» (6666 Tote). Am 30. März kapitulierte Danzig, am 9. April Königsberg. Von den 2,4 Millionen Einwohnern Ostpreußens starben 511 000, darunter 311 000 Zivilisten auf der Flucht oder danach – durch Hunger und Kälte, Kampf oder Verschleppung. Das war der höchste prozentuale Anteil an Opfern, der im gesamten Komplex von Flucht und Vertreibung nach dem Zweiten Weltkrieg zu beklagen war.

Aber auch an allen anderen Frontabschnitten flohen die Menschen vor der Roten Armee und versuchten, sich im Westen des zerbrechenden Reiches in Sicherheit zu bringen. Das entsprach auch Stalins Politik, möglichst bereits vor der Konferenz von Potsdam Fakten zu schaffen: Polen sollte mit ehemals deutschen Gebieten im Westen dafür entschädigt werden, dass es im Osten Gebiete an Russland abtreten musste. Er wusste, dass dies Polen in einen dauernden Gegen-

Flüchtlingsehepaar mit Kind, 1945

satz zu Deutschland treiben und damit die Abhängigkeit des Landes von der Sowjetunion stabilisieren würde; diese Politik lag daher nicht unbedingt im Interesse der Polen selbst. Im Juli 1945 waren jedoch bereits 300 000 Deutsche durch die Sowjetarmee auf die westliche Seite der Oder und der Lausitzer Neiße getrieben worden.

Dem gleichen Ziel dienten im Sommer 1945 auch die wilden Vertreibungen vor allem in Polen und der Tschechoslowakei. Etliche Deutschstämmige mussten innerhalb weniger Stunden ihre Häuser und Wohnungen verlassen und sich auf den Weg nach Westen machen. Andere wurden interniert oder zur Zwangsarbeit verschleppt, es kam zu gewalttätigen Ausschreitungen, Plünderungen, Massenerschießungen oder zu Elendszügen wie dem «Brünner Todesmarsch» von Ende Mai 1945, der rund 20 000 Deutsche aus Brünn und Umgebung betraf; viele von ihnen starben an Krankheiten oder Erschöpfung. Diese Politik der Vertreibung von immerhin drei Millionen Sudetendeutschen aus der Tschechoslowakei entsprach 1945 durchaus den Vorstellungen, die die tschechische Exilregierung in London entwickelt und unter sowjetischem Einfluss weiter ausgearbeitet hatte. Auch hier versuchte man, bereits vor alliierten Konferenzen Fakten zu schaffen: Schon im Juli 1945 waren 800 000 Sudetendeutsche über die Grenze getrieben worden.

Andere hatten bereits während des Krieges das Vertreibungsschicksal erlitten, sie waren zu Verlierern geworden und verloren jetzt erneut: Die deutsche Minderheit aus Bessarabien am Schwarzen Meer wurde nach dem Deutsch-Sowjetischen Vertrag von 1939 umgesiedelt, da nun dieser Landstrich zur vereinbarten sowjetischen Interessensphäre gehörte. Obwohl laut Vertrag die Deutschen nur freiwillig und mit Entschädigung zumindest für ihr Privatvermögen umgesiedelt werden sollten, büßten die Umsiedler meist ihren Besitz ein, da zum Beispiel Betriebe, mehrstöckige Gebäude oder Grund und Boden entschädigungslos nationalisiert worden waren. Vor allem aus Furcht vor Enteignung und sowjetischer Lagerhaft ließen sich rund 93 000 Menschen als Umsiedler registrieren. Im Herbst 1940 wurden sie auf Schiffen nach Deutschland transportiert und dort erst einmal in Lagern untergebracht. Rund 85 000 von ihnen, also fast die ganze Gruppe, nahmen nach langen Jahren des Lagerlebens die Möglichkeit wahr, im «Reichsgau Danzig-Westpreußen» sowie im Warthegau auf enteignetem Boden neu anzufangen. Bei Kriegsende mussten sie dort auch wieder weg und fingen in Deutschland zum zweiten Mal von vorne an.

Nach der Phase der «wilden Vertreibungen» begannen im Oktober 1945 gemäß dem Potsdamer Protokoll die organisierten Vertreibungen, die bis Ende 1947 abgeschlossen waren. Sie betrafen allein in den böhmischen Ländern etwa 1,9 Millionen Menschen. Bereits nach der Wiedergründung der Tschechoslowakei hatten die meisten Deutschsprachigen die Staatsbürgerschaft verloren, sie wurden entrechtet, enteignet und gekennzeichnet; sie mussten weiße Armbinden tragen, auf denen «Němec» (Deutscher) stand. Höfe und Häuser wurden von «Nationalverwaltern» übernommen. Wertgegenstände, Schmuck, Musikinstrumente, Fotoapparate, Radios etc. waren abzugeben. Viele Deutschsprachige landeten in Internierungslagern. Bei der Aussiedlung mit 50 Kilo Gepäck blieben dann auch Vieh und Haustiere zurück. Nach einem Aufenthalt in Sammellagern verließen Transportzüge mit je zwölfhundert Menschen, in jedem der Viehwaggons dreißig Personen, das tschechische Gebiet – die Ausgewiesenen fuhren über die Grenze einer unsicheren Zukunft entgegen.

Vor und nach der Potsdamer Konferenz verloren durch die Politik der Vertreibung rund fünfzehn Millionen Menschen ihre Heimat, im ehemaligen Osten Deutschlands, in Polen, der Tschechoslowakei, in Ungarn, Rumänien, Jugoslawien und in der Sowjetunion. Die genaue Zahl der Toten ist nicht mehr zu ermitteln, es sind aber Hunderttausende, wenn nicht Millionen. Etwa zwölf Millionen Menschen fanden in Deutschland eine neue Heimat. Rund acht Millionen kamen in die westlichen Besatzungszonen, etwas über vier Millionen in den sowjetisch kontrollierten Bereich.

Es ist umstritten, ob die vertreibenden Staaten daraus letztlich viel materiellen Gewinn zogen ; dies ist zu bezweifeln, da zwar große

Werte den Besitzer wechselten, der Verlust an tüchtig wirtschaften-
den, kulturell und sozial engagierten Menschen aber kaum aufzuwie-
gen war. So gehören im heutigen Tschechien die einst blühenden,
wirtschaftlich starken, deutsch besiedelten Gebiete zu den sozial
schwächsten Regionen.

Die Aufnahmegesellschaft

Auf der anderen Seite der Grenze wurden die Ankömmlinge keineswegs mit offenen Armen empfangen. Die Menschen im verkleinerten
und besetzten Restdeutschland standen vor einem Scherbenhaufen
und hatten nun den Weg in die neue Zeit zu finden: Ob freiwillig oder
gezwungen, ob durch «Reeducation» der Besatzer oder durch eigene
Anschauung und Erkenntnis geleitet, mussten doch alle Deutschen
nach und nach nationale Größenphantasien aufgeben und sich mit
der Nachkriegswirklichkeit abfinden. Selbstdefinitionen und Identi-
täten der NS-Zeit wurden ebenso wie deren Hierarchien notgedrungen in Frage gestellt und revidiert. Doch dieser Prozess dauerte eine
Weile, und da boten sich die Flüchtlinge und Vertriebenen als Pro-
jektionsfläche an, auf die man die eigene Schuld transferieren konnte: Ihr habt doch Hitler gewählt, hieß es dann, ihr habt ihn bejubelt,
ihr seid also schuld an Krieg und Niederlage. Deshalb habt ihr auch
nun die Quittung erhalten und seid vertrieben worden. Das damalige
Flüchtlingsmädchen Edith Voigt aus Gablonz berichtet: «Oft sagte
man: ‹Ihr müsst schon was angestellt haben, dass man euch vertrieben hat.›»

Diese Projektionen wurden im Norden wie im Süden Deutschlands mit alten Stereotypen aufgeladen. Dazu zwei Beispiele. Im Oktober 1945 sandte eine Gruppe von Südschleswigern eine Petition an
den britischen Feldmarschall Montgomery mit der Bitte, «daß unser
Land Südschleswig so bald wie möglich von den Flüchtlingen befreit
wird. Dieser Strom von Fremden aus den Ostgebieten droht unseren
angestammten nordischen Charakter auszulöschen und bedeutet die

seit Jahrhunderten ernsthafteste Gefahr für unser Volk, preußisch zu werden.» Und in dem Bericht eines bayerischen Flüchtlingskommissars vom Februar 1946 hieß es: «Es geht bereits soweit, daß in verschiedenen Städten und Dörfern Flugblätter, die auf Vervielfältigungsmaschinen gedruckt werden, verbreitet werden und zum Hinauswurf der Preußen, Schlesier usw. auffordern. Die bayerische Bevölkerung steht eben auf dem Standpunkt, daß sie unbedingt Herr im eigenen Haus bleiben will und sich zunächst einmal gegen jede Verschmelzung mit den übrigen aufgezwungenen Flüchtlingen auflehnt. Es ist dies eine Haltung, die wohl allgemein auch aus früheren Jahren her bekannt sein dürfte, da der Bayer äußerst konservativ ist und jeden Neuzureisenden und -zuziehenden mindestens für 1–2 Generationen als Fremden betrachtet.»

Die Flüchtlinge und Vertriebenen, die Schlimmstes erlebt hatten und – krank an Leib und Seele, voller Heimweh und Rückkehrhoffnungen – nach langen Wegen dort angekommen waren, wo sie auch vorerst aufgrund alliierter Bestimmungen nicht wieder weggehen durften, mussten nun auch noch mit solchen Vorwürfen zurechtkommen. Sie galten als Habenichtse und potenzielle Felddiebe, als soziale Last und Bedrohung, ja gar in nationalsozialistischem Sprachduktus als «artfremd», «fremdvölkisch», «von anderer Rasse», als «Pack», «Minderwertige», als «fremde und unfriedliche Elemente», sie wurden mit bösen Spitznamen belegt, und man schlug ihnen die Tür vor der Nase zu. Gewiss gab es zwar auch mitmenschliche Zuwendung und Nachbarschaftshilfe, doch die ersten Erfahrungen waren meist negativ. Sie werden in einem Bild zusammengefasst, das viele Erinnerungen prägt: Die Flüchtlingsfrau mit ihren Kindern, die nach der Ankunft verzweifelt von einem Bauernhof zum nächsten weitergeschickt wird, weil sie niemand aufnehmen will, bis dann schließlich ein Bürgermeister sich erbarmt und sie mit Zwang bei einem unwilligen Einheimischen einquartiert.

Anfänge

Die andere Erfahrung war das Lager. Der «Homo barackensis», der Barackenbewohner, wurde zur Symbolfigur dieser Zeit. Zunächst erlebten alle Neuankömmlinge die großen Grenzdurchgangslager, ob in Bayern Furth im Wald oder Wiesau, in Holstein Lübeck oder Schwartau. Hier wurden sie registriert, ärztlich untersucht und mit großen Mengen DDT entlaust, sie konnten sich waschen, erhielten einen Gesundheitspass und mussten sich beim Lager-Arbeitsamt anmelden. Anfangs übernahm das Rote Kreuz vorläufig die Aufgabe, solche Lager einzurichten. In einem aufrüttelnden Bericht des Roten Kreuzes vom September 1945 werden die katastrophalen Zustände aufgelistet: «Wilde Flüchtlingslager an den Stadträndern mit ihrem Unrat (Mangel an richtigen Latrinen, mangelnde Sauberkeit). Anwachsen der Epidemien durch die […] Zusammendrängung in Lagern und überhaupt Überbevölkerung in der Stadt […] Durch befohlene Räumung liegen z. B. 19 Personen in einem Raum. Viele Leute liegen ohne Betten auf dem Boden. In einer Halle allein 60 Frauen, Männer, Kinder und Säuglinge. Krankenhäuser voll. Zahlreiche offene Tuberkulosefälle in den Quartieren.»

Die nächste Station für die Ankömmlinge war dann ein Grenzauffanglager, ein Regierungsdurchgangslager oder «Puffercamp», in dem die Vertriebenen notdürftig untergebracht wurden. Dann erst ging es in ein Landkreis- oder Wohnlager. In den Baracken solcher Massenlager mussten die Flüchtlinge und Vertriebenen oft jahrelang ausharren, bevor sie in Wohnungen untergebracht werden konnten. Manche dieser Lager waren vorher die Unterkünfte für Kriegsgefangene, Zwangsarbeiter oder KZ-Häftlinge gewesen, und die Einheimischen übertrugen die soziale Abwertung auf die Neuankömmlinge. Es gab kaum Privatheit. Oft hausten anfangs hundert Menschen

Flüchtlinge im Flüchtlingslager München-Allach,
dem ehemaligen Außenlager des KZ Dachau, undatiert

in einem Raum. Durch Gemeinschaftsverpflegung, Gemeinschafts-
waschräume und andere Gemeinschaftseinrichtungen verloren die
so Untergebrachten immer mehr ihre Eigeninitiative und stumpften
ab. Das Lager werde zu einer Brutstätte des Nihilismus, schrieb die
«Frankfurter Allgemeine Zeitung». Sorgen machte man sich vor allem
um die Jugend: In Schleswig-Holstein lebten noch 1949, also einige
Jahre nach der Vertreibung, über 60 000 Jugendliche in den 491 Massenlagern, in Bayern waren es 27 000 Kinder und Heranwachsende in
496 Massenlagern.

Die Betreuung der Flüchtlinge und Vertriebenen lag in dieser Zeit
vor allem bei Wohlfahrtseinrichtungen und Sozialhilfeträgern. So
stellten beispielsweise in Niedersachsen noch 1948 die Vertriebenen
61 Prozent aller Sozialhilfeempfänger. Aus dieser Situation wieder
herauszukommen war schwierig. Das Recht auf Freizügigkeit war in
Deutschland aufgehoben. Die vom Bombenkrieg zerstörten Städte
schotteten sich durch Zuzugsbeschränkungen ab: Ohne Wohnung
gab es dort keine Arbeit und ohne Arbeit keine Wohnung. Die Flüchtlinge und Vertriebenen hatten daher nur selten die Chance, legal in
einer Stadt unterzukommen. Die meisten Privatquartiere und Lager
befanden sich auf dem Land oder in kleinen und mittleren Städten,
wo es wiederum keine adäquaten Arbeitsplätze gab. So lag z. B. in
den Dörfern Hessens der Anteil der Neubürger Ende 1946 bei bis
zu 50 Prozent. Bis zur Währungsreform im Juni 1948 mussten viele
Flüchtlinge und Vertriebene als billiger Ersatz für die repatriierten
Fremdarbeiter der NS-Zeit gegen Kost und Logis als Hilfskräfte in
der Landwirtschaft arbeiten.

Stadtstaaten wie Hamburg konnten dann über gezielte Zuzugs-
genehmigungen Facharbeiter aus Vertriebenenkreisen in die Stadt
holen, die Sozialhilfeempfänger überließen sie den umliegenden
Gemeinden. Schleswig-Holstein und Niedersachsen wurden zu
Hauptaufnahmegebieten: Im Oktober 1946 gab es in Schleswig-Holstein 834 000 Flüchtlinge und Vertriebene, das waren 32,2 Prozent
der Bevölkerung, in Niedersachsen waren es 1 468 000 Personen
und damit 23,4 Prozent; bis zur Volkszählung 1950 stieg diese Zahl

noch weiter an, so lag Niedersachsen letztlich bei 27,2 Prozent. In der sowjetischen Zone war Mecklenburg-Vorpommern mit 43,3 Prozent am höchsten belastet. In absoluten Zahlen stand Bayern an der Spitze der Aufnahmeländer: Dort lebten Ende 1948 rund 1,9 Millionen Vertriebene und Flüchtlinge.

Konkurrenzen

Die Vertriebenen kamen keineswegs in unberührte Dörfer. Bereits seit 1943/44 lebten auf dem Land und in den Kleinstädten die rund zehn Millionen Evakuierten, die vor dem Bombenkrieg aus den Großstädten geflohen oder zwangsweise umquartiert worden waren. Sie durften nach dem Krieg nur sehr langsam in ihre ursprünglichen Herkunftsorte zurückkehren und versuchten daher, die Neuankömmlinge im Kampf um Zuzug in die Städte in die zweite Reihe zu verweisen und ihre älteren Rechte zu betonen. So stellten auch die «Butenhamborger», das waren die aus Hamburg Evakuierten, das Argument der «richtigen Geburt» in den Mittelpunkt: «Zuerst hätten doch die wirklichen Hamburger Recht auf ihre alten Wohnungen», hieß es in einem Leserbrief der «Hamburger Allgemeinen Zeitung». «Die größte Tragik liegt darin, daß sie alle alte Hamburger sind, in Hamburg geboren wurden und es nur einmal in ihrem Leben verließen: als der Krieg sie dazu zwang.» Der Rückgriff auf die hamburgische Tradition und ein behauptetes Zusammengehörigkeitsgefühl sollten ihre Vorrechte sichern. Doch noch 1947 warteten etwa vier Millionen Evakuierte auf eine Rückkehr in ihre Heimatstädte.

Vielfach befanden sich in ländlichen Gegenden auch die Lager für «Displaced Persons», die Zwangsverschleppten und Lagerüberlebenden der NS-Zeit, die von den Vereinten Nationen, genauer der UNRRA (United Nations Relief and Rehabilitation Administration), betreut wurden. In den ersten vier Monaten nach Kriegsende führten die Alliierten rund fünf Millionen DPs aus allen vier Besatzungszonen in ihre Heimatländer zurück; wer dablieb, strebte meist die

Flüchtlinge in Bad Segeberg, um 1946

Auswanderung an, sei es nach Palästina, in die USA, nach Kanada oder Australien. Doch zunächst saßen sie in Deutschland fest, da die gewünschten Aufnahmeländer die Zuwanderung kontingentierten. Die deutschen Einheimischen blickten mit Neid auf die Sonderrechte der DPs, deren bessere Verpflegung und bevorzugte Zuteilung von Bedarfsgütern. Mit Blick auf die Plünderungen in den ersten Tagen nach der Befreiung schoben sie ihnen die Schuld für einen Großteil der Diebstähle und Gewaltverbrechen zu, die in der Kriminalitätsstatistik verzeichnet waren. Sie vergaßen dabei schnell, dass es Deutsche gewesen waren, die diesen Menschen außer dem Leben fast alles genommen hatten.

Zunächst kümmerten sich die Alliierten mehr um solche Opfer des Krieges in Deutschland und im übrigen Europa als um die deutsche Zivilbevölkerung. Essen gab es in allen Zonen nur auf Lebensmittelmarken, und die Rationen waren zu wenig zum Leben und zu viel zum Sterben: Teilweise lagen sie anfangs bei 1000 Kalorien täglich. Im

Hungerwinter 1947/48 starben viele Menschen an Unterernährung. Schwarzmarkt und Schleichhandel blühten auf, und wer Sachwerte besaß, tauschte bei Bauern oder Schwarzhändlern Schmuck gegen Butter, Teppiche gegen Zigaretten. Die Städter kamen in Scharen aufs Land, um bei den Bauern zu hamstern: Hamstern, das bedeutete, eigentlich bewirtschaftete Lebensmittel zu kaufen oder zu erbetteln.

Die Vertriebenen hatten in diesen Handel nichts einzubringen. Bei ihnen waren daher der Hunger und der Mangel an Lebensnotwendigem besonders groß und entsprechend auch die Verzweiflung der ersten Jahre. Die Hoffnung richtete sich vor allem bei den älteren Leuten weiterhin nur auf eine Heimkehr, die man zumindest in den ersten Jahren noch für möglich hielt. Dies verhinderte eine schnelle Integration. Die Angehörigen der mittleren Generation, die Kinder oder alte Leute zu versorgen hatten, mussten sich hingegen schnell auf die neue Situation einstellen, Arbeit suchen und für das Überleben im Alltag sorgen. Sie fanden daher viel schneller Anschluss. Die Kinder wiederum konnten sich am besten integrieren. Viele berichten von einer glücklichen Kindheit, in der es zwar zu Scharmützeln mit gleichaltrigen Einheimischen kam, die die Flüchtlingskinder hänselten und verspotteten. Doch es entstanden auch viele Freundschaften, die ein Leben lang hielten.

Die Alliierten

Die Kontrolle über Deutschland und die deutsche Politik lag in diesen Jahren bei den alliierten Besatzern. Einig waren sich Amerikaner, Briten und Sowjets darin, dass die Deutschen das Flüchtlingsproblem selbst bewältigen sollten. Die Franzosen, die in Potsdam nicht mit am Verhandlungstisch gesessen hatten, weigerten sich, in ihre Zone überhaupt Zuwanderer aufzunehmen, und schotteten sich ab. Auch zwischen den anderen Besatzungsmächten gab es Unterschiede, obwohl Amerikaner und Briten sich in ihrer Flüchtlingspolitik weitgehend absprachen. Die Amerikaner betrachteten die Ausweisung zunächst vor allem als Transportproblem, das sie für lösbar hielten. Sie bestanden aber auf einer «humanen Durchführung» des Abschubs. Die Betreuung und Versorgung der Vertriebenen sollte erst das Rote Kreuz übernehmen; danach würde, so die anfangs nicht sehr präzise Vorstellung der Amerikaner, wohl eine Assimilierung an die deutsche Mehrheitsgesellschaft stattfinden. Insgesamt sahen Amerikaner wie Briten darin eine «rein deutsche Frage». Ein Verteilungs- und Eingliederungsplan lag nicht vor. Wohl aber fürchteten die Besatzer ein neues Minderheitenproblem. Deshalb wurden Dorfgemeinschaften, ja oft auch größere Familien bei der organisierten Vertreibung auseinandergerissen: Man hängte von den Vertreibungstransportzügen einzelne Waggons ab und teilte die Insassen damit unterschiedlichen Regionen zu. Würden sich Dorfgemeinschaften wieder zusammen ansiedeln, so die Sorge, könnten neue nationale Inseln entstehen. Aus dem gleichen Grund wurden auch Selbsthilfeorganisationen der Vertriebenen von der Besatzungsmacht bald wieder verboten, da man in ihnen den Kern landsmannschaftlicher Zusammenschlüsse sah. Dies war nicht erwünscht. Nur kulturelle Vereinigungen durften sich zusammenschließen. So entwickelten sich kulturelle Vereinigungen wie der bereits 1947 in München von Wissenschaftlern, Künstlern und Schriftstellern aus Prag und den Sudetengebieten gegründete Adalbert-Stifter-Verein, dessen Ziel die kulturelle Betreuung und Förderung der Vertriebenen war, oft zum Ausgangspunkt späterer politischer Gruppierungen. Trotz aller restriktiver Maßnahmen – letztlich kümmerten sich die Besatzer deutlich mehr als ursprünglich geplant um das Flüchtlingsproblem, misstrauten sie doch bald mit gutem Grund der Integrationsbereitschaft der einheimischen Bevölkerung.

Die Politik der Amerikaner und der Briten unterschied sich vor allem in zwei Punkten: So forcierte die amerikanische Militäradministration schnell den Aufbau von deutschen Flüchtlings-Sonderverwaltungen in den Ländern ihrer Zone. An der Spitze standen jeweils Staatskommissare für das Flüchtlingswesen, denen in einer Parallelstruktur zur bestehenden Verwaltung Kommissare auf Bezirks- und Landkreisebene unterstanden. In der britischen Zone kam eine solche Sonderverwaltung viel später, erst Ende 1946. Vorher setzten die Briten auf Flüchtlingskomitees aus Vertretern der deutschen Behörden, der Kirchen und der Flüchtlinge selbst. Die Aufgaben blieben also unter Beteiligung der Betroffenen ein Teil der regulären Verwaltung. Außerdem setzten die Briten offenbar deutlich früher als ihre amerikanischen Kollegen auf die wirtschaftliche Integration als wichtigsten Faktor der Eingliederung.

Die sowjetische Besatzungsmacht wiederum bezeichnete die Vertriebenen von Anfang an als «Umsiedler». Über 70 Prozent der Ankömmlinge in der SBZ stammten aus den von Polen annektierten Ostprovinzen, rund 20 Prozent aus der Tschechoslowakei. 1949 betrug der Vertriebenenanteil in den deutschen Ländern unter sowjetischer Besatzung rund 24 Prozent. Von Anfang an wurde von den Sowjets betont, dass es keine Rückkehr in die alte Heimat geben würde. Im Gegenzug bemühten sie sich darum, schnell eine Gleichberechtigung mit den Ansässigen herzustellen und vielfältige sozialpolitische Integrationshilfen in die Wege zu leiten. Die Maßnahmen blieben jedoch unzureichend. So waren weiterhin deutlich weniger Einheimische als «Umsiedler» arbeitslos, und auch die Bodenreform, die im Zuge umfänglicher Enteignungen Land für Neusiedler verfügbar machte, erreichte nur eine Minderheit von zwei (mit ihren Angehörigen acht) Prozent der Vertriebenen. Es gab in der Sowjetischen Besatzungszone (SBZ) 1947 über vierzig Umsiedlergenossenschaften, die in Selbsthilfeaktionen bemüht waren, ihren Leidensgenossen den Neuanfang in Handwerk und Gewerbe zu erleichtern. Bis 1949, als die Eigentumsform der Genossenschaft nicht mehr erwünscht war, flossen an diese Organisationen Förderkredite von über vier Millionen Reichsmark bzw. D-Mark (Ost). Zwischen 1946 und 1949 wurde auf Befehl der sowjetischen Militäradministration eine einmalige Unterstützungszahlung für alte und arbeitsunfähige Vertriebene von 300 Mark pro Kopf ausgegeben, pro Kind kamen weitere 100 Mark dazu. Insgesamt flossen dafür über 400 Millionen Mark. Vergleichbare Zahlungen gab es im Westen nicht. Hinzu kamen in der SBZ freiwillige oder später auch erzwungene Umverteilungen von Sachgütern oder Neuproduktion. Um 1948/49 sollte die Umsiedlerpolitik ganz abgebaut werden. Die Betroffenen galten nun als integriert. Eigene Vertriebenenorganisationen wurden nicht zugelassen.

Integration in Politik und Wirtschaft

Eine Lösung der vielen Probleme der Vertriebenenintegration war auf die Schnelle nicht zu erwarten. Doch durch politische Teilhabe und den wirtschaftlichen Aufschwung wurde im Westen vieles besser. An den ersten demokratischen Wahlen auf Kreis- und Länderebene konnten die Vertriebenen meist noch nicht teilnehmen. Auf Länderebene wurden aber bald spezielle Flüchtlingsgesetze beraten, die den Schritt von der Nothilfe zur Eingliederungshilfe leisten sollten. Mit dem aktiven und passiven Wahlrecht für die Vertriebenen und 1948 mit der Aufhebung des Koalitionsverbotes, also des Verbotes, sich in politischen Parteien zusammenzuschließen, organisierten sich im Westen auf Gemeindeebene politische «Flüchtlingslisten». Die Flüchtlinge und Vertriebenen wurden nun auch für die etablierten Parteien als Wähler zunehmend wichtig. Damit stieg der Druck, entsprechende Hilfsmaßnahmen in die Wege zu leiten.

Hinzu kamen die Initiative und innere Haltung der Betroffenen selbst, die zumindest in den Westzonen auf offene Ohren stießen: «Sehr geehrter Herr Ministerpräsident! [...] Die Heimatverwiesenen enthalten wertvollste Kräfte aller Berufe. Gerade unter den Flüchtlingen gibt es neben manchem Zerbrochenen unendlich viel aufbauwillige, tüchtige Menschen, die geeignet sind, auch in Notzeiten Beachtliches zu leisten. Es wäre ein unverzeihlicher Fehler, sich die Gelegenheit entgehen zu lassen, die Mitarbeit dieser Menschen an Stelle ihrer grimmigen Opposition zu gewinnen.» Mit großem Selbstvertrauen appellierte dieser Flüchtlingsobmann 1948 an den bayerischen Ministerpräsidenten Hans Ehard. In seinem Schreiben werden etliche der Eigenschaften genannt, die noch heute das Bild von den Vertriebenen prägen: tüchtig, bereit, anzupacken und am wirtschaftlichen Wiederaufbau mitzuwirken, leistungsstark. Ein Unternehmer schrieb an das bayerische Innenministerium: «Wir Sudetendeutschen wollen ja nicht von Mildtätigkeiten leben, sondern arbeiten und helfen, wieder gut zu machen.» Diese Sozialtüchtigkeit der Vertriebenen war sicherlich ein wichtiger Faktor. Die vielen Firmengründungen in Handwerk, Handel und Kleingewerbe legen davon ein beredtes Zeugnis ab. Der Landrat von Rosenheim berichtete von einem regelrechten Gründerboom: «Die Zahl derer, die Großhändler, Exporteure und Handelsvertreter werden wollen, ist Legion. Auch die Bestrebungen, Industrien auf das flache Land zu verlagern, sind sehr zahlreich. Wenn irgendwo eine Baracke steht, taucht sofort ein Gründer auf, um darin eine Industrie aufzuziehen.»

Wiederbegründete Betriebe der Vertriebenen, die mit großem Aufbauwillen geführt wurden, bescherten den Aufnahmeländern einen beträchtlichen wirtschaftlichen Aufschwung. Wer sich der Aufnahme der Neuankömmlinge verweigert hatte wie die Französische Besatzungszone, konnte davon nicht profitieren. In Hessen oder in Bayern setzten die Vertriebenen jedoch vielfach entscheidende Impulse für die Entwicklung des Landes. Das Ziel der einheimischen Finanzbehörden, aus Sozialhilfeempfängern gute Steuerzahler zu machen, traf sich mit den gleichgerichteten Intentionen der Betroffenen. In Bayern mussten sich die Vertriebenen anfangs direkt an Banken wenden, wenn sie Geld für Gründungen wünschten. Seit April 1947 wurde das Lizenzierungsverfahren für Betriebsneugründungen beschleunigt, wovon viele Flüchtlingsbetriebe profitierten. Schon vor der Währungsreform lief überdies ein Programm von staatsverbürgten «Flüchtlingsproduktivkrediten» für Flüchtlingsunternehmen an. Seit 1949 flossen zudem auch die ersten Gelder aus dem Soforthilfegesetz, der Vorstufe des späteren Lastenausgleichsgesetzes, das den Vertriebenen wenigstens Überbrückungsgelder in die Hand geben sollte. Hinzu kamen Mittel aus dem amerikanischen ERP-Programm (Marshallplan). Mögliche Vorbehalte der Einheimischen wurden dadurch umgangen, dass die Kredithilfen nicht nur den Vertriebenen zur Verfügung standen, sondern eine Aufbauhilfe für die gesamte Wirtschaft darstellten.

Dies soll an einem Beispiel illustriert werden. Die aus den hocharbeitsteilig organisierten Spezialindustrien des Sudetenlandes stammenden Handwerker, Händler und Unternehmer der Gablonzer Schmuckindustrie, der Haida-Steinschönauer Glasindustrie, der Schönbacher und der Graslitzer Musikinstrumentenherstellung hatten nach der Vertreibung ein großes Problem: Ihr Erfolg hing von der gemeinsamen Ansiedlung ab, sie waren in der alten Heimat genossenschaftlich organisiert gewesen. Die Genossenschaft kaufte Materialien ein und organisierte den Verkauf im In- und Ausland. So hatten die Schönbacher Streich- und Zupfinstrumentenhersteller vor dem Krieg die Hälfte ihrer Produktion exportiert und damit einen Weltmarktanteil von fünfzig Prozent erreicht. Ein Großteil blieb Handarbeit. Um dennoch hohe Produktionszahlen zu erreichen, wurden die Einzelteile von verschiedenen Handwerkern ausgeführt. Ohne diese Struktur war eine kostengünstige Produktion höchst schwierig.

Gegen den anfänglichen Widerstand der amerikanischen Besatzungsmacht gelang schließlich den Gablonzern eine zumindest in Teilen gemeinsame Neuansiedlung bei Kaufbeuren und Marktoberdorf im Allgäu und den Schönbachern in Bubenreuth bei Erlangen. Durch geschickte Selbstorganisation konnte die ehemalige Gablonzer Industrie nach der Währungsreform von 1948 überdies umfängliche Kreditmittel aus verschiedensten Programmen erhalten, so «Flüchtlingsproduktivkredite», Mittel aus dem Arbeitsbeschaffungsprogramm, aus dem Marshallplan. Neben dem Hauptansiedlungsgebiet mit über 520 Betrieben gab es aber auch Unternehmen der Gablonzer Industrie in den bayerischen Landkreisen Bayreuth, Oberallgäu, Günzburg, Augsburg, Mühldorf a. Inn, Ansbach. Auch die anderen Industrien waren zersplittert. Dennoch konnte die Gablonzer Industrie ihren Markt erobern und behaupten.

Nach und nach sahen auch die Einheimischen, dass die Vertriebenen auf Dauer keine Belastung darstellten, sondern vielmehr eine wichtige Bereicherung. Gerade die Fixierung der einheimischen Deutschen auf den wirtschaftlichen Wiederaufbau, mit dessen Hilfe viele die politische Verblendung der nationalsozialistischen Zeit zu vergessen suchten, machte die Zuzügler mit ihren besonderen Fähigkeiten und Fertigkeiten, ihrem «unsichtbaren Fluchtgepäck», zu wichtigen Mitstreitern auf einem gemeinsamen Weg. Doch diese Erfolge können nicht darüber hinwegtäuschen, dass es vielen Vertriebenen erst langsam gelang, den sozialen Abstieg wieder wettzumachen.

Es gab vier Schritte der Integration: zunächst die notdürftige Aufnahme, dann die vorläufige Unterbringung, gefolgt von der endgültigen Sesshaftmachung mit wirtschaftlicher Integration. Als vierter Schritt folgte nach der Gründung der Bundesrepublik die kulturelle Integration. Diese bezog gleichermaßen die Erinnerung an die alte Heimat und die Aneignung der neuen mit ein. Sie ging einher mit dem großem Bildungshunger und der hohen Aufstiegsmotivation der Vertriebenenkinder. Für die 1949 gegründete Bundesrepublik Deutschland wurden diese Menschen, ihre Kultur und ihre Arbeitskraft zu einem wichtigen Teil des wirtschaftlichen und kulturellen Aufschwungs.

Susanne Spröer

Robert Brokoph: «Die Ehre lass ich mir nicht abschneiden»

An der Wand im Wohnzimmer hängen luftige Aquarelle: bunte Fischerboote mit weißen Segeln, Möwen im Schrägflug, welliges Hügelland, das weite Meer. Bilder der Erinnerung, die Robert Brokoph gemalt hat. «Ich habe viel gezeichnet, um zu verarbeiten, dass die Heimat verlorengegangen ist. Aber sie ist in meinem Inneren, in meinem Herzen nicht verlorengegangen. Ich hab mir gesagt: ‹Wenn du etwas nicht verarbeitet hast, dann musst du entweder Musik machen, oder du musst zeichnen oder schreiben.› Das hat mir sehr geholfen. Bis ich über sechzig Jahre alt war, habe ich immer wieder solche Motive gezeichnet. Aber nicht mit Tränen in den Augen und aus Trauer, sondern als eine gute Erinnerung, die es wert ist, festgehalten zu werden.»

Robert Brokophs verlorene Heimat ist das Memelland in Ostpreußen, ein rund 140 Kilometer langer und 20 Kilometer breiter Streifen nördlich des Memelflusses am Kurischen Haff mit sanft hügeligem Hinterland. Eine karge Landschaft mit buckligen, windgepeitschten Kiefern an langen Sandstränden, malerischen kleinen Dörfern mit rotgedeckten Häusern, deren Bewohner in Robert Brokophs Kindheit vor allem von Fischfang und Landwirtschaft leben. Im Sommer leuchten grüner Klee und blaublühende Flachsfelder, im Winter ist die Küste bizarr schneeüberfroren, die blattlosen Bäume recken Äste wie eisige Finger in den klaren Himmel. Die größte Stadt ist Memel, das eine lange Tradition als kosmopolitische Hafen- und Handelsstadt hat. Hier lebten Menschen vieler Völker, aus Preußen, aus Litauen und Russland; auch Engländer, Niederländer und Schotten hat es über die Zeitläufte an die Ostsee verschlagen.

Robert Brokoph wird 1929 in Laugszargen im Kreis Tilsit geboren, als Sohn des Diplom-Landwirtes Paul Brokoph und seiner Frau Erna. Robert wächst in der Kreisstadt Heydekrug auf; heute heißt sie Šilutė und gehört zu Litauen. Hier kommt 1934 auch sein Bruder Helmut zur Welt. Immer wieder haben die Landesherren gewechselt: Vor 1918 gehörte die Region zum Kaiserreich, der Versailler Vertrag stellte sie nach dem Ersten Weltkrieg als Mandatsgebiet unter französische Verwaltung. Nach einem Handstreich litauischer Unabhängigkeits-kämpfer im Januar 1923 verließen die französischen Truppen das Ge-biet, das nun der Republik Litauen zugeschlagen wurde. Am 22. März 1939, wenige Tage nach dem Einmarsch der deutschen Wehrmacht in Prag und der Gründung des «Protektorats Böhmen und Mähren», schloss Litauen einen Übergabevertrag mit Nazi-Deutschland: Das Memelland gehörte von nun an zum Deutschen Reich.

Robert Brokoph war damals zehn Jahre alt und erinnert sich noch gut an die Begeisterung, mit der Adolf Hitler am 23. März 1939 bei seiner «Anschlussrede» in der Nachbarstadt Memel begrüßt wurde: «Die Deutschen haben auf der Straße gestanden und gejubelt mit Tränen in den Augen. Alle haben wir gejubelt.» Auf alten Fotos ist ein Meer von Armen zu sehen, die sich zum Hitlergruß recken, als der Diktator vom Balkon aus zur Menge auf dem Theaterplatz spricht.

Auch Roberts Familie ist dazu eingeladen worden, sie gehört zur deutschen Führungsschicht in Heydekrug, der Vater ist Vorsitzender der Kreisbauernschaft. Robert kommt aus einer gutbürgerlichen, pro-testantischen und deutschnationalen Familie, die Wert auf Bildung und musische Erziehung legt. Er wächst mit seinem Bruder Helmut behütet auf und besucht das Herder-Gymnasium in Heydekrug. Ma-thematik und Latein mag er nicht, aber in Musik hat er eine Eins. Denn schon als kleiner Junge bezaubert er mit seinem Gesang, einem außergewöhnlich hohen, klaren Knabensopran. Mit dreizehn Jahren gewinnt er einen Musikwettbewerb an der Musikschule Königsberg und gibt Solokonzerte in Heydekrug. Von einem Pianisten am Flügel begleitet, singt er Lieder von Schubert und Eichendorff, dreihundert Menschen füllen die Aula seiner Heimatstadt, um das musikalische

Wunderkind zu hören. Man bietet den Eltern sogar an, den Jungen am Mozarteum in Salzburg ausbilden zu lassen, doch der Vater lehnt ab: Er möchte Robert in diesen unruhigen Zeiten nicht so weit fortschicken. Denn seit September 1939 herrscht Krieg in Europa, kaum ein halbes Jahr nach dem Anschluss des Memellandes hat Hitler Polen überfallen.

Familie Brokoph in Heydekrug, 1938

Ein Hitlerjunge auf der Flucht

Im Juni 1944 wird Robert Brokoph mit dem Versetzungszeugnis zur Untersekunda, der zehnten Klasse, in die Sommerferien entlassen. Urlaub bedeutet das nicht: Mit seinen Kameraden in der Hitlerjugend wird der Fünfzehnjährige an die litauische Grenze zum Osteinsatz geschickt, als «letzte Reserve» beim Bau des Ostwalles. Die Jugendlichen leben zum Schutz gegen Partisanenangriffe in getarnten Erdhöhlen und hacken tagsüber in der sengenden Sonne mit Spaten und Spitzhacken Gräben in den steinharten Lehmboden. Als Robert nach dem Arbeitseinsatz Ende August nach Heydekrug zurückkommt, findet er einen Zettel an der Haustür vor: Mutter und Bruder sind weg, zu Verwandten am sicheren westlichen Memelufer gezogen. Denn die Rote Armee rückt immer näher. Mit dem Fahr-

48

rad folgt ihnen Robert. Doch noch gibt es in der Stadt keine Kampf-handlungen, also schaut immer mal jemand dort im Haus nach dem Rechten.

Am 12. Oktober erreicht die Front dann auch Heydekrug. Jetzt gibt es kein Zurück mehr. Von der westlichen Memelseite aus sieht Robert den Feuerschein in Brand gesteckter Dörfer am anderen Ufer und beobachtet, wie russische Soldaten über den Fluss schießen. Auch der Vater ist vorerst in Sicherheit, er hat im letzten Moment noch Flüchtlinge über die Memel geschleust – mittlerweile ist er im Generalstab in Liebenfelde mitverantwortlich für die Versorgung der Bevölkerung. Hier mietet er für die Familie ein Haus, in dem sie aber nur noch zwei Wochen bleiben kann. Dann müssen sie wieder zusammenpacken und vor der immer näher rückenden Front fliehen, Richtung Königsberg, erst im Auto, später zu Fuß, durch Eis und Schnee bei 25 Grad unter null. Ein hochrangiger Freund des Vaters besorgt den Flüchtlingen Plätze auf einem Schiff, das aus dem einge-kesselten Ostpreußen Richtung Westen fährt. Am 25. Januar 1945 winken Robert, seine Mutter, der Bruder, die Cousine und die Tante dem Vater am Hafen von Königsberg ein letztes Mal zum Abschied zu. Dann sticht das kleine Motorschiff in See. Wie eine Nussschale schaukelt es auf den eiskalten Ostseewellen. Der Seegang ist so stark, dass die Wellen immer wieder die Schrauben der Schiffe an die Ober-fläche heben. Die zweitägige Überfahrt in Sturm und Eisgang gleicht einem Horrortrip: Die Öfen funktionieren nicht mehr, der Boden ist bedeckt mit Erbrochenem, alle sind seekrank. Zwischen Eisschollen hindurch geht es bis Pillau und dann weiter nach Swinemünde auf der Ostseeinsel Usedom. Dort steigen die Flüchtlinge um in einen Zug nach Heringsdorf.

Zwei Wochen später, am 19. Februar 1945, erreicht der Transport Bordesholm in Schleswig-Holstein, zwischen Kiel und Neumünster gelegen. Bei der Volkszählung im Mai 1939 hatte das Dorf rund 2000 Einwohner, mittlerweile leben viel mehr Menschen hier, darunter Ausgebombte aus Kiel, Flüchtlinge und die zahlreichen Kriegsgefan-genen und Zwangsarbeiter, die nach Kriegsbeginn ins Deutsche

Reich geholt worden waren. Mit zwei Koffern, zwei Rucksäcken und einem Gebinde zusammengeschnürter Federbetten, umwickelt mit einem alten Smirnaer Teppich, stehen Brokophs am Bahnhof. Die Menschen tragen ihre wenigen Besitztümer am Leib: «Ich hatte vier Unterhosen an, vier Unterhemden, zwei Oberhemden, meine HJ-Uniform, eine Ziviljacke und eine Skihose. Ein Paar Schuhe. Aber ich konnte kaum gehen, denn in meine Hosenbeine waren Schulhefte gesteckt und Bleistifte und Dinge, die ich für die Schule brauchte. Ich konnte kaum die Knie durchdrücken, so voll war ich.»

Bei der Erinnerung lacht Robert Brokoph. Er hat ein kehliges, fröhliches Lachen und eine intensive Art zu erzählen, sodass man ihm gerne zuhört, auf das Gesicht mit den buschigen schneeweißen Augenbrauen und dem Oberlippenbart konzentriert. Auch sein Haar ist schneeweiß und voll.

Ihre zukünftige Wirtin, die Vorsitzende der Bordesholmer NSV, der Nationalsozialistischen Volkswohlfahrt, holt die Flüchtlingsgruppe am Bahnhof ab. Sie bekommen eine Dachkammer in ihrem schon überfüllten Haus, die Brüder werden auf Matratzen in den «Abseiten» unter der Dachschräge einquartiert. Robert Brokoph hat die Gastgeber als hilfsbereit, freundlich und mitfühlend in Erinnerung: «Die Frage, ob wir als Flüchtlinge willkommen waren, stellte sich ja zunächst nicht. Wir waren deutsche ‹Volksgenossen› aus dem Reich und keine Ausländer. Wir wurden polizeilich gemeldet, bekamen Lebensmittelkarten und Bezugsscheine für Kleidung und Hausrat.» In der großen Küche wird gemeinsam gekocht: Robert lernt Buchweizengrütze mit Milch kennen, und seine Mutter kocht für die Wirtsleute «Beetenbartsch», ostpreußische Rote-Bete-Suppe, die bei ihnen sogar zum Leibgericht avanciert.

Doch je mehr Flüchtlinge kommen, desto öfter hört man abfällige Bemerkungen. Fast in allen Häusern sind Fremde einquartiert. Und alle beschäftigt die Frage, wie es weitergehen wird: Wie lange wird der Krieg noch andauern? Wann werden Flüchtlinge und Ausgebombte wieder in die Heimat zurückkehren können? Werden sie überhaupt zurückkönnen?

Die Gymnasien in Neumünster und Kiel sind wegen der Bombenangriffe geschlossen, also besucht Robert jetzt in Bordesholm die Mittelschule. Und er wird Mitglied der örtlichen Kameradschaft der Hitlerjugend, geht zu Heimabenden und Sporterziehung: «Dort fand ich Kontakt zu einheimischen Jungen, die mich ohne Vorurteile aufnahmen.» Im April 1945 soll er sich mit seinen Kameraden im Wehrertüchtigungs- und SS-Ausleselager Gudendorf melden. Die fünfzehn- und sechzehnjährigen Jungen werden an Maschinengewehren und Handgranaten für einen Einsatz in den letzten Kriegstagen vorbereitet. Schließlich müssen sie doch nicht mehr an die Front: Am 6. Mai schicken die Ausbilder die Jugendlichen nach Hause. Am 7. Mai, dem Tag der deutschen Kapitulation, ist Robert in Bordesholm zurück.

Und am 8. Mai herrscht endlich Frieden in Europa – es ist Roberts Geburtstag, er wird sechzehn Jahre alt. Doch viel Zeit zum Feiern bleibt nicht. Seine HJ-Uniform hat er schon weggeworfen, aber er kommt ja geradewegs aus einem SS-Ausbildungslager: «‹Der Junge muss weg!›, befinden die Wirtsleute gleich. ‹Die Engländer kommen, die Jungs werden genauso interniert wie die Soldaten. Den bringen wir weg›», erinnert sich Robert Brokoph. «Und dann hat mir unser Nachbar bei einem befreundeten Bauern einen Arbeitsplatz besorgt. Da waren die russischen Kriegsgefangenen gerade ausgezogen, die als Arbeitskräfte da gewesen waren, und wir Deutschen zogen ein, ein buntes Völkchen von Leuten, die aufs Land flüchteten: ehemalige Marine- und Luftwaffensoldaten, Ausgebombte aus Kiel und ich als ostpreußischer Flüchtling. Und so lagen wir dann in den Holzkisten, die eigentlich für die Kriegsgefangenen gezimmert worden waren. Das war mein Schlafzimmer.»

Ein Absturz: Aus einer gutsituierten bürgerlichen Familie in Ostpreußen in ein Dasein als Knecht auf einem Bauernhof. Für den jugendlichen Robert ist das eine Demütigung, reflektieren kann er seine Situation noch nicht, er hat nur Angst, dass ihn die Engländer doch noch finden und in ein Internierungslager bringen. Immerhin gibt es genug zu essen, etwa Bratkartoffeln mit Ölsardinen, die die

Grenzdurchgangslager Friedland

Per Zug oder zu Fuß, in Massentransporten oder mit den Flüchtlingstrecks kamen seit Anfang 1945 Millionen von Flüchtlingen in den Westen. Sie alle mussten irgendwo untergebracht werden, zunächst in Notquartieren: Turnhallen, Lagern, Aulen, Ställen, Bahnhöfen oder in den Häusern und Wohnungen der Einheimischen. Als eine der wichtigsten zentralen Anlaufstellen zur Registrierung und Verteilung der Flüchtlinge, Vertriebenen und Heimkehrer wurde auf Anordnung der britischen Militärregierung am 20. September 1945 das Grenzdurchgangslager Friedland eingerichtet, zunächst in einem Provisorium, den Viehställen des Versuchsgutes Friedland der Universität Göttingen. Rasch wurde das Lager dann mit mobilen Blechbaracken ausgestattet, den sogenannten Nissenhütten (vgl. Stichwort Seite 90). Der Ort Friedland war wegen seiner verkehrstechnisch günstigen Lage an der Schnittstelle der Britischen, Amerikanischen und Sowjetischen Besatzungszone ausgewählt worden. Allein bis Ende 1945 kamen mehr als eine halbe Million Menschen nach Friedland, das häufig als «Tor zur Freiheit» bezeichnet wurde, und durchliefen das Registrierungs- und Verteilungsverfahren. Friedland war das größte Grenzdurchgangslager, weitere, kleinere Lager gab es vor allem in der unmittelbaren Nachkriegszeit auch an anderen Orten der Britischen und Amerikanischen Besatzungszone, in Bayern zum Beispiel die Grenzdurchgangslager in Hof-Moschendorf, Wiesau, Furth im Wald und Piding (sie alle wurden aber bis Anfang der sechziger Jahre geschlossen).

Im Lager Friedland begann im März 1950 mit der Familienzusammenführung der Deutschen aus Polen die erste große Aufnahmewelle von Spätaussiedlern. Im Lauf der Jahre war Friedland danach immer wieder Anlaufstelle für Menschen aus aller Welt: 1956 nach dem Ungarn-Aufstand waren es ungarische Flüchtlinge, 1973 flohen Chilenen vor dem putschenden Militär, 1978 kamen mittellose Boat-People aus Vietnam, Ende 1984 wurden Tamilen aus Sri Lanka aufgenommen, 1990 Flüchtlinge aus Albanien. Zuletzt erreichten im März 2009 Flüchtlinge aus dem Irak das Lager Friedland, Angehörige christlicher und anderer Minderheiten.

Bis heute sind fast vier Millionen Menschen im «Grenzdurchgangslager Friedland» empfangen worden, dessen Name mittlerweile um den Zusatz «Niedersächsisches Zentrum für Integration» erweitert worden ist, um auch die neuen Aufgabengebiete des heute dem Niedersächsischen Innenministerium unterstellten Lagers zu benennen. Seit Oktober 2000 ist es das bundesweit einzige Zentrum für die Erstaufnahme von Spätaussiedlern und ihren Familien, die fast alle aus der ehemaligen Sowjetunion kommen. Wegen der insgesamt rückläufigen Zahlen bietet das Zentrum seit einigen Jahren auch Integrationskurse vor allem für die Kinder und Jugendlichen der Spätaussiedler an.

Bauersfrau aus Wehrmachtsbeständen gehortet hat. Und nebenbei lernt er seine «dritte Fremdsprache: Plattdeutsch». Der ehemalige Gymnasiast striegelt nun Pferde und mistet den Stall aus. «Und dann kamen so Dinge: ‹Das ist ein Flüchtling, schnack nicht mit dem.› Also möglichst kein Kontakt. Und da hatten wir irgendwie ein Brandmal auf dem Kopf, ‹der Flüchtling›. Es war demütigend. Für mich als Jungen war das noch nicht ganz so spürbar, aber die alten Leute kriegten das fingerdick.»

Aber auch er selbst erlebt Ablehnung und Misstrauen: Als eines Morgens einige Kälber auf der Weide fehlen, stürmt der Bauer zornesrot auf ihn zu: «‹Du hast mit den Polen zusammen die Kälber auf unserer Hauskoppel geschlachtet! Was ist das bloß für eine Geschichte mit euch?› Und da brannten bei mir alle Sicherungen durch, und ich warf die Forke nach ihm, so zornig war ich. Dann hab ich gesagt: ‹Also ich lasse mir alles antun, arbeiten und die Drecksarbeit machen, will ich alles tun, ist in Ordnung. Aber eines lasse ich nicht: mich beleidigen, dass ich ein Dieb bin, und mir die Ehre abschneiden. Wir haben nichts mehr zu verlieren, aber die Ehre haben wir noch. Ich gehe jetzt.› Ich habe als Sechzehnjähriger meine Sachen gepackt und bin nach Bordesholm zurückgegangen.»

Mutter und Wirtsleute sind entsetzt, waren sie doch froh, für Robert einen sicheren Platz zum Untertauchen gefunden zu haben. Doch alles lässt sich wieder einrenken, und Robert kehrt auf den Hof zurück. Aber das Erlebnis ist prägend, so etwas will er sich nicht wieder gefallen lassen. Später wird er deshalb noch einmal einem Chef die Arbeit vor die Füße werfen, da ist er schon Lehrling und hat seinen Urlaub zum Torfstechen im Schönbeker Moor genutzt. Auch sein Lehrbetrieb soll einen Teil des Torfes bekommen, der als Brennstoff gefragt ist. Nach der tagelangen schweren Arbeit ist er völlig erschöpft und verschläft am ersten Arbeitstag: «Das war das einzige Mal, dass ich zu spät zur Arbeit gekommen bin, weil ich einfach fertig war, ich konnte nicht mehr. Und dann kommt der rein und sagt: ‹Du kommst zu spät, du alter Quiddje›, Quiddje waren die Flüchtlinge. ‹Du Quiddje, geh doch nach Hause, wo du hergekommen bist› und so. Oh, denk ich, bei dem geht das jetzt auch los und der war doch bis jetzt ganz nett. Und da war ich wieder so weit, ich warf die Meißel auf die Tür und ging nach Hause: ‹Ich kündige!›» Auch dieses Mal lässt sich alles klären.

Zum Glück: Denn zuvor hatte er wochenlang nach einer Lehrstelle gesucht, beim Schlachter und Tischler, beim Gärtner und beim Stellmacher. Vergeblich – aber nicht, weil er Flüchtling war, meint Robert Brokoph heute, es hätte damals einfach zu wenig freie Stellen gegeben. Endlich hatte es dann doch noch geklappt: Seit dem Sommer 1946 geht er bei einem Drechslermeister in die Lehre. Zwar hätte er sehr gern weiter die Schule besucht, aber das konnte sich die Mutter nicht leisten.

Und den Vater hat Robert im Januar 1945 am Hafen von Königsberg zum letzten Mal gesehen, Frau und Kinder wissen nicht, ob er überhaupt noch am Leben ist. Bis zum Kriegsende hat die Mutter als

Beamtenfrau noch die vollen Bezüge ihres Mannes erhalten, danach nichts mehr. Nach dem Abitur hatte sie «von der Schulbank weg geheiratet» und nie einen Beruf gelernt, erzählt Robert Brokoph. «Und sie musste nun zusehen, wie wir durchkommen, eine Mutter mit zwei Söhnen, alleinerziehend und ohne Arbeit. Erst ging es los mit Putzen in den Häusern, wie jetzt hier die Aussiedler, dann wurde eine Sirupfabrik in Bordesholm gebaut, und meine Mutter bekam einen Job, nämlich den ganzen Tag die zwanzig Pfund schweren Eimer schleppen und zu Haufen auftürmen. Sie war eine kleine Frau, nur 1,58 groß, sie war total fertig.» Mit Sirup wird auch Roberts Musiklehrer bezahlt. Denn der Junge soll wieder Gesangsstunden nehmen, wenigstens ansingen gegen den sozialen Absturz.

Vielleicht steht ihm ja eine große Karriere als Tenor bevor? Davon träumt Robert im Stillen: «Und da hab ich fleißig Singen geübt. Ich musste viel üben, auch Tonübungen machen. Das ganze Haus schallte wider von dem Gesang. Da bin ich nebenan auf den Holzplatz vom Dampfsägewerk gegangen und habe unter den Baumstämmen meine Tonleitern geübt.»

Auch nach Feierabend kümmert sich der findige Junge ums Geldverdienen. Er ist Nichtraucher, also verscherbelt er seine Raucherkarten auf dem Schwarzmarkt, wo er auch Uhren «verkaisert», die die Cousine organisiert hat. Er schnitzt Zigarettenspitzen aus getrockneten Haselnusszweigen und geht mit seinem Bauchladen voll solcher «Nuttenspitzen» ins Kasino, wo polnische Offiziere mit ihren «Liebchen aus St. Pauli» schäkern. Aus Blechdosen baut er Melkfett-Laternen, die Dochte dafür werden aus einer alten Unterhose geschnitten. Die Mutter brennt schwarz Rübenschnaps. Und unterwegs sammelt Robert hängen gebliebene Wollflusen von Stacheldrahtzäunen ab – für seine Oma, die 1946 nachgekommen ist und jetzt auch bei ihnen lebt. Die Oma verspinnt die Flusen zu Fäden und wickelt Wollknäuel, um sie bei den Bauern gegen Naturalien einzutauschen.

1946 lässt die Mutter schweren Herzens den Vater für tot erklären. Drei Tage vor der Kapitulation, am 4. Mai 1945, war sein letzter Brief aus Ostpreußen gekommen. Noch immer weiß die Familie nichts über seinen Verbleib, die Mutter hat lange auf seine Rückkehr gehofft. Aber weil sie nur etwas Fürsorgegeld von der Gemeinde erhält, bleibt ihr nichts anderes übrig. Das Geld aus der Lebensversicherung des Vaters wird ihr erst zwei Jahre später ausgezahlt – sechs Wochen vor der Währungsreform, im Juni 1948. «Da sagte die Lebensversicherung: Wir zahlen jetzt voll aus. Dann bekamen wir auch den Betrag, das war viel Geld, ein ganzer Wäschekorb voll – man konnte Feuer damit machen. Das Geld war gekommen und wertlos.»

Auf Robert als ältestem Sohn lastet so ein Großteil der Verantwortung. «Kümmere dich um die Familie», hat der Vater ihm beim Abschied in Königsberg aufgetragen. Worte, die schwer wiegen und ihn ein Leben lang prägen. Robert ist fleißig und ehrgeizig und schließt die Lehre 1948 erfolgreich ab. Zur gleichen Zeit muss er eine herbe Enttäuschung verkraften: Mit der Sängerkarriere wird es trotz seiner schönen Stimme nichts werden. Nach dem Stimmbruch ist Roberts Stimme tiefer geworden, jetzt singt er Bassbariton: «Und davon gibt's Tausende. Da sagte mein Gesangslehrer: ‹Kannst ja weitermachen, aber dich da zu verkaufen, das ist sehr schwer.›»

Dennoch nützt ihm sein Gesangstalent auch beruflich: Über einen Singkreis lernt er den Vorsitzenden des schleswig-holsteinischen Architektenbundes kennen. Als er erzählt, dass er Drechslergeselle ist, empfiehlt dieser ihm ein Studium an der «Muthesius Werkschule für Handwerk und Angewandte Kunst» in Kiel. «Und das hab ich gemacht. Es gab eine Aufnahmeprüfung mit vielen Bewerbern, und einer der Glücklichen, die nach drei Tagen durchkamen, war ich. Da hatte ich meinen Studienplatz. Und ich hatte ja auch schon ein bisschen Geld, wir mussten ja noch Geld bezahlen für das Studium damals.» Vierzehn Mark sind es pro Semester, später werden es 28 Mark sein. Seine Fachrichtung ist die Innenarchitektur, nebenbei studiert er aber auch Malerei.

Umerziehung zum Demokraten

Als Robert Brokoph 1949 das Studium an der Muthesius-Werkkunst-schule aufnimmt, ist aus den drei westlichen Besatzungszonen ein neuer Staat entstanden: die Bundesrepublik Deutschland. Zu seinen Vorlesungsfächern gehört nun auch «Staatsbürgerkunde»: «Das war ganz was Neues. Da ging es um das Grundgesetz, Parteiensysteme und so weiter. Uns unterrichtete ein Mann, der in russischer Gefangenschaft zu einem überzeugten Kommunisten umerzogen worden war. Ich war mit neunzehn Jahren der jüngste Student im Semester, die anderen waren ein ehemaliger Korvettenkapitän, ein Kapitänleutnant et cetera. Da gab es heiße Diskussionen um Demokratie, was das überhaupt für einen Sinn habe. Und dieser überzeugte Kommunist hat uns viel beigebracht, das war wirklich gut, das war echte Umerziehung. Und wir sind als kleine ‹Demokratiks› ausgeschieden nachher, sodass wir auch anfingen, uns politisch zu interessieren.» Aus dem überzeugten Hitlerjungen ist ein engagierter Demokrat geworden, der rechten Strömungen von da an skeptisch gegenübersteht: «Dieser etwas rechte Touch in den Landsmannschaften, der hat mich gestört, und darum hab ich da nie richtig mitmachen können. Ich bin Ostpreuße und Memelländer geblieben, und ich liebe meine Heimat. Das hat nichts mit rechts zu tun.»

Der Kontakt unter den Flüchtlingen in Bordesholm ist intensiv, es gibt Heimatabende und Theateraufführungen, auch Robert spielt manchmal mit. Die ältere Generation, Mutter, Oma und Tante, hofft noch jahrelang auf eine Rückkehr ins Memelland, «etwa bis zur Währungsreform 1948», erinnert sich Robert Brokoph. Den Älteren fällt die Eingewöhnung in eine anders als gewohnt funktionierende Gesellschaft schwer, es gibt Vorurteile und Misstrauen von beiden Seiten. In Heydekrug gehörte die Familie zum gehobenen Bürgertum, hatte einflussreiche Freunde und war sozial fest verwurzelt, hier müssen sie ganz unten neu anfangen. Robert ist fest entschlossen, sich hochzuarbeiten, mindestens den Status des Vaters wiederzuerlangen: «Mein Vater war was geworden, hatte eine gewisse Position

Robert Brokoph, 1950

erreicht, mit einem gewissen Einkommen und einer gewissen Bildung. Das war der Hintergrund für mich, das hat mich geprägt. Du willst wenigstens so weit kommen, dass du so viel verdienst, wie dein Vater verdient hat, dass du nicht Ritzenschieber bei der Straßenbahn wirst.» Das ist der Motor, der ihn antreibt. Dabei bemüht er sich stets um Kontakt mit den Alteingesessenen. Er spricht Plattdeutsch und besucht gemeinsam mit einheimischen Jugendlichen die Tanzschule: Seinen «Beginn des Eintauchens in die Bordesholmer Society» nennt er es augenzwinkernd. Dabei werden Freundschaften geschlossen, die lebenslang Bestand haben.

Auch während des Studiums wohnt Robert weiter in Bordesholm, mit dem Fahrrad fährt er jeden Tag nach Kiel, morgens 25 Kilometer hin und abends 25 Kilometer zurück. Inzwischen sind sie umgezogen in ein kleines Häuschen, das die Wirtsleute eigens für sie gebaut haben, natürlich gegen Mietzahlungen. Das lohnte sich für beide Seiten: Weil er Wohnraum für Flüchtlinge schafft, erhält der Vermieter vergünstigte Darlehen aus dem Lastenausgleichsprogramm. «Wir haben alle mitgeholfen, ausschachten und so. Dann kam der Tag des Einzugs. Wir haben uns so gefreut, wir dachten, wir kommen von der Hölle ins Himmelreich. Endlich mal mehr Luft, und wir hatten

58

eine Küche mit einem Kohleherd und eine Wasserbank für Eimer, wir hatten ja kein fließendes Wasser, es musste hergeholt werden. Aber man konnte am Wochenende ein Vollbad nehmen.»

Robert Brokoph teilt sich ein Zimmer mit seinem Bruder. An die Wand hinter dem Etagenbett malt er seine Sehnsucht nach der alten Heimat: «Mein Bruder sollte später in den vollen Genuss dieses Wandbildes kommen. Als ich wegging wurden die Etagenbetten abgebaut, dann war nur noch ein Bett übrig, und der Rest der Wand war ausgefüllt mit diesem Bild. Das Segel, der Mast, der Schiffskörper und darin stilisiert angedeutet die Wellen. So, das Haff. Und eine Möwe, die da rumflattert. Wenn man einschlief, fuhr man dann übers Haff. Die Erinnerung an die alte kalte Heimat.» Kurenkähne und Kurisches Haff, die Lieblingsmotive.

Schon zwei Jahre leben sie im neuen Häuschen, als 1952 ein Spätheimkehrer vor der Tür steht. Er bringt eine traurige Nachricht: Paul Brokoph, Roberts Vater, ist schon im Mai 1946 in russischer Gefangenschaft in Preußisch Eylau gestorben. Weil er selbst bis jetzt in Gefangenschaft war, konnte er sein Versprechen, die Familie zu benachrichtigen, nicht früher einlösen.

Morgens Klinken putzen, mittags segeln

Mittlerweile hat Robert Brokoph sein Studium an der Werkkunst-schule erfolgreich abgeschlossen. Er ist jetzt Innenarchitekt. In einer «Sonderreifeprüfung» hat er auch das Abitur nachgeholt und in Kursen an der Universität in Kiel zusätzliche Kenntnisse in Rechtswissenschaft und Wirtschaft erworben. Und doch ergeht es ihm jetzt wie nach der Schule – er findet keinen Arbeitsplatz. «Vor Verzweiflung, weil ich keinen Job als Innenarchitekt fand, wollte ich schon in den Bergbau gehen, ins Ruhrgebiet. Da wurde angeworben: ‹Kommt in den Kohlenpott, da gibt es Arbeit.› Aber so weit kam es dann nicht, Gott sei Dank. Ich habe Klinken geputzt, bin von Architekturbüro zu Architekturbüro mit der Mappe unterm Arm gezogen, mit Probearbeiten.» Immer wieder Absagen: «‹Wir haben noch keine Finanzierung für die Bauprojekte, leider gibt es keine Arbeit für Sie.› Also zum Schluss dachte ich: Du bist gar nichts mehr wert. Das war deprimierend.» Im Sommer 1953 lernt Robert Brokoph segeln, lebt eine Zeitlang im Zelt direkt am See. Zwei Segelboote hat er sich aus alten Wracks selbst gebaut, der Wassersport ist sein Heilmittel: «Vor Verzweiflung hab ich dann hier gesegelt: Halben Tag Stellen suchen, halben Tag segeln, um wieder zur Ruhe zu kommen.» Eines Nachmittags im Juli kommt der Bruder aufgeregt zum See gelaufen: «Du hast Arbeit! Du kannst beim Architekten in Bonn anfangen.» Das ist die Erlösung. Er verkauft die Jollen, beide an einem Tag, um dafür einen guten Anzug zu erstehen. Für zwanzig Zigaretten Fahrgeld nimmt ihn ein Laster mit bis Siegburg, von dort aus fährt er mit der Straßenbahn weiter nach Bonn.

Hier soll er als technischer Zeichner in einem Architekturbüro anfangen, für 250 Mark Monatslohn. Doch noch vor Arbeitsantritt wird das Gehalt reduziert: Der Arbeitgeber hat erfahren, dass die Mutter jetzt eine Pension als Beamtenwitwe erhält, und findet, dass sie ihn unterstützen könne. «So, nun musste ich mit 150 Mark auskommen, ich konnte ja nicht meine Mutter anpumpen. Und ich bin ausgekommen. 50 Mark kostete das Zimmer, 100 Mark zum Leben. Da hab ich vertrockneten Käse gekauft, altes Brot, das ging. Ich hatte noch Geld, um Weihnachten nach Hause zu fahren. Das Durchhalten ist uns ja anerzogen worden, das Durchbeißen. Man hat daraus gelernt.»

Robert Brokoph arbeitet unermüdlich, er ist fleißig und ehrgeizig. Und peilt sein nächstes Ziel an: «Jetzt musst du arbeiten und verdienen und verdienen – ich wollte nach Schleswig-Holstein zurück, an die See. Ich bin ein Mensch, der an der See leben muss. Und darauf habe ich auch zielstrebig hingearbeitet.» Es gibt Rückschläge, aber Robert Brokoph versucht immer, besser zu sein als der Durchschnitt: «Flüchtlinge mussten mehr leisten und besser sein als die Einheimischen, denn sie wollten ja hochkommen, aus dem Elend rauskommen. Und deshalb waren Schüler fleißiger, Studenten fleißiger und studierten nicht länger, als sie mussten. Ich habe mich hochgeboxt, steter Tropfen höhlt den Stein. Meine einheimischen Kollegen saßen auf dem Stuhl und setzten Hornhaut am Hintern an, und ich sagte: Bleibt ruhig sitzen, ich mache weiter.» Mit Risikofreude, Selbstbewusstsein und dem festen Willen, nach oben zu kommen, macht Robert Brokoph langsam Karriere. Er kündigt die Stelle, als er einen anderen Job findet, der ihm doppelt so viel Geld einbringt, in einer großen Tischlerei, deren Chef ein Landsmann aus Ostpreußen ist. Und er kennt auch dort seinen Wert: «Ich hab dann immer wieder gesagt: Also ich hab hier was auf die Beine gestellt – bitte mehr Geld. Mein Chef knurrte, aber er gab es mir. Bis ich den Punkt erreichte, an dem es nicht mehr weiterging. Ich sagte: ‹Alfred›, wir duzten uns da schon, ‹kann ich mich nach einer anderen Stelle umsehen?›» Der Chef stimmt zu und hilft ihm sogar bei der Suche. Er steigt wieder eine Stufe höher auf der Karriereleiter, wird Innenarchitekt bei der Universitäts-Bauleitung in Bonn, entwirft Direktorenzimmer. Eigentlich hat er nur eine Ausbildung als Innenarchitekt, als Autodidakt eignet er sich nun auch erste Kenntnisse im Hochbau an. Schließlich spezialisiert er sich auf den Krankenhausbau.

Das Ziel der Rückkehr an die See behält er weiter fest im Blick. Fünf Jahre bleibt Robert Brokoph in Bonn, wo inzwischen auch der Bruder studiert und mit ihm zusammen in der evangelischen Kirchengemeinde aktiv ist; 1951 waren beide in Bordesholm von einem Flüchtlingspfarrer konfirmiert worden, Robert mit 21 Jahren. Immer wieder bewirbt er sich auf Stellen in Norddeutschland. 1958 hat er schließlich Erfolg: Im April wird er in der Entwurfsabteilung des Landesbauamtes Kiel angestellt. Mit dem in Bonn ersparten Geld kauft Robert Brokoph ein Grundstück in Bordesholm, 5500 Mark kostet es. Und er beginnt, ein Haus zu bauen, in Eigenleistung. Sein eigenes Haus, das sichtbare Zeichen dafür, in der neuen Heimat endgültig angekommen zu sein. «Ich habe immer gesagt: ‹Guck mal, Mutter, willst du ein Leben lang den anderen Leuten die Miete in den Rachen schmeißen? Zahl dir doch selbst die Miete, und eines Tages gehört es dir.› Das war der Grundgedanke. Ich hatte ja einen Job und wusste, der Job bleibt.» Allen in der Familie war schon vorher klar, dass es keine Rückkehr ins Memelland mehr geben würde. «Viele hofften, wieder heimzukehren in die alte Heimat. Das war eine Illusion. Spätestens 1948 stellte sich heraus, auch im politischen Bereich, dass es wohl ‹No return› gab. Und wir Flüchtlinge trafen uns schon vorher hier in Lokalen zu Heimatabenden, zu Theatervorstellungen, ich spielte auch mal Theater. Und ostpreußische Chöre bildeten sich, später dann die Landsmannschaften. Also es war das Donnergrollen im Hintergrund. Dann wurde die Sache politisch doch vehement, und es wurde eine Partei gegründet, der BHE – der Bund der Heimatvertriebenen und Entrechteten, dem meine Mutter dann auch angehörte. Ich nicht.»

Lieber engagiert sich Robert Brokoph in der Kirchengemeinde. In der Kantorei der Bordesholmer Klosterkirche findet er seine musikalische Heimat, später, 1968, baut er die neue Christuskirchen-Gemeinde mit auf. Da ist er schon verheiratet mit seiner Frau Renate, die er auch hier in Bordesholm kennengelernt hat, sie stammt ebenfalls aus einer Vertriebenenfamilie. Zwei Töchter bekommen die beiden in den nächsten Jahren.

Heute, meint Robert Brokoph, seien die Grenzen zwischen Flüchtlingen und Einheimischen kaum noch spürbar. Wie so viele als Kinder Vertriebene hat er recht schnell akzeptiert, dass es keine Rückkehr ins

Memelland geben würde. Auch wenn es manchmal wehtat. «Nachher kam dann noch diese schmerzhafte Geschichte mit der Oder-Neiße-Grenze und den Ostgebieten. Aber irgendwie müssen wir die Zeche ja bezahlen für das, was wir angerichtet haben. So schmerzlich das ist. Wir müssen doch mit den Verhältnissen leben, wie sie heute sind. Für mich ist Europa die Zukunft. Und nicht die Nationalstaaten. Der Nationalsozialismus hat so viel Elend über die Menschen gebracht. Ich bin da natürlich anders als mein Vater, aber der ist in einer deutschnationalen Familie groß geworden, vor den Nazis schon, zur Kaiserzeit.»

Inzwischen kehrt Robert Brokoph regelmäßig ins Memelland zurück, im Urlaub. «Der Heimatverlust ist für mich bewältigt. Und ich fahre gern jedes Jahr einmal hin, aber verabschiedet habe ich mich von meiner Heimat schon. Ich fahre hin, weil ich mich da wohl fühle. Aber ich fahre gerne nach Schleswig-Holstein zurück. Es ist für mich eine ganz wertvolle zweite Heimat geworden. Ein Land, das man lieben kann, lieben muss. Wegen der Menschen, aber auch wegen der herrlichen Landschaft und auch der alten Architekturen. Und Schleswig-Holstein erinnert in gewissem Sinne auch an meine alte Heimat – der baltische Endmoränenrücken, von Holland bis rauf nach Litauen. Es ist eine ähnliche Landschaft.»

Fischerboote mit weißen Segeln vor blauem Himmel, Möwen im Schrägflug, die Weite des Meeres: Wer nicht weiß, dass Robert Brokoph aus dem Memelland stammt, könnte die Aquarelle im Wohnzimmer beinahe für Bilder von der schleswig-holsteinischen Ostseeküste halten.

Henning Burk

Peter Kurzeck: «Ich träume ständig, dass ich irgendwo ankomme»

«Ich komme aus einem Land, das es nicht mehr gibt», sagt der Schriftsteller Peter Kurzeck. Der gebürtige Böhme stammt aus Tachau (Tachov) im Westen der Region Pilsen. Er wird dort 1943 geboren und 1946 vertrieben. Zusammen mit seiner Mutter und seiner fünf Jahre älteren Schwester endet die «Abschiebung», wie es die Tschechen noch heute verharmlosend nennen, mit dem Viehwaggon in Staufenberg, einem kleinen Bauerndorf nördlich von Gießen in Oberhessen. Etwa sechshundert Vertriebene werden dort unter Aufsicht der amerikanischen Besatzer bei den tausend Einheimischen untergebracht.

Schon als Kind beginnt Peter Kurzeck alles aufzuschreiben. Die Grunderfahrung, als Vertriebener unbehaust zu sein, zwingt ihn dazu, sich ein Erinnerungsgebäude zu schaffen, in dem er sich zu Hause fühlt. Lebendig steht ihm vor Augen, wie er als Dreijähriger seine Heimat verloren hat: «Es war ein Mai- oder Junitag, als wir von Tachau wegmussten. Wir hatten uns alle auf dem Marktplatz einzufinden, der mir sehr schön vorkam. Die bunten Barockhäuser fingen immer an zu lächeln, sobald auch nur der geringste Sonnenstrahl darauf fiel. Als Kind denkt man, die kennen mich, diese Häuser.»

Im Frühsommer 1946, als die meisten Tachauer Männer noch in Kriegsgefangenschaft sind, müssen sich alle Frauen, Kinder und Alten auf dem Marktplatz versammeln. Sie werden durchgezählt, das Gepäck wird gefilzt. Unter den Zusammengetriebenen verbreitet sich wie ein Lauffeuer das Gerücht, alle würden erschossen. «Ich kann mich sehr gut an die Aufregung meiner Mutter erinnern. Man erlebt es als Kind sehr stark, wenn die, auf die man sich verlassen muss, Todesangst haben. Man weiß genau, allein käme man niemals durch.»

Der Marsch vom Marktplatz zum Bahnhof führt den kleinen Peter an den alten kaisergelben Villen vorbei, die man im ehemaligen Österreich-Ungarn überall vorfindet. Sie sind für ihn bis heute der Inbegriff von Heimat. «Als ich zum ersten Mal als Fünfzehnjähriger nach Wien kam, oder später in die Ukraine, in Städte wie Triest oder Orte auf dem Balkan bis weit nach Rumänien hinein, hatte ich immer den Eindruck, dass mir der Anblick vertrauter ist, als es für mich in Hessen oder bei uns im Reich, wie man so sagt, jemals der Fall sein könnte. Ich konnte nicht mehr aufhören, nach den Spuren meiner Ver-

Peter Kurzeck, um 1949

gangenheit zu suchen. In den sechziger Jahren habe ich immer wieder Tachau besucht, um den letzten Weg zum Bahnhof noch einmal zu gehen. Dabei spürte ich stets, dass mich die Häuser nicht nur kennen, sondern unerschütterlich treu ansehen. Doch jedes Mal geriet ich an einer bestimmten Stelle in Panik und wusste nicht mehr weiter. Bis heute wache ich manchmal nachts auf und quäle mich mit dem Gedanken an diesen Weg.»

Die Grenzlandschaft im einstigen südlichen Egerland bei Tachau durchwandert Kurzeck jahrelang immer wieder. Sie ist weiträumig verödet. Viele Dörfer sind verwüstet, zerstört oder überhaupt nicht mehr auffindbar. 1945 hatte die tschechoslowakische Regierung im sudetendeutschen Grenzgebiet Roma angesiedelt, die nichts mit Landwirtschaft anfangen konnten und die Häuser verfallen ließen. Später, in der Zeit des Kalten Krieges, benutzten die russische und die tschechoslowakische Armee Dörfer im Grenzland als Zielscheibe bei Waffenübungen. Die Region wirkt wie verschüttet. «Kaum jemand kennt sich aus. Straßenschilder sind selten. Wenn man sich verfährt, kann man auf den kleinen Straßen stundenlang umherirren. Vieles ist zugewachsen. Aus den böhmischen Wäldern sind Urwälder geworden. Unmengen von Herkulesstauden und Wildpflanzen, die aus dem Kaukasus kommen, verdrängen alles andere. Ihr Gift verätzt Tiere.»

Der Transport, mit dem Kurzeck im Frühjahr 1946 nach Westen fährt, dauert Tage. Die Menschen in den Viehwaggons leiden unter unwürdigen hygienischen Zuständen. Viele Alte und Kinder sterben während des Transports. Erst in Deutschland dürfen die Türen, die bis dahin verplombt sind, geöffnet werden. Dann hält der Zug auf offenem Feld. Die Menschen steigen aus und versuchen, etwas zu essen zu finden. «Wenn die Lok pfiff, bekamen wir Angst, es könnte einer nicht schaffen, rechtzeitig wieder in den Zug reinzukommen. Auf dem zerbombten Nürnberger Bahnhof durften wir aussteigen. Unmengen Menschen liefen in alle Richtungen durcheinander. Die Flüchtlinge in die eine, die zurückkehrenden Zwangsarbeiter in die andere. Jahrzehnte später, als meine Tochter noch klein war, stellte ich mir vor, was wäre, wenn wir bei uns in Frankfurt-Bockenheim vom Einkaufen nach Hause kämen und müssten in einer Stunde mit zwei Töpfen und ein paar Decken am Bahnhof sein und wüssten nicht, wohin die Reise geht. Ich dachte dann immer, du schaffst das. Du hast es schon mal geschafft, und mit einem kleinen Kind schafft man alles, solange man es nicht verliert. Jahrelang habe ich als Kind Suchanzeigen gelesen oder im Radio gehört. Ich hätte selbst verlorengehen können zwischen diesen Unmengen Erwachsenen. Ich träume ständig, dass ich irgendwo ankomme und nicht weiß, wo ich hinwollte. Ich weiß nicht mal, wo ich bin. Ich merke nur, dass mein Gepäck nicht mehr da ist. Der Bahnhof verschwindet um mich herum. Ich steh am Rand eines Niemandslands.»

Nach zwei Wochen kommt der Transport in Gießen an. Die Kurzecks werden in einem amerikanischen Rote-Kreuz-Lager untergebracht – dunkle, feuchte Holzbaracken mit jeweils einem langen Gang in der Mitte, von dem die Räume wie Pferdeställe abgehen. Dann, zwei Wochen später, werden sie mit einem Lastwagen nach Staufenberg bei Lollar gebracht. Es ist ein schöner Tag. Unter einem Sonnenhimmel erscheint das Dorf, wo sie fortan leben sollen. «Ich sah die Schwalben über dem Dorf fliegen und zum ersten Mal schwarzweiß gefleckte Kühe. In Böhmen kannten wir ja nur hellbraune. Während meine Schwester und ich auf dem Platz vor der Burg auf unsere Mutter warten, die sich unsere zukünftige Unterkunft anguckt, wird aus dem Sonnenhimmel ein Abendhimmel. Er kommt mir vor wie Perlmutt.»

Ankunft in Staufenberg

Das Zimmer, in das sie einquartiert werden, gefällt Peter: Es ist groß und schön und liegt an einer Ecke, wo sich abends unter uralten, hohen Kastanienbäumen Kinder, Jugendliche und verheiratete Männer treffen. Die Gastgeber sind freundlich. Kurzeck kann sich bis heute niemanden vorstellen, bei dem er besser untergebracht worden wäre. Der Mann stammt aus Staufenberg, seine Frau aus Bingen am Rhein. Beide sind höflich und zurückhaltend. Kurzeck darf zu jeder Tageszeit in die Wohnküche und schauen, was die Leute machen, sich einen Buntstift oder aus der Bibliothek Bücher ausleihen. Die Kinder der Gastgeber sind älter als er, dennoch verbringen sie ihre Zeit mit ihm. Die Gastgeber stellen Stühle und einen Tisch zur Verfügung. Kurzecks Mutter näht aus Kartoffelsäcken die ersten Betten, füllt sie mit Stroh, das sie von Bauern bekommt. Lange müssen sie ohne Ofen auskommen, schließlich wird ihnen aber einer auf Bezugsschein zugeteilt. Den hält die Mutter mit dem wenigen Holz, das sie mit dem Leiterwagen aus dem Wald holt, in Gang. Abends wird die Ofentür geöffnet, um Licht zu haben. Elektrisches Licht wird nur angeschaltet, wenn es schon ganz dunkel ist. In der Nacht nehmen die Kinder warme Backsteine mit ins Bett.

Die einheimischen Bauern in dieser oberhessischen Region sind sehr arm. Ein roher Menschenschlag, sagt Kurzeck. Die eigenen Kinder sprechen sie mit «Du Missgeburt» an. Teilen ist für sie keine Selbstverständlichkeit. Jeder Gegenstand ist wertvoll. Man gibt nichts gern aus der Hand. «Viele Staufenberger zeigten uns, dass es ihnen selbst nicht gutging. Sie sagten: ‹Mir hurn naut, mir gebbe naut, un das bissche, was ma hurn, das fresse ma selbr.› Das war die Haltung.» Viele müssen neben der Feldarbeit in die Schamottfabrik und schuften sich dort zu Tode. Sie wissen, dass sie eine Staublunge bekommen und früh sterben. Die einheimischen Bauersfrauen haben es sehr schwer. Sie müssen den Vater, den Großvater, die Kinder und das Vieh durchbringen. Ihre Männer sind noch in Kriegsgefangenschaft.

Die Vertriebenen werden als Zigeuner beschimpft. Dabei fände Kurzeck es nicht schlimm, Zigeuner zu sein. Zigeuner machen Musik, meint er. Sie führen ein gutes Leben. «Irgendwie erkannte man einem ab, dass man Deutscher ist. Die Einheimischen haben gesagt, ihr kommt von irgendwo her und drängt euch hier rein. Warum seid ihr nicht dort geblieben? Als ob man die Wahl gehabt hätte.» Manche Vertriebenen, die in die Nachbarschaft eingewiesen werden, bekommen keine Haustürschlüssel, erinnert sich Kurzeck. Sie seien Fremde. Wenn es im Haus Wasser ausschließlich in der Küche gibt, wird den Vertriebenen gesagt, ihr dürft nur jeden zweiten Tag einen Eimer Wasser holen. «Man konnte froh sein, wenn es im Hof einen Wasseranschluss gab.» Manche lassen sogar die Kinder nicht ins Haus, während deren Eltern für sie arbeiten oder ihnen auf dem Feld helfen.

Trotz Lebensmittelmarken und Care-Paketen haben in Staufenberg fast alle Hunger. Deshalb verkaufen die Bauern den Vertriebenen auch keine Eier. «Wir mussten im Wald Bucheckern sammeln und abliefern. Dafür haben wir Öl und eine Art Ersatzmargarine bekommen. Das war eine elende Angelegenheit, bei der man als Kind nahezu verzweifelt. Man sammelt und sammelt und sammelt, und das wird einfach nicht. Die Hälfte der Bucheckern ist taub und hohl. Man muss sie eigentlich wegschmeißen. Aber so hätte man die Kanne nie voll bekommen.»

Im Hungerwinter 1946/47 weiß keiner, wovon er leben soll. «Viele starben an Unterernährung. Es gab auch Selbstmorde. Alte Leute hängten sich auf oder ertränkten sich. Der Herr Angermann und seine Frau, das waren zwei höfliche alte Leute, die haben sich aufgehängt. Andere sind verhungert oder an vergleichsweise harmlosen Krankheiten gestorben. Sie waren in so schwachem Zustand, dass sie nicht überlebt haben. Alle Kinder waren unterernährt, sogar die Dorfkinder. Fast jedes Kind hatte irgendwann einen Schlüsselbeinbruch oder beim Spielen in den Scheunen den Arm oder das Bein gebrochen. Sie hatten nicht genug Milch bekommen. Die konnte man sich als Flüchtling erst nach der Währungsreform leisten. Vorher gab es im besten Fall nur in winzigen Mengen mit Wasser verdünnte Milch.» Die Einheimischen können in ihren Backhäuschen Brot backen. Die Vertriebenen nicht. «Es gehört schon Großmut dazu, wenn man selbst nicht viel hat, zu sagen, von dem einen Laib Brot schneide ich noch ein Stück ab. Wenn wir als Kind in irgendeinem fremden Haus eine Scheibe Brot abgeschnitten bekamen, dann war das eine große Freude. Das konnte man gar nicht glauben. Das Brot war das beste, das ich kenne. Manchmal bekomme ich heute noch von jemandem so ein Brot, und es schmeckt genauso wie früher.»

Viele Einheimische zeigen sich hartherzig gegenüber den Vertriebenen. «Als meine Mutter einmal Mehl zum Backen brauchte, sagten die Leute, probier es doch bei dem Müller, dem die Holzmühle weit außerhalb des Dorfes gehört. Daraufhin nähte meine Mutter aus einem alten Kissenbezug ein Mehlsäckchen. Dann nahm sie mich mit auf den sehr langen Weg zu Fuß. An diesem Tag war es sehr heiß. Als wir endlich zum Mühlenhof kamen, hatte uns der Müller schon gesehen und kam uns entgegen. Der war gut genährt. Meine Mutter erklärte ihm höflich, dass sie zwei Kinder hat und ob er nicht bereit wäre, ihr ein bisschen Mehl abzutreten. Der Müller ließ sie ruhig aussprechen und sagte einen Moment nichts. Dann sagte er nur: ‹Nein.› Und drehte sich um. Uns blieb nichts anderes übrig, als uns gedemütigt umzudrehen und wieder wegzugehen. Auf dem riesigen Weg zurück, an diesem hellen, glühenden Tag, an dem die Welt fast verbrannte vor Licht, bekam ich einen großen Durst. Da sagte meine Mutter: ‹Wir haben noch ein bisschen Pflaumenkompott. Davon kannst du etwas essen, wenn wir zu Hause sind.›»

1947 bekommen viele Vertriebene eigene Kleingärten, um Kartoffeln und Tomaten anzubauen. Sie liegen weitab vom Dorf. Die Vertriebenen haben ständig Angst, jemand könne eine mühsam zur Reife gebrachte Tomate abpflücken. Sie pflanzen auch Mohn auf den Wiesen an, um Kuchen nach böhmischer Art herzustellen. Die Einheimischen kennen das nicht und spotten über den «Flüchtlingsmohn». Doch der Mohn ist für die Vertriebenen ein Trost. Er erinnert an die alte Heimat. «Um Mohn zu mahlen, war im Dorf nur ein einziges Mohnmühlchen unter den 600 Vertriebenen im Umlauf. Stets musste man es da und da holen. Das war spannend, zu schauen, wo es sich gerade befindet. Ich war in jeder Flüchtlingsunterkunft zu Hause.» Unter den Vertriebenen gab es keine Feindschaft, sondern nur Solidarität, sagt Kurzeck.

«Bald hatte ich mich auch mit Kindern aus der Nachbarschaft angefreundet. Deren Eltern boten mir immer etwas an, ein paar Stachelbeeren oder was gerade reif war. Deren Kinder hatten schon Märklin-Baukästen. Da durfte ich mitbauen. Und die kamen auch zu uns und haben mit uns gespielt. Die hatten alle meine Mutter gern, weil sie gemerkt haben, die ist geduldig, die stellt ihnen auch mal was Gutes hin, auch wenn es nur drei Gläser eingemachte Kirschen sind im Winter oder so was. Ich glaube, das haben dann die Eltern, die einheimischen Eltern, auch gemerkt. Trotz der großen Armut war Staufenberg für mich eine wunderschöne Welt. Dadurch, dass ich die ersten zwei Jahre mit vielen Menschen in Kontakt kam, entstand für mich ein ganz eigenes Gefühl für Heimat, das nichts mit den Häusern und der Landschaft zu tun hat, sondern mit einem Netzwerk.»

Kurzeck stibitzt oft gemeinsam mit den einheimischen Dorfkindern Obst. Der Flurschütz schimpft mit jedem Kind, das an einem Apfelbaum oder einer Brombeerhecke vorbeikommt, egal ob es ein einheimisches ist oder zugereist. Später versteigert die Gemeinde jedes Jahr Apfelbäume zum Abernten. Die kosten zwischen eins vierzig und zwei Mark. Die Kurzecks ersteigern jedes Jahr zwei bis drei Apfelbäume. Da ist Klauen nicht mehr nötig.

«Es kommt einem in Notzeiten besonders zustatten, wenn man aus Zwiebeln, zwei Kartoffeln, ein bisschen Mehl und vielleicht noch ein paar getrockneten Steinpilzen, die man gesammelt und getrocknet hat, gute Suppen und Soßen machen kann. Meine Mutter konnte unendlich viele Gerichte machen, die ich heute nur ganz selten irgendwo bekomme. Selbst in Tschechien oder hier in böhmischen Restaurants nicht mehr. Meistens gibt es nur die üblichen Fleischgerichte. Aber Buchweizenkuchen aus rohen Kartoffeln und zehn verschiedene Arten von Pfannkuchen, das gibt's kaum noch irgendwo.» Kurzeck erinnert sich an den regen Austausch von Kochrezepten zwischen Einheimischen und Vertriebenen. «Wenn man sich jeden Topf, jede Bratpfanne ausleihen muss und beim Kochen gute Gerüche entstehen, dann führt das dazu, dass die Leute fragen, ob sie mal probieren dürfen: ‹So was macht ihr aus Steinpilzen? Wir haben immer nur Champignons genommen.› Sie wussten mit Steinpilzen nicht viel anzufangen.» Über den Magen entstehen schließlich Freundschaften.

Neue Heimat

Nach und nach stellen die Alt-Staufenberger fest, dass die Vertriebenen eine Bereicherung für die Gegend sind. Denn sie sind es, die 1947/48 als Erste neue Häuser bauen. «Für uns Kinder war es sehr eindrucksvoll, wie ein Haus oder wie die Flüchtlingskirche entstand. Nach Feierabend und am Samstag ging die Arbeit daran los. Die Frauen haben was zu essen gebracht und Steine getragen. Wir haben begeistert zugeguckt. Eine wunderbare Erfahrung für ein Kind, zu sehen, wie Menschen sich was vornehmen.» Um ein Haus zu bauen, brauchen die Vertriebenen zwei Jahre. Die Bauwilligen finden schnell Gleichgesinnte, die ihnen beim Ausschachten helfen. Ist der Keller ausgemauert, ziehen die Vertriebenen schon ein. Dann wird Zug um Zug weitergebaut. Meist sind es drei bis vier Familien, oft Verwandte, die im Genossenschaftsprinzip ein Haus nach dem anderen errichten. Da die Flüchtlingshäuser größer sind als die alten Bauernhäuschen der Einheimischen, dürfen junge Vertriebene schließlich auch Mädchen aus dem Dorf heiraten. Dann sind sie akzeptiert. Dennoch entwickelt sich am Stammtisch immer wieder die Neiddebatte. «Jedem Flüchtling wurde unterstellt, er behaupte nur, daheim reich gewesen zu sein. Es gab aber auch Leute, die nach drei Jahren immer noch gesagt haben, eigentlich müsste man die wieder wegjagen. Sie kommen mit nichts her und bauen einfach Häuser. Dabei hätte jeder sehen können, dass die Leute fast alles an ihrem Haus selbst gemacht und sich gegenseitig geholfen haben. Da kann man doch nicht sagen, man habe sich das Haus erschwindelt. Den Bauplatz hat man bezahlt und das Material oft von den Amis bekommen.»

Vertriebenenstädte und Flüchtlingssiedlungen

Neugablonz, Geretsried, Traunreut, Waldkraiburg, Neutraubling, Trappenkamp, Trutzhain, Espelkamp – Ortsnamen, die vor 1945 auf keiner Landkarte zu finden waren. Alle haben eine ähnliche Geschichte: Aus provisorischen Flüchtlingslagern wurden Siedlungen, aus Siedlungen Städte – Städte, die sich häufig zu Zentren des Fortschritts und Motoren der Wirtschaft entwickelten. Denn die Vertriebenen hatten zwar die Heimat verloren, ihre Erfahrungen und Fertigkeiten aber brachten sie mit. Und nutzen sie – wie die Gablonzer Glasbläser und Schmuckhersteller. Etwa 18 000 Vertriebene aus Gablonz im Isergebirge (heute: Jablonec nad Nisou), einem alten Zentrum der Bijouterie- und Glasherstellung, waren seit 1945 in den Baracken einer ehemaligen Munitionsfabrik im Waldgebiet Kaufbeuren-Hart angesiedelt worden. Unter einfachsten Bedingungen gründeten sie erste Betriebe, die Schmuck aus Army-Blechdosen, Glasscherben und Kartoffelteig fertigten. Mit handwerklichem Geschick und kaufmännischer Erfahrung gelang es, die Gablonzer Schmuckindustrie, die einst einer der wichtigsten Wirtschaftsfaktoren Böhmens gewesen war, erfolgreich in die neue Heimat zu exportieren. Aus Kaufbeuren-Hart wurde Neu-Gablonz. Heute ist Neu-Gablonz mit rund 12 500 Einwohnern der größte Stadtteil Kaufbeurens und trotz der Konkurrenz durch Billigprodukte aus Asien noch immer eines der führenden Zentren der Modeschmuck-Industrie.

Auch Espelkamp in Nordrhein-Westfalen und Trutzhain in Hessen haben ähnliche Geschichten. Espelkamp ist ebenfalls auf dem Gelände einer Munitionsanstalt der Wehrmacht entstanden. Das Gelände hatten die britischen Militärbehörden im September 1947 dem Evangelischen Hilfswerk überlassen, damit – in Zusammenarbeit mit dem Land Nordrhein-Westfalen – ein kirchlich-karitativ wie industriell-gewerblich orientiertes Gemeinwesen entstehen könnte, das den «Flüchtlingen und Heimatvertriebenen eine neue Heimat bieten soll», wie die Präambel des gemeinsamen Projektes postulierte. Schon zehn Jahre später, 1957, erhielt Espelkamp das Stadtrecht. Heute zählt die Stadt rund 26 000 Einwohner, aus dem einstigen Barackenlager ist ein international bekannter Technologiestandort geworden.

Die Anfänge des hessischen Trutzhain liegen auf dem Gelände eines ehemaligen Kriegsgefangenenlagers (in dem übrigens auch François Mitterrand einsaß), das nach Kriegsende erst als DP-Lager und ab 1948 als Quartier für Flüchtlinge und Vertriebene diente. Die Menschen aus den verschiedensten Herkunftsgebieten gründeten binnen kurzem zahlreiche Handwerks- und Gewerbebetriebe und schufen über 200 Arbeitsplätze, was dem Ort zum

Beinamen «Ruhrpott der Schwalm» verhalf. Am 1. April 1951 wurde Trutzhain eine eigenständige Gemeinde, die seit 1970 zu Schwalmstadt gehört. (*Mehr zu Trutzhain ab Seite 232.*)

Doch die Erfolgsgeschichten dieser Vertriebenenstädte dürfen nicht darüber hinwegtäuschen, dass es längst nicht allen gelang, sich eine neue Existenz aufzubauen. Vor allem die älteren Vertriebenen taten sich oft schwer mit einem beruflichen Neuanfang. Hinzu kamen Ablehnung, Neid und Benachteiligungen durch die einheimische Bevölkerung, die sich auch in Schmähnamen für die neuen Siedlungen ausdrückten. So wurde Espelkamp auch «Klein Moskau» (nach den ehemals in den Baracken untergebrachten russischen Zwangsarbeitern) genannt. Anderenorts belegte man die Siedlungen mit Spottnamen wie «Hypothekenbuckel» (wegen der Förderung der Siedlungen durch Gemeinde-Investitionen), «Bretterhausen» oder «Kittlweiberdorf» oder erinnerte begrifflich an Konfliktherde der 50er Jahre, wie «Klein Korea», «Neu-Korea» oder «Mau-Mau-Siedlung» (bezogen auf die kenianische Mau-Mau-Unabhängigkeitsbewegung, die in den 50er Jahren für Anarchie und Chaos stand). Die Angst vor Überfremdung spricht aus den Bezeichnungen «Bolschewikien», «Neupolen», «Bittschönau» (nach dem österreichischen «Bitt' schön»), «Paprika-Siedlung» oder «Knoblauch-Siedlung».

An die Herkunftsorte von Flüchtlingen und Vertriebenen erinnern bis heute zahlreiche Straßennamen in den Randgebieten von Städten und Gemeinden, wo viele der neuen Siedlungen entstanden: Breslauer Straße, Sudetenlandstraße, Königsberger Straße, Danziger Straße, Bessarabienstraße, Masurenweg, Stettiner Straße, Egerweg … erst mit dem Bau des Eigenheims war für viele Vertriebene die Ankunft in der neuen Heimat endgültig besiegelt.

Die Vertriebenen arbeiten als Heizer, Hausmeister, Schreiner, Elektriker, Weißbinder bei den «Amis» in Lollar und Gießen. Die U.S. Army weiß, dass die besten Handwerker und Maurer aus Böhmen kommen. Die Amerikaner sind großzügig. Abends können die Vertriebenen immer etwas zu essen nach Hause mitnehmen. Zigaretten, Nylonstrümpfe, große Dosen mit Maxwell-Kaffee und Tabak. Das nutzen sie als Ersatzwährung. Auch Kurzecks Vater, der 1948 kurz vor der Währungsreform aus der Kriegsgefangenschaft heimkehrt, findet schnell bei den Amerikanern Arbeit. In seiner Freizeit stellt er aus Autoreifen Schuhe her. Die Bauern sind nicht so beweglich wie die Vertriebenen. Sie müssen jeden Winter in die Schamottfabrik arbeiten gehen und lassen ihren Frust an den Vertriebenen aus. «Man war nicht unbedingt ein Mensch zweiter Klasse, aber man wurde als Vertriebener immer ein bisschen schlechter behandelt. Als Sohn vom Stadtrat oder vom Klinikchefarzt wurde man nicht angebrüllt. Wir Flüchtlingskinder waren in den Schulklassen oft die Sündenböcke und wurden in die Ecke gestellt. Für meine Generation war es noch ganz schwer, aufs Gymnasium oder auch nur auf die Realschule zu gehen. Es waren höchstens drei, vier pro Jahrgang im ganzen Dorf, meist Lehrerkinder, und dann noch ein, zwei Flüchtlingskinder.» Für die meisten Vertriebenen ist es wichtiger als für die Einheimischen, dass ihre Kinder eine gute Berufsausbildung bekommen. «Ihnen wurde eingehämmert, als Lehrling schon so fleißig zu sein, dass die Firma merkt, die kann man gut gebrauchen.»

Viele Vertriebene wohnen noch jahrelang in Baracken am Rande von Staufenberg. «Als Kind bin ich dort gern hingegangen. Die Baracken rochen nach Holz. Es gab dort viele Hunde und Hasen. Diese Vertriebenen waren nicht in der Lage, richtig Fuß zu fassen. Es waren immer ein paar Säufer dabei. Die Leute sagten, die sind arbeitsscheu, die brechen sich lieber den Arm, als dass sie zwei Wochen lang pünktlich zur Arbeit gehen. Das war vielleicht bei ein, zwei, drei Familien so. Die meisten Flüchtlinge aber haben eigentlich zu viel gearbeitet. Die haben versucht, alles, was sie verloren hatten, nochmal aufzubauen.»

Für Kurzeck ist Staufenberg der Ort, den er am besten kennt, den er als seine Heimat betrachtet. Seiner Mutter ist er immer fremd geblieben. «Wenn meine Mutter Abend für Abend aus dem oberhessischen Küchenfenster guckt, hat sie weder die Rückseite des Kaufladens von ‹Scholders› (Schultheiß) gesehen noch die Scheune von Simons, noch den Garten, sondern ihr war, als ob sie auf Franzensbad sieht. Dann hat sie uns Kindern von ihrer Heimat erzählt, denn sie stammt aus Franzensbad. Sie hat nie den oberhessischen Dialekt verstanden und auch nie gelernt. Sie sprach immer Hochdeutsch oder eine Art Franzensbader Kurortböhmisch. Das klingt ein bisschen wie Wienerisch, nicht so hart wie der böhmische Dialekt, der im Egerland oder in Tachau gesprochen wurde. Wir Kinder verstanden Oberhessisch auf Anhieb.»

Kurzeck meint, dass das Thema Vertreibung für viele Menschen bis heute weder emotional noch intellektuell angemessen behandelt wird. «Während meiner ganzen Jugend wollten Spontis, Studenten, Linke absolut nichts von Vertreibung hören. Wenn man irgendwie etwas gesagt hatte, war man für sie erledigt. Sie wollten nichts davon hören und nichts wissen. Für die bedeutete es, dass man immer noch reaktionär und faschistisch ist, wenn man seine Herkunft erwähnt.»

Als Kurzeck in den sechziger Jahren öfters Tachau besucht, kann er dort mit kaum jemandem über die alte Heimat sprechen. Viele der Jüngeren wissen nichts darüber. In den neunziger Jahren hielt er zum ersten Mal in Tachau eine Lesung. Sie fand im tschechischen Kulturverein statt. «Ich erzählte, wie ich 1947 als Kind in Staufenberg auf unserem geliehenen Küchentisch Heidelbeeren, die ich selbst im Wald gesammelt habe, esse, und zwar ausnahmsweise mit Rahm. Das war damals ein großer Luxus. Beim Essen habe ich mir überlegt, soll ich, wie im Egerländer Dialekt und im Tschechischen, Schmecken sagen? Also Heidelbeeren mit Schmecken. In Staufenberg sagen sie Schmant, auf Hochdeutsch heißt es Rahm oder Sahne. Wenn ich Schmecken sage, stimmt das nicht ganz, weil ich zwar daher komme, aber nicht mehr dort bin. Oder soll ich Schmant sagen wie die Hessen? Das wiederum versteht meine Mutter nicht. Oder soll ich wie ein Fremder Sahne sagen?» Nachdem Kurzeck den Text, der synchron übersetzt wird, vorgelesen hat, wird es im Raum eisig still. «Ich dachte, ich kann jetzt meine Jacke nehmen und gehen. Den Ort hast du für immer verloren. Dann dachte ich aber, das darf ich nicht auf sich beruhen lassen, und begann zu erzählen, wie das war, als wir in Staufenberg ankamen. Plötzlich reagierte das Publikum. Später sagte mir jemand, man habe gemerkt, wie die Gesichter offen wurden und mir die Herzen zuflogen. Dann fragte einer, ob ich den Dialekt, den die Leute, die vorher hier gewohnt haben, gesprochen haben, noch sprechen könne. Daraufhin habe ich in dem Dialekt gesprochen und gesagt, ich könnte es schon, aber ich habe den Eindruck, ich darf es nicht, weil es nicht mehr wirklich mein Dialekt ist, so wie ich auch nicht einfach mit dem oberhessischen Dialekt auftreten könne, als ob ich nichts anderes könne.» Dann erzählt Kurzeck, in welchem Haus er gewohnt hat, wie die Straße hieß und welche Hausnummer das Haus hatte. Jahrelang habe er danach gesucht und es nicht gefunden. Auch im Publikum, das jetzt versucht, ihm zu helfen, weiß niemand, wo es ist. Kurzeck hat es bis heute nicht gefunden.

Der Schriftsteller meint, dass seine Arbeit etwas mit seiner Vertreibung zu tun habe. «Ich habe immer den Zwang verspürt, nichts vergessen zu dürfen. Ohne Geschichten zu erzählen, würde ich verrückt werden. Ich kenne eine Menge Leute, die gut leben, ohne dem, was sie zusammengrübeln, ständig eine Bedeutung geben zu müssen, indem sie Geschichten daraus verfertigen. Wieso habe ich das so stark, dass ich es mein Leben lang nicht loswerde? Ich denke, möglicherweise, weil ich als Kind erlebt habe, dass eine komplette Welt, also das, was ich als Dreijähriger mit meinen Sinnen erfassen konnte, die Stadt, die Wohnung, die Menschen, der Klang der Stimmen mittags im Garten, wenn ich weiß, jetzt schläfst du gleich ein, wenn das alles von einem auf den anderen Moment verschwindet und nicht nur gegen eine komplett andere Welt ausgetauscht wird, wie bei einem Umzug, sondern gegen eine sehr lang andauernde Unbehaustheit und Unsicherheit, die lebensbedrohlich ist. Dann kommt der zwanghafte Gedanke auf, alles, woran du dich nicht erinnerst, ist weg für immer, dann ist das alles nicht gewesen.»

Schon während der Vertreibung und auch später noch, als er jahrelang jeden Tag im Wald Holz sammelt, ist Kurzeck oft der Erschöpfung nahe, weil er sich ständig sagt, du musst dich mit aller Gewalt erinnern: Wo kommst du her? Welchen Weg bist du mit deiner Mutter und deiner Schwester gegangen? Und wie ging es dann weiter? Du darfst jetzt nichts vergessen, sagt er sich immer wieder. Er befürchtet, dass mit der Müdigkeit die Erinnerung wegschwimmt und er vergisst, wie er hergekommen ist, wer er eigentlich ist. Aus dem Versuch heraus, sich alles zu merken, sei der Zwang entstanden, alles aufzuschreiben. Aber wie? «Bei den verschiedenen Dialekten muss ich mir immer überlegen, sage ich jetzt Sahne, Schmant oder Schmecken, gilt der Dialekt von daheim nur bis zu unserer Küchentür, und draußen gilt Hessisch? Dieses gespannte Verhältnis zur Sprache hat mich zum Schreiben gebracht. Nun muss ich mich für den Rest meines Lebens damit rumschlagen. Das Vertriebensein werde ich nicht mehr los. Ich habe immer wiederkehrende Träume, in denen ich verlorengehe, in denen ich mit äußerster Mühe versuche, mich zu orientieren, und merke, du kommst hier nicht raus, du weißt nicht, wo du bist. Und um mich herum verschwinden die Sachen. Menschen, die ich noch kannte, mit denen ich eben noch gesprochen habe, sind plötzlich nicht mehr da. Wo ist mein Gepäck? Ich wusste doch genau, wo ich hinmuss, und kann mich nicht mehr erinnern, kann den Weg nicht mehr rekonstruieren. Ich weiß nicht mehr, in welcher Stadt ich bin, so wie man in diesen Ruinenstädten den eigenen Weg nicht gefunden hat, selbst wenn man ihn vorher kannte.» Kurzeck hält sich viel im zerstörten Gießen auf. Zwischen den Trümmern, auf denen schon wieder Birken wachsen, verbringt er während seiner Schulzeit die Nachmittage in Ruinenkellern. Dort lernt er Vertriebene kennen, denen es ganz anders geht, die ihm erzählen, dass sie in den fremden Städten zum ersten Mal in ihrem Leben ein Gefühl von Hoffnung empfinden. Niemals zuvor, nie mehr danach hätten sie wieder das Gefühl gehabt, sich in einer grenzenlosen Welt zu bewegen.

«Als Heimatort würde ich Tachau, den Ort meiner Kindheit, nicht bezeichnen. Eigentlich kenne ich ihn auch nur aus den Erzählungen meiner Eltern. Ich fahre ziemlich oft dahin, wenn man bedenkt, dass ich in Südfrankreich wohne und die Entfernung sehr weit ist. Tachau ist bestenfalls meine verlorengegangene Heimat. Ein Ort, der stehengeblieben ist, den es für mich nicht mehr gibt. Das trage ich mein Leben lang mit mir herum. Staufenberg kam mir am Anfang eng und düsterer vor. Wenn man bunte Barockgebäude gewöhnt ist, kann einem Fachwerk enorm finster vorkommen. Später habe ich gemerkt, sobald die Sonne scheint, fängt auch in Staufenberg alles zu lächeln an. Staufenberg ist der Ort, den ich am besten kenne. Ich weiß, wie die Menschen hier leben und denken. Ich kenne jede Kuh, jede Ziege im Dorf. An jedem Klang, jedem Geräusch kann ich die Tageszeit ablesen. Wenn ich morgens in unserem Flüchtlingszimmer aufgewacht bin, habe ich, noch bevor ich die Augen geöffnet habe, versucht, am Hämmern des Schmieds oder am Knarren des Ochsenwagens, der direkt vorm Fenster vorbeifährt, abzulesen, was für ein Wetter ist. Ob es feucht und neblig ist, ob die Sonne scheint oder Frost ist. Wenn es ein schöner, sonniger Tag war, ging ich zum Schmied. Der gab mir, wenn er Pause machte, einen Apfel, und wir setzten uns beide vor die Schmiede, in der innen im Dunkeln das Schmiedefeuer flackerte, und er sprach mit mir. Er war damals der stärkste Mann im Dorf, der Schmied. Am schönsten war es, wenn nach einem langen Sommer der Boden in den ungeteerten Gässchen trocken und fest wurde, zu Sand und Staub. Dann waren die Straßen und die Feldwege weiß. Das war ein sehr helles Bild, und das hatte ich gern als Kind. Und das zeigt, wie vertraut, wie geborgen, wie gut aufgehoben ich mich immer in Staufenberg gefühlt habe.»

Erika Fehse

Ingrid Berlik und Hildegard Spors:
«Für uns vier, wenn wir wieder wegmüssen …»

Das Freilichtmuseum Molfsee vor den Toren der Stadt Kiel zeigt eine Ausstellung über Flüchtlinge und Vertriebene in Schleswig-Holstein. Im Eingangsbereich stehen Koffer, Rucksäcke und andere Habseligkeiten, welche die Flüchtlinge aus Ost- und Westpreußen, aus Pommern oder aus dem Memelland, die ab 1945 hier ankamen, bei sich trugen. Gleich im nächsten Raum befindet sich eine Vitrine mit Dingen, die die «Habenichtse» in ihrer neuen Heimat von wildfremden Menschen geschenkt bekamen, darunter Töpfe, Taschentücher, Blechlöffel und – vier Blechnäpfe. Die Kuratorin der Ausstellung erzählt, dass Ingrid Berlik sie dem Museum zur Verfügung gestellt hat. Sie stammen von ihrer Freundin Hildegard Spors.

Ingrid und Hildegard lernten sich 1946 als Kinder im Lager Drachensee kennen, an der Rendsburger Landstraße in Kiel. Vor Kriegsende hatten in diesem Lager Gefangene und Zwangsarbeiter gehaust, die aus ebenjenen Blechnäpfen aßen. Darüber machten sich Hildegard und Ingrid damals keine Gedanken, sie waren froh, dass sie überhaupt etwas in den Magen bekamen.

Ingrid Berlik stammt aus Danzig. Sie schwärmt von der Vielfalt des kulturellen Lebens in der Stadt. Der Vater war Großhandelskaufmann, hatte einen jüdischen und einen polnischen Geschäftspartner, die Familie pflegte aber auch freundschaftliche Beziehungen zu den Bauern in der Kaschubei.

Dann zerstörten Bomben die Idylle. Kurz vor dem Einmarsch der Russen stand das Elternhaus plötzlich in Flammen und die zwölfjährige Ingrid mittendrin – sie war eingeschlossen vom Feuer. Ihre Mut-

Familie Berlik in Danzig, 1936, ganz rechts Ingrid

ter erzählte ihr später, dass sie schreiend im Garten gestanden habe, vor Schock ganz steif. Den Großvater fanden sie tot – alle Tiere waren verbrannt, die Möbel, die Spielsachen, die Bücher, einfach alles. Sie besaßen nichts mehr.

«Danach waren wir Hausbesetzer», sagt Ingrid. In einer leerstehenden Wohnung direkt gegenüber fanden ihre Mutter, die beiden kleinen Geschwister und sie selbst Zuflucht, die Ruine des eigenen Hauses ständig im Blick. Der Vater war im Krieg, das Überleben fast nicht zu meistern, die Kinder gingen «organisieren» – stahlen Ähren vom Feld, schöpften Öl von großen Wasserpfützen in der bombardierten Margarinefabrik, stiegen in die Keller der zerstörten Patrizierhäuser, fanden dort zwischen den Leichen Salz und Zucker. «Ich ‹besorgte›, bettelte, stahl, denn zum Tauschen hatten wir ja nichts. Aber ich lebte, lebte, lebte!»

Im Herbst 1945 wurden alle Deutschen aus Danzig-Schidlitz auf die Straße getrieben und ins Narvik-Lager verschleppt: «Und da saßen wir nun ohne Verpflegung, und die Parole war: ‹Wir kommen nach Sibirien.› Also haben wir Kinder versucht, irgendwo im Stacheldraht eine Lücke zu finden, was auch gelang, und dann sind wir alle entwischt.»

Bei Nacht und Nebel floh die Familie, fand bei verschiedenen Bauern in der Kaschubei Unterschlupf und konnte dort überwintern. Ingrid lernte stricken, spinnen, stopfen und polnische Weihnachtslieder singen. Sie verstand zwar nicht die Texte, aber Worte und Melodien sind hängengeblieben – sie singt eines vor und sagt nachdenklich:

«Das war eine Zeit, in der ich mich eigentlich behütet gefühlt habe nach den ganzen Schrecknissen vorher: Russeneinmarsch mit Vergewaltigung der Frauen, Erschießungen überall, Narvik-Lager, und plötzlich war ich in einer kleinen, bäuerlichen Gemeinschaft, in der ich gern geblieben wäre.»

Doch das blieb nur ein Wunsch, denn die Kaschuben in Seeresen und Jägersberg konnten sie nicht länger verstecken. Eine Schwägerin der Mutter in Oliva nahm sie bei sich in ihrem halbzerstörten Haus auf: «Alle unsere Männer – Väter, Onkel, Cousins – waren im Krieg geblieben, vermisst, gefangen, gefallen. Wir hatten unser Zuhause verloren, wir hatten allen Besitz verloren, unsere Haustiere waren in den Flammen umgekommen. Und wir hatten unsere Sprache verloren. In der Öffentlichkeit durfte nicht deutsch gesprochen werden.»

Dann hörten sie, dass demnächst alle Deutschen deportiert werden sollten. Dem wollte die Mutter zuvorkommen: Sie kaufte Fahrkarten, die Familie stieg in einen ganz normalen Zug Richtung Berlin, doch bei einer Kontrolle wurden sie herausgeholt. In einem Viehwaggon ging es dann weiter Richtung Westen. Mehrmals wurden sie nachts überfallen. Einmal sprang ein bewaffneter Mann auf den Zug, brüllte «Geld her», und die Menschen schrien nach Licht. Irgendjemand zündete mit einem Streichholz eine Kerze an – doch niemand wollte sie halten. Plötzlich hatte die zwölfjährige Ingrid sie in der Hand: «Ich habe sie richtig fest gehalten, und der hat auf mich gezielt mit dem Gewehr, und dann schrien alle: ‹Nein! Das ist doch ein Kind, das ist doch ein Kind!›»

Ingrid Berlik hat sich erst viel später an diese Begebenheit erinnert: «Das werde ich nicht mehr vergessen. Dass man so exponiert werden kann, dass man so vorgeschoben werden kann. Als Schutzschild!»

Irgendwann landet die Familie in einem Durchgangslager in Stettin, dort werden sie entlaust: «Wir wurden von Kopf bis Fuß mit DDT eingesprüht. So giftig das auch gewesen sein mag, wir konnten kaum Luft kriegen – aber die Läuse waren tot.» Dann ging es weiter über Lübeck nach Kiel bis ins Lager Drachensee.

Ein ungewöhnliches Paradies

Auch Hildegards Erinnerungen an die Vertreibung sitzen tief. Sie wuchs im westpreußischen Schlochau auf, ihr Vater war dort Lehrer. Als die Russen sich Ende Februar 1945 der Stadt näherten, floh die Familie mit zwei Kindern zu Verwandten in einen Nachbarort. Der Vater kehrte noch einmal kurz zurück, um die Ziegen und Hühner freizulassen. Hildegard hat ihn nie wieder gesehen.

Gemeinsam mit den Verwandten ging es dann auf einem Pferdefuhrwerk weiter. Am 9. März 1945 erreichten sie einen kleinen Ort in der Nähe von Stolp, wo sie von den Russen eingeholt wurden. An das Datum kann sich Hildegard genau erinnern: «Das weiß ich so genau, weil da eine Cousine von mir erschossen wurde. Sofort. Die hatte Widerworte gegeben, da haben sie sie gleich totgeschossen. Meine Mutter hat sich aufgeregt darüber, da musste sie sich an die Wand stellen. Sie wollten sie auch totschießen. Und dann hat sie, das vergesse ich nie, sich das Kreuzzeichen gemacht.»

Einer der Soldaten, so erinnert sie sich, drehte sich auf der Stelle um und lief fort. Ihre Mutter überlebte. Als Hildegard das nach fünfundsechzig Jahren erzählt, fängt sie an zu weinen.. «Ja, sicher hatten wir Todesangst, Todesangst hatten wir die ganze Zeit!»

Im Dunkeln machte sich die Familie zu Fuß auf den Weg von Stolp zurück nach Schlochau, in der Hoffnung, den Vater dort zu finden. Nach acht Nächten erreichten sie ihr Ziel. Doch vom Vater fehlte

Hildegard Spors mit Bruder, 1942

jede Spur. In ihrem Haus aber wohnten nun Polen. Der Onkel, der als Einziger den Russeneinmarsch überlebt hatte – neunzehn Verwandte von Hildegards Vater waren erschossen worden –, arbeitete als Knecht auf seinem eigenen Hof. Hildegard, ihr Bruder und die Mutter kamen ebenfalls dort unter.

Jetzt begann eine neue Schreckenszeit. Die Polen rächten sich für das, was die Deutschen ihnen angetan hatten. Die Deutschen, die jetzt für sie arbeiten mussten, wurden gedemütigt, die Kinder und Alten geschlagen, die Frauen vergewaltigt. Eines Nachts erschienen zwei junge, mit Maschinenpistolen bewaffnete polnische Polizisten in ihrer Unterkunft, rissen die Mutter und die Tante aus dem Bett, schlugen sie und nahmen sie mit. Acht Tage blieben sie spurlos verschwunden. Die Kinder suchten sie in der ganzen Stadt, ohne Erfolg. Erst nachdem die zehnjährige Hildegard eine russische Frau um Hilfe gebeten hat, fand man die Frauen in einem leeren Kellerraum der polnischen Polizei, und sie wurden auf Druck der Russen freigelassen.

Ein Jahr dauerte die Knechtschaft. Im Mai 1946, an Hildegards elftem Geburtstag, wurde die Familie ausgewiesen. Es blieb ihnen zwanzig Minuten Zeit, um ein paar Habseligkeiten zusammenzupacken. Dann wurden sie auf einem offenen Lastwagen in ein ehemaliges deutsches Marinelager gebracht, abgeladen und dort zur Schau gestellt – «damit die herbeigeeilten Bauern und andere Interessenten sich brauchbare Arbeitskräfte aussuchen konnten!» Hildegards Mutter war durch Typhus, harte Arbeit und Gefangenschaft zu geschwächt, Hildegard und ihr Bruder zu klein und zu dünn – sie hatten Glück im Unglück.

Gemeinsam mit den anderen Übriggebliebenen wurden sie in Viehwaggons erst in Richtung russische Grenze, dann nach Westen transportiert. Immer wieder wurden sie angehalten, durchsucht, was sie noch besaßen, wurde ihnen fortgenommen. Zum Schluss hatten sie nichts als die Kleider, die sie auf dem Leib trugen.

Mit all diesen Erlebnissen im Gepäck landet die vaterlose Familie in Lübeck in einem Durchgangslager. Dort wird Hildegards Mutter gefragt, ob sie lieber auf dem Land leben wolle oder in der Stadt. Die Mutter denkt an die Zukunft, entscheidet sich für die Stadt, denn die Kinder sollen auf eine gute Schule gehen können.

So erreichen sie am 29. Mai 1946 das Lager Drachensee in Kiel. «Dann macht es euch mal gemütlich», sagt der Lagerverwalter. Das Gelände ist verschlammt, die Baracken sind dreckig. Die Mutter sammelt Zweige und macht daraus einen Besen, um den gröbsten Dreck hinauszufegen. Die hygienischen Verhältnisse sind katastrophal: Zwei Klos in einem Holzhäuschen für all die Lagerbewohner – wer nicht warten kann, geht in die Büsche.

Baracke im Lager Drachensee

Dennoch ist Hildegard froh, in Kiel zu sein: «Hier hat uns niemand mehr geschlagen! Die Engländer, die einem begegneten, machten Platz auf der Straße. Die Türen der Baracken waren auf, die Leute saßen vor der Tür, ich habe gedacht, das ist das Paradies.»

Ein ungewöhnliches Paradies. In dem Lager, das einst für sechshundert Zwangsarbeiter errichtet worden war, leben nun über achthundert Flüchtlinge zusammengepfercht, meist Frauen, Kinder und Alte, die nicht wagen, von einem eigenen Bett zu träumen. Und dennoch ist es friedlich hier: «Kein Gezänk, keine Männer, kein Alkohol – das war ein richtiges Matriarchat.» Ingrid und ihre Familie sind in der Nachbarbaracke untergekommen. Hier teilen sich achtzehn Leute einen dreißig Quadratmeter großen Raum. Kein Tisch, kein Stuhl, nur dreigeschossige Etagenbetten. «Wenn man da oben lag, dann schaukelten und quietschten die Betten die ganze Nacht. Die Matratzen bestanden aus einem Geflecht von Spiralen, die quietschten auch. In den Fenstern war so etwas wie Glasfaserpapier, das knackte, und dann kamen achtzehn Schlafgeräusche dazu. Das war ein ordentlicher Sound.»

Ingrid wirkt heiter, während sie sich erinnert – doch das Leben ist es damals nicht. Es gibt keine Intimsphäre: Wer sich waschen will, versucht sich mit Decken vor ungebetenen Blicken zu schützen. Viele Bewohner sind krank, geschwächt und haben Durchfall. Wanzen und Flöhe beißen. Und der Hunger nagt. Die Suppe, die von der Lagerverwaltung in den Blechnäpfen verteilt wird, ist dünn. «Ein Schlangenfraß», erinnert sich Hildegard. Die Flüchtlinge erhalten anfangs keine Essensmarken, die bekommt Hans Voigt, der Lagerleiter für die Gemeinschaftsverpflegung. «Das ist ein übriggebliebener Nazi gewesen, er dachte, er könne uns jetzt noch befehligen und hin und her jagen.» 1948 wird ihm der Prozess gemacht, weil er die Bücher gefälscht und für weitaus mehr Lagerinsassen Geld kassiert hatte, als jemals dort wohnten. Von dem Geld haben die Flüchtlinge nichts gesehen.

Kleine Oasen

Weder Ingrid noch die zwei Jahre jüngere Hildegard haben Lust, in die Schule zu gehen, doch dann hören sie, dass es dort jeden Tag etwas Warmes zu essen gibt. Die Schulspeisung in Schleswig-Holstein wird von der britischen Besatzungsmacht organisiert. Also nichts wie hin: Doch schnell merken sie, dass sie nicht willkommen sind.

«Wir Flüchtlingskinder saßen in einer Ecke. Wir waren vielleicht zwanzig, und wir wurden abgesondert von den Stadtkindern, also von denen, die wahrscheinlich ein Klo mit Wasserspülung hatten … Und dann hockten wir da, und die Stadtkinder kriegten zuerst die Schulspeisung aus dem großen Kübel. Den Rest kriegten dann die Flüchtlingskinder.» Da bleibt nicht viel übrig, erinnert sich Hildegard – obwohl der Hunger doch so groß ist.

Auch für Ingrid sind die Demütigungen in der Schule oft unerträglich: «Das war das Schlimmste, dass ich ausgegrenzt wurde. Ein Flüchtling zu sein ist schon schlimm, ein Flüchtling aus dem Lager war ganz schlimm. Mit mir wollte keiner Kontakt haben, neben mir wollte keiner sitzen. Unsere Klamotten haben wir in den Blechkanistern gewaschen, in denen vorher Benzin war. Wenn wir sauber waren, stanken wir nach Benzin!»

In der nahegelegenen Volksschule steht auch das Fach «Heimatkunde» auf dem Lehrplan. Doch es wird nichts – wie an anderen Schulen – für die Integration der Neubürger getan. Eines Tages geht es um die Ursachen der Hungersnot in Schleswig-Holstein. Die Lehrerin trägt eine interessante Theorie vor; Hildegard wird heute noch wütend, wenn sie daran denkt: «Die Hungersnot sei entstanden durch diese vielen Leute, die da alle aus dem Osten gekommen sind, denen das bei ihnen zu Hause nicht mehr gefallen habe, die ein schöneres Leben haben wollten. Die sind alle hierhergekommen und deswegen hätten wir jetzt die Hungersnot. Die seien alle nur aus Spaß gekommen …»

Die Flüchtlingskinder wissen, dass das nicht stimmt. Sie erinnern sich an Tod, Vergewaltigung, Verzweiflung und Demütigung. Von diesem Tag an ist die Lehrerin für Hildegard nicht mehr existent. Hildegard verweigert die Mitarbeit, wird stumm. Später wird sie – gegen den Widerstand der Lehrerin – die Aufnahmeprüfung für die Mittelschule absolvieren.

Was tun, wenn alles um einen herum dreckig ist und stinkt, wenn der Platz beengt ist und einem der Atem stockt vor Wut? Wenn man nicht weinen darf, weil die anderen es ja sehen könnten und man stark sein muss?

Ingrid baut sich, um überleben zu können, kleine Oasen. «Neben meinem Bett stand ein Metallkasten, da war das Brot drin. Und dann bekam ich von irgendjemandem ein umhäkeltes weißes Spitzentaschentuch geschenkt. Das habe ich auf diesen Metallkasten gelegt, und dann hatte ich eine Kerze, die hab ich da hingestellt. Und das war meine ‹Luxusoase›!» Diesen «Oasentrick» wird Ingrid immer wieder anwenden in ihrem Leben. Hier in der Baracke lernt sie, sich kleine

Annehmlichkeiten zu verschaffen und alles Drumherum einfach auszublenden.

«Neben der wollen wir nicht sitzen»

Als Ingrid Berlik 1947 aufs Gymnasium kommt, ist sie glücklich. Denn sie hat sich Großes vorgenommen, sie will Ärztin werden. Doch bevor es so weit ist, muss die Mutter nachweisen, dass der Verdienst des Vaters ausgereicht hätte, um das Schulgeld zu bezahlen.

Der Vater ist seit Kriegsende vermisst. Ingrid weiß bis heute nicht, wie und wo ihr Vater gestorben ist. Eines Tages bekommt die Mutter das Angebot, ihn für tot erklären zu lassen. Das lehnt sie ab – obwohl sie eine Rente erhalten hätte und nicht mehr nur den geringsten Fürsorgesatz. «Er kommt nach Hause und ich sage, er ist tot, das geht nicht!» An die Worte der Mutter erinnert sich Ingrid gut. Abhängig von der Fürsorge zu sein heißt aber auch, dass die Mütter die Vormundschaft für ihre Kinder an den Staat abgeben müssen – eine Erniedrigung für die Ehefrau des Großhandelskaufmanns, die hier im Lager regelmäßig von einer Fürsorgerin Besuch erhält.

Auf dem Gymnasium wird Ingrid freundlich begrüßt. Ein Mädchen kommt direkt auf sie zu und erklärt ihr, dass sich die Kinder, die sich gut leiden mögen, immer gegenseitig zum Geburtstag einladen. Und in drei Wochen habe sie Geburtstag. Die Einladung steht. Ingrid ist in dieser Klasse etwas Besonderes. Noch gibt es nicht viele Flüchtlingskinder hier. Und die Klassenkameradinnen wissen nicht, was es bedeutet, in einem Lager zu wohnen.

Die Landesregierung und auch die Stadt Kiel fordern die Schulen auf, sich um die Flüchtlingsnot zu kümmern. 1946 wohnen 21800 Flüchtlinge in dieser Stadt, doch 35 Prozent der Häuser sind vollkommen zerstört, und etwa 40 Prozent befinden sich in einem mehr oder minder desolaten Zustand. Die meisten der Flüchtlinge wohnen in riesigen Lagern aus einfachen Holzbaracken oder in Nissenhütten.

Die Kinder der Schule werden deshalb angehalten, Spenden zu

Nissenhütte

Auch wenn sie darin sicher häufig vorkamen – ihren Namen haben die Nissen, also Läuseeier, der Nissenhütte nicht gegeben. Das war vielmehr der britisch-kanadische Bergbauingenieur Peter Norman Nissen. Er entwickelte die halbrunden Wellblech-Tonnenhäuser aus Fertigteilen 1916 im Auftrag der britischen Armee, die möglichst billige, schnell zu errichtende mobile Unterkünfte brauchte. Und tatsächlich konnte eine Nissenhütte von vier bis sechs Soldaten in knapp vier Stunden aufgebaut werden. Nach dem Zweiten Weltkrieg dienten Nissenhütten in der Britischen Besatzungszone als Internierungs- und Gefangenenbaracken, später entstanden am Rande der zerstörten Städte, in Parks und auf Schulhöfen große Nissenhütten-Lager für die zahlreichen Ausgebombten, Flüchtlinge und Vertriebenen. Zwei Familien teilten sich den 40 Quadratmeter großen, nur durch eine dünne Wand getrennten Raum, oft unter katastrophalen hygienischen Bedingungen. Fenster gab es nur an den Stirnseiten. Im Sommer

Kriegsheimkehrer im Lager Friedland, im Hintergrund die Nissenhütten

heize sich das Blech glühend heiß auf, im Winter war es eiskalt, der kleine Holzofen in der Mitte erzeugte kaum Wärme. Allein im zerbombten Hamburg wohnten zeitweilig rund 14 000 Menschen in Nissenhütten, sie waren *das* Symbol für die Wohnungsnot.

In den Städten war im Schnitt die Hälfte des Wohnraums zerstört, häufig mehr. Wer Platz in einer Nissenhütte oder einem Barackenlager fand, hatte trotz aller Unzulänglichkeiten immerhin ein eigenes Dach über dem Kopf – und war nicht in überfüllten Bahnhofshallen, Gemeinschaftsunterkünften oder bei Wildfremden einquartiert worden. Wegen des enormen Wohnungsmangels lebten Menschen in manchen Städten noch bis in die sechziger Jahre in Nissenhütten, z. B. in Hamburg-Harburg, Bergkamen oder Castrop-Rauxel. In Husum werden bis heute acht Nissenhütten aus den Jahren 1947/48 als Einfamilienhäuser bewohnt, allerdings nach erheblichen Aus- und Umbauten.

sammeln. Im Juni 1947 zum Beispiel: «7 Paar Schuhe, 4 Paar Hausschuhe, 28 Kleider, 44 Schürzen, 33 Hemden, 3 Hosen, 4 Hemdhosen, 11 Jacken, 1 Trainingshose, 48 Paar Strümpfe, 7 Mützen, 9 Taschentücher, 4 Leibchen, 1 Badehose, 15 Blusen, 1 Nachthemd, 1 Schlafanzug, 1 Knabenanzug, 2 Windeln, 1 Windelhose, 1 Turnanzug, 1 Paar Babyschuhe, 2 Umschlagtücher, 8 Lätzchen, 4 Mäntel, 1 Rock, 3 Unterhosen, 3 Schlüpfer, 2 Pullover, 1 Pelzkragen, Geschirr und sonstiges.» (Monatsbericht 1947)

Die Lehrerinnen wollen Gutes tun und suchen sich für ihre Hilfsaktion das Lager Drachensee aus, denn dort wohnt Ingrid. Die Mitschülerinnen bringen die Spenden ins Lager, führen ein Theaterstück auf, das umrahmt wird von Volkstänzen und Liedern. Sie wollen natürlich auch die Baracke inspizieren, in der Ingrid wohnt. Unvorstellbar: achtzehn Menschen in einem dreißig Quadratmeter großen Raum. Sie erblicken das Etagenbett, auf dem Ingrid auch die Schularbeiten macht, denn es gibt keinen Tisch. Sie sehen die Blechdose mit der Kerze drauf, aber auch den Dreck zwischen den Baracken. Sie ekeln sich vor dem Gestank, der aus den Büschen dringt.

«Die Aufführung fand großen Anklang», schreibt die Lehrerin später. «Ebenso groß war die Freude über die mitgebrachten Sachen. Als Abschluss besichtigten wir das Lager. Die Kinder gingen sichtlich beeindruckt von dem Erlebten und dem Wunsch, auch weiter zu helfen, nach Hause.» Was wirklich in den Kinderköpfen geschieht, bleibt zwar der Lehrerin verborgen, nicht aber Ingrid. Ihr wird am nächsten Tag ins Gesicht gesagt, dass man sie zu ihrem Geburtstag nicht besuchen würde, und: «‹Du brauchst zu uns auch nicht kommen.› Schluss! Aus! Von dem Tag an war ich isoliert in der Klasse. Das Mädchen, das aus so stinkenden, dreckigen Verhältnissen kommt, mit der wollen wir nichts zu tun haben, neben der wollen wir nicht sitzen.»

Ingrid zieht sich zurück – auch sie verstummt in der Schule. Die Lehrerin erreicht genau das Gegenteil von dem, was sie bezwecken wollte. Ihr war nicht bewusst, dass Menschen, die in einer solchen Lage sind, Schamgefühle haben. «Schließlich», so Ingrid heute, «kamen wir nicht von der Landstraße. Sondern wir haben vorher in gutbürgerlichen Verhältnissen gelebt – jedenfalls die meisten von uns.» Der soziale Absturz ist schon hart genug, auch ohne die Bewertung der neuen «Freunde».

Hildegard kommt 1949 auf dasselbe Gymnasium. Sie hat Glück, ihre Lehrerin zeigt mehr Fingerspitzengefühl. Ihr Credo: Die Flüchtlingskinder sollen ihre neue Heimat kennenlernen. Jedes Jahr organisiert sie eine große Klassenfahrt – mal in die holsteinische Schweiz, mal zum Wattenmeer. Doch das kostet Geld. Um die armen Kinder nicht vor allen anderen bloßzustellen, erhalten alle Eltern einen Brief, sollen aufschreiben, was sie bezahlen können. Das Ergebnis bleibt geheim. Und alle Kinder fahren mit. Niemand wird ausgegrenzt.

Stopfen als Kunsthandwerk, Geigenspiel zum Überleben

In ihrer Not durchsuchen die Flüchtlinge aus dem Lager auch den Müllberg, der sich in der Nähe auftürmt – auch kein Ort des Wohlgeruchs: «Es stank bestialisch, besonders bei der Hitze», erzählt Hildegard Spors. «Da gingen alle Leute hin, versuchten noch etwas zu finden. Und Ingrid Berlik ergänzt: «Es wurde immer noch was weggeworfen, was noch nicht so schlecht war, dass es Flüchtlinge nicht noch hätten essen können. Oder wir haben Stofffetzen oder Wollfetzen gesucht, die wir dann aufribbeln konnten, um etwas daraus zu stricken.»

Ingrid begeistert sich fürs Stricken und Stopfen – stundenlang stopft sie mit verschiedenfarbigen Fäden Socken, Handschuh, Pullover und Strumpfhosen. Sie zieht Gitter ein, die sich langsam verdichten: eine «meditative erholsame Beschäftigung», wie sie findet, bei der sie von einer anderen, besseren Zukunft träumen und das Drumherum vergessen kann. Durch ihr Können wird etwas heil – und sei es nur ein Loch in einer Socke.

Ingrid holt aus einem Schrank in ihrer Wohnung einen Pullover heraus. Sie hält ihn gegen das Licht und zeigt ein Muster: Stopfen als Kunsthandwerk. Sehr viel später hat sie mit der Handarbeit ihr Geld verdient: erst als Lehrerin an der Schule, dann als Dozentin für textiles Werken an der Pädagogischen Hochschule.

Auch Hildegard hat eine Angewohnheit aus dem Lager bis heute beibehalten: Sie kann nichts wegwerfen. So wie ihre Mutter alles gesammelt hat, zum Beispiel all die Schnürchen und Bändchen in dem kleinen Sack – denn man weiß ja nie, wofür man das noch einmal gebrauchen kann. «Das ist so ein Tick, der besonders ausgeprägt ist bei Leuten, die alles verloren haben …»

Hildegard lacht ein verschmitztes Lachen und geht in die Küche. Dort steht ein Holzhocker: das erste Möbelstück aus dem Lager. Auch die Blechnäpfe, die sie damals mit in die Schule genommen hat, um dort die Schulspeisung zu erhalten, hat sie aufbewahrt. Den ersten Fotoapparat und – die Geige.

Damit hat es eine besondere Bewandtnis. Auch Ingrid Berlik zeigt ihre Geige und ein Foto: drei Mädchen mit ihren Streichinstrumenten in einer trostlosen Landschaft. Im Hintergrund Baracken, vor ihnen ein Notenständer.

Angefangen hat alles damit, dass die Musiklehrerin auf dem Gymnasium ein Orchester gründen will. Sie sammelt Instrumente, die irgendwelche Leute noch zu Hause haben. Hildegard erhält eine Geige mit einem Loch. «Das habe ich mit Leukoplast abgeklebt. Das schnarrte so herrlich.»

Die Geigenstunden müssen die Mädchen selbst bezahlen. Also geben sie Nachhilfeunterricht und stricken Strümpfe – auf der oberen Etage des Bettes, weil dort die einzige Glühbirne hängt.

Die Geige ist ein Überlebensmittel, etwas, womit die Mädchen anknüpfen können an frühere, an bessere Zeiten. «Mein Vater hat ein Instrument gespielt, ich wollte auch ein Instrument spielen», sagt Ingrid. «Ich wollte so sein wie er, ich wollte so sein wie alle. Es war nicht unsere Musikalität, sondern ein Kampfmittel, um auf eine Norm zu kommen, die wir gerne haben wollten. Und dann war's auch ein Mittel, in die Gruppe aufgenommen zu werden.»

Das Geigenspiel ist für Ingrid Aufwertung und Flucht zugleich. Dem Alltag entrinnen, ihn selbst – besser – gestalten. Wenn sie schon nicht in die Tanzstunde gehen kann und miserable Kleidung trägt – so wie dieses großgeblümte Kleid aus einer amerikanische Kleiderspende –, dann trägt das Geigenspiel ihr Respekt und Anerkennung ein. Endlich.

Bald haben die Mädchen so viele Strümpfe und Pullover für ihre Mitmenschen gestrickt, dass sie sich eine eigene Geige kaufen können und ein eigenes Fahrrad. Aber auch Fahrradfahren will gelernt sein und möglichst nicht im Beisein der anderen Lagerbewohner, die sie eventuell auslachen könnten. Ingrid und Hildegard drehen ihre ersten Runden abseits, dort wo niemand sie sieht. Hildegard stellt ihre neue Errungenschaft nachts direkt neben ihr Bett. Das Fahrrad bedeutet Freiheit – die haben sie sich schwer erarbeitet, niemand darf sie ihnen stehlen.

Im Sommer 1952 schmieden die Freundinnen einen Plan. Sie wollen in den großen Ferien eine Seelsorgehelferin, die sie in der katholischen Kirche in Kiel kennengelernt haben, in Freiburg besuchen. Natürlich mit dem Fahrrad. Doch die Ferien sind zu kurz für diese lange Tour. Was also tun? Die beiden treffen sich auf dem neuen Gemeinschaftsklo, um einen Brief aufzusetzen. Hier kann niemand zuhören. Jeder, der kommt, wird gesehen. Denn das Klo besteht aus zwei langen Brettern mit jeweils zehn Löchern, dazwischen eine Wand, rechts die Männer, links die Frauen, von oben einsehbar. Hier kann sie niemand heimlich belauschen. An diesem «stillen Örtchen» schreiben sie einen Brief an den Kultusminister mit der Bitte, ihre Ferien zu verlängern.

Einige Zeit später ruft die Direktorin der Schule Ingrid zu sich und sagt: «‹Weißt du, was ein Dienstweg ist?› – ‹Nein›, hab ich gesagt. ‹So 'n Wort habe ich noch nie gehört.› – ‹Das ist so: Wenn man etwas will, dann geht man zu seinem Klassenlehrer, und der geht zum Rektor, und der geht zum Schulrat, und der geht zum Kultusminister. Aber ein Schüler schreibt doch nicht an den Kultusminister!› Da war ich schon ganz klein. Und sie hat gesagt: ‹Und ab morgen habt ihr 14

Tage Ferien.› Und dann gingen wir nach Hause und erklärten unsern Müttern: ‹Der Kultusminister hat gesagt, wir sollen nach Freiburg fahren.›»

Die Mütter sind überrumpelt, geben ihre Einwilligung. Das ganze Lager hilft bei den Vorbereitungen. Ein ehemaliger Soldat leiht ihnen zwei Fellrucksäcke, sogenannte Affen, und Feldflaschen. Andere helfen mit Adressen und Empfehlungsschreiben an Freunde und Verwandte in ganz Deutschland, bei denen die Mädchen dann übernachten und etwas zu essen bekommen sollen. Denn Geld haben sie ja kaum. Dann geht es los.

Das Fahrradfahren ist anstrengend, vor allem im Bergischen Land, das sie durchqueren, um das Kloster Wipperfürth zu erreichen. Als sie vor dem Kloster stehen, ist es schon Abend und das Tor geschlossen: «Das Kloster hatte eine Mauer rundherum, und wir kamen nicht rein. Dann haben wir auf einer Wiese geschlafen. Das heißt, wir haben draußen gehockt auf der Wiese mit einem Küchenmesser in der Hand für die bösen Räuber, die vielleicht kommen würden. Aber es waren nur ein paar Kühe. Und am nächsten Morgen um sechs waren wir schon wieder vor der Tür, weil wir wussten, dass die Nonnen früh beten.»

Sie finden sogar die Schwester, an die das Empfehlungsschreiben gerichtet ist – aber sie werden vor der Klostertür abgefertigt, man lässt sie nicht ein. Die Enttäuschung ist groß und auch der Hunger. Voller Wut schreiben sie ihren Müttern nach Kiel, was sich zugetragen hat. Die Mütter wiederum beschweren sich schriftlich bei der Oberin der Ursulinen.

Als Ingrid und Hildegard nach ihrem erfolgreichen Abenteuerurlaub wieder in Kiel ankommen, liegt dort ein Brief. Die Oberin entschuldigt sich und bietet den Mädchen an, in Wipperfürth im Internat zu leben und die Schule der Ursulinen zu besuchen – bis zum Abitur. Ein kleines Wunder.

Im April 1953 ziehen die Freundinnen nach Wipperfürth. «Wir waren vom Lager Drachensee, aus dem größten Dreck, praktisch in ein Luxusinternat gekommen.» Sie betreten eine vollkommen andere

Welt. Weißes Bettzeug, ein Waschbecken im Zimmer, davor ein Vorhang. Arbeitsräume mit Schreibtischen und wohlgestalteten Holzschränken statt eines Dreietagenbettes und eines Spinds aus Metall. Das Internat ist neu errichtet, eine große moderne Schule befindet sich noch im Bau. Die Nonnen sind noch nicht lange hier.

Auch sie sind Vertriebene: Sie mussten im September 1945 Danzig verlassen. Nach einigen Umwegen erreichten sie im Dezember Wipperfürth. Hier hatten zwanzig Jahre zuvor die Herseler Ursulinen eine alte Villa gekauft, in der sie ein Kloster, eine Mädchenschule und ein Internat betrieben. 1940 waren die Nonnen von den Nazis gezwungen worden, das Mädchenlyzeum zu schließen. Zwei Jahre später wurde das Haus beschlagnahmt.

Nun bauten zwanzig Danziger Schwestern die heruntergekommene Villa wieder auf. Im Frühjahr 1946 erhielten sie die Genehmigung, die «private höhere Schule» auf dem Silberberg zu eröffnen. Vier Jahre später besuchten schon 284 Kinder das Lyzeum. Die Villa platzte aus allen Nähten, denn unter dem Dach befanden sich nicht nur die Schule, sondern auch das Internat und das Kloster. Es musste also gebaut werden. Um günstige Darlehen zu erhalten, verpflichteten sich die Schwestern, einen gewissen Prozentsatz Flüchtlingskinder aufzunehmen, die keine Gebühren zahlen müssen.

Ein Glück für Ingrid und Hildegard. Als sie ihre Zimmer beziehen, ist dort alles nagelneu. Das Internat ist gerade eröffnet worden. Kaum sind sie angekommen, fährt Ingrids Klasse nach Paris. Eine Schwester bietet der zweieinhalb Jahre jüngeren Hildegard an, ebenfalls mitzufahren. «Da habe ich gesagt: ‹Ich habe aber wirklich kein Geld. Ich kann doch jetzt nicht mitfahren.› Und dann hat sie gesagt: ‹Wir bezahlen diese Reise für dich, wenn du später mal viel Geld verdienst, dann kannst du ja einem anderen Kind die Reise bezahlen. Dann ist das wieder in Ordnung.›»

Diese Großzügigkeit ist eine ganz neue Erfahrung für Hildegard und Ingrid. Die Ursulinen wissen, was Flucht und Vertreibung bedeuten. Doch über die Vergangenheit wird hier nicht geredet, weder über Danzig noch über Schlochau, geschweige denn über die furchtbaren Erfahrungen auf der Flucht. Auch das Lager Drachensee ist nie Thema der Gespräche – weder mit den Schwestern noch mit den Mitschülerinnen. Für Ingrid eine Wohltat. Denn nun ist sie das Stigma los, kann endlich so sein, wie sie ist, muss sich nicht schämen, sich nicht verstecken.

«Die Mädchen in der Klasse wussten, dass ich aus dem Lager komme, aber sie haben das Lager nie gesehen, sie haben nie gerochen, wie es da stank, sie haben die widerlichen, dreckigen Baracken nicht gesehen, sie haben unser Gemeinschaftsklo nicht gesehen, sie haben nicht gesehen, dass da eine Waschbaracke war mit zehn Wasserhähnen, wo man sich nur in der freien Wildbahn hätte waschen können. Das haben sie alles nie gesehen.»

Ingrid und Hildegard werden respektiert, sie sind die Abenteurerinnen, die mit dem Fahrrad durch ganz Deutschland gefahren sind und – die Geige spielen. Sofort erhalten sie Unterricht und werden sogar ins Jugendorchester aufgenommen. Auch das ist eine Auszeichnung, verbunden mit einem Stück Freiheit: «Wir beide kriegten als Einzige den Haustürschlüssel, wir konnten kommen und gehen, wann wir wollten, da wir ja Orchesterstunden hatten und vertrauenswürdig waren.»

Das Orchesterspiel wird Ingrid weiter begleiten – später im Kieler Studentenorchester und auch im Lehrerorchester. «Niemals was Dolles», sagt sie, «immer nur zweite Geige, aber es war schön, in einer Gruppe etwas mitzumachen und dadurch gleichwertig zu sein.»

Die Freundinnen bestehen in Wipperfürth ihr Abitur. Ingrid Berlik muss zum Studium zurück nach Kiel, denn der Großvater stirbt, und sie wird gebraucht. Hildegard darf in Köln studieren, die Schwestern der Ursulinen helfen ihr, dort ein möbliertes Zimmer zu bekommen.

«Vom Himmel zurück in die Hölle», so empfindet Ingrid ihre Ankunft im Lager Drachensee. Die Familie hat zwar mittlerweile zwei Zimmer und einen eigenen Briefkasten. Der Großvater hatte auch einen Kleiderschrank, einen Tisch und Stühle gebaut. Eigentlich ist es gemütlich in der Baracke. Aber es gibt immer noch keine eigene Toilette und kein fließendes Wasser. Zehn Jahre nach Kriegsende! Das

Ingrid Berlik, um 1952

Lager Drachensee ist keine Ausnahme. 1955 existieren in der Bundesrepublik noch etwa dreitausend Lager.

Und warum ist die Mutter mit den beiden kleinen Geschwistern und den Großeltern nicht längst ausgezogen? Wieso hat sie keine Wohnung gefunden? Schließlich sind viele Familien fortgegangen, 1955 leben nur noch knapp 230 Menschen im Lager. Aber eine Wohnung bekommt nur der, der Arbeit vorweisen kann. Jetzt lastet die Verantwortung für das Wohl der Familie auf der zweiundzwanzigjährigen Ingrid. Die entscheidet sich für ein kurzes Studium an der Pädagogischen Hochschule. Ihren Traum, Ärztin zu werden, muss sie begraben.

Die Vergangenheit hat sie eingeholt, mit all den Verletzungen, die sie als Lagerkind schon einstecken musste. An der PH sagt sie niemandem, wo sie wohnt. Sie lädt keine Kommilitonen zu sich nach Hause ein. «Mein Privatleben fand in Kiel nie statt.»

Ingrid verstummt erneut. Denn das, was ihr an der Hochschule zu Ohren kommt, lässt sie vorsichtig werden. Was darf man hier wem erzählen? Gleichzeitig ist sie maßlos empört: Der Direktor verkündet lautstark, dass all die, die jetzt noch in Flüchtlingslagern wohnen, Asoziale seien! Ingrid muss sich beherrschen – Gedankenblitze: «Soll ich jetzt aufstehen, nach vorne gehen und dem eine knallen? Dann kriegst du aber in Kiel niemals mehr einen Job. Wie kann der so was sagen? Der hat sich ja nicht informiert!»

Ingrid weiß es besser: Im Lager wohnen nur noch die Alten, Kranken und die Kriegerwitwen mit ihren Kindern. Die Arbeitsfähigen leben längst woanders. Als Ingrid im dritten Semester ist, wird der Familie endlich die langersehnte neue Wohnung angeboten. Denn jetzt ist klar, dass die angehende Lehrerin bald Geld verdienen wird. «Das war dann das, was meine Familie aus dem Lager geholt hat.»

Die Freude ist groß. Die Wohnung hat zweieinhalb Zimmer, eine Heizung und sogar ein Badezimmer mit einer Badewanne. Dennoch ist der Umzug nicht nur schön. Das Kaninchen, der Kater, das Huhn, sie dürfen nicht mit. Und noch etwas fehlt – zumindest den kleinen Geschwistern: der Bolzplatz, die Freunde und die Freiheit.

Drei Zimmer mit Wasserklosett

Die Familie von Hildegard Spors muss sogar noch länger im Lager ausharren. Erst 1958 erhalten sie eine Wohnung in der Nähe des Hauptbahnhofs. Das Wohnungsamt hatte ihnen schon früher eine kleine Zweizimmerwohnung angeboten. Doch die Mutter stellte sich auf die Hinterbeine: «Nein! Ich ziehe jetzt nicht in einen Kaninchenstall, ich will jetzt eine Wohnung haben. Drei Zimmer mit einem Wasserklosett will ich haben.»

Auf dem Amt sah man es pragmatisch: Hildegards Mutter und die Tante könnten ja in einem Zimmer schlafen, der Sohn, also Hildegards älterer Bruder, in dem zweiten, und die Tochter Hildegard studiere ja in Köln. Für sie war kein Zimmer vorgesehen.

Nach langen Auseinandersetzungen mit der Stadt Kiel setzt sich die Mutter durch. Für den Erfolg gibt es zwei Gründe: Das Lager soll bald geräumt werden, denn die angrenzende Firma braucht den Bauplatz. (1960 wird die letzte Baracke abgerissen.) Außerdem erhält die Familie einen Lastenausgleich von 11 100 DM für das Haus und das Grundstück, das sie in Schlochau verloren haben. Von diesem Geld zahlen sie 2900 DM an den Bauherrn, der das Haus errichtet. Erst durch diesen Bauzuschuss erhalten sie die Zusage.

Nach dem Studium bekommt Hildegard Spors eine Stelle als Lehrerin an einem Kölner Gymnasium, nimmt irgendwann die Mutter zu sich, pflegt sie bis zu deren Tod und kümmert sich später auch um den Bruder, der stark depressiv geworden ist, den die Angst immer wieder aus den Träumen reißt. «Die Angst», sagt sie, «die behält man. Mein Bruder hat immer noch geträumt, die Russen kommen. Der konnte das einfach nicht vergessen. Der hatte richtig hellblonde Haare und blaue Äugelchen, und jeder sagte: ‹Ah, ein Germanski!› Dann kriegte er eins ins Gesicht.»

Im Alter kehren die Gespenster der Vergangenheit zurück. Von psychologischer Hilfe ist nach dem Krieg keine Rede, der Begriff «Posttraumatische Belastungsstörung» ist noch nicht erfunden. Allein der Wiederaufbau zählt. Um die verletzten Seelen kümmert sich niemand.

Viele Flüchtlinge und Vertriebene haben geschwiegen, sind verstummt. Auch Ingrid Berliks Großvater – so erinnert sie sich – war ehemals ein großer Erzähler. Im Danziger Winter saßen sie gemeinsam am Kachelofen und lauschten mit großen Ohren den Legenden, Sagen und Bibelgeschichten aus seinem Mund. Im Kieler Lager verstummte auch er.

«Das Verstummen ist für mich symptomatisch für Flüchtlingsverhalten», sagt Ingrid. Erst vor drei Jahren fing sie selbst an, über all das zu reden. «Ich habe ganz viele Jahre weder an Lager noch an Flucht, noch an sonst was gedacht. Man hat gearbeitet, man musste irgendwie durchkommen, man hat viele Kontakte aufgebaut, viele Abschiede genommen. Es war immer Gegenwart. Die Vergangenheit, die kommt jetzt im Alter, jetzt kommt sie stückweise zurück.»

Nach dem Studium zieht es Ingrid in die Ferne. Sie bewirbt sich für den Auslandsschuldienst, reist viel herum, lebt in Bolivien, Spanien, Indien. Sie ist nie sesshaft geworden. Was bedeutet Heimat für sie? Sie erzählt eine Geschichte, die nachdenklich macht.

Die Großeltern sprachen immer von Danzig als von ihrem «Zuhause» und hofften bis zu ihrem Lebensende, dorthin zurückkehren zu können. «Dann sind die gestorben, und ‹zu Hause›, ‹nach Hause kommen› gab es nicht mehr. Die Unsicherheit war noch bei der Generation meiner Mutter da. Als sie gestorben war, haben wir den Keller aufgeräumt und fanden in einem Karton vier Rucksäcke, die sie aus Drillichstoff genäht hat, mit zwei Riemen dran und darauf ein Zettel: ‹Für uns vier, wenn wir wieder wegmüssen›. Nicht, ‹wenn wir nach Hause müssen› –, ‹wenn wir wieder wegmüssen›.»

Von dieser großen Verunsicherung der Mutter wusste Ingrid nichts. Dieses Gefühl, dass nichts von Dauer ist, dass alles im nächsten Augenblick verloren sein kann – das aber kennen viele Vertriebene. Auch das Gefühl, nirgendwo heimisch zu sein.

Und was bedeutet für Hildegard Heimat? Sie muss kurz nachdenken: «Ich weiß gar nicht, was das überhaupt ist, meine Heimat. Was ist denn das für ein Ding, eine ‹Heimat›? Man hat gar keine Heimat, man ist immer da, wo man gerade ist. Ich habe keine Wurzeln. Ich bin wurzellos, glaube ich.»

Ohne Wurzeln, die dich festhalten, gelingt es dir schneller, fortzukommen. Immer bereit zur Flucht – für manche ein Lebensthema.

Marita Krauss

Fremde Heimat:
Bundesrepublik Deutschland

Nach der notdürftigen Aufnahme und vorläufigen Unterbringung der vielen Millionen Flüchtlinge und Vertriebenen folgten in den Jahren nach der Gründung der Bundesrepublik Deutschland im Mai 1949 Integration, aber auch Abgrenzung und Isolation. Es bildeten sich landsmannschaftliche Zusammenschlüsse, die Vertriebenen artikulierten nun auch selbst ihre politischen Interessen über «Flüchtlingsparteien», etwa den Bund der Heimatvertriebenen und Entrechteten (BHE). Zudem wurden die Grundlagen für ihre dauerhafte Eingliederung geschaffen. Der bald einsetzende wirtschaftliche Aufschwung machte zwar vieles leichter, doch etliche Neubürger mussten zehn und mehr Jahre in Lagern oder Notunterkünften ausharren, ehe sich die Wohnungssituation besserte. Noch im September 1950 lebten in der Bundesrepublik 47,2 Prozent der Vertriebenen in Gemeinden mit weniger als dreitausend Einwohnern, deutlich mehr als bei der einheimischen Bevölkerung (32,8 Prozent). Erst nach und nach konnten die aus den Städten Evakuierten nach Hause zurück, verließen die Displaced Persons Deutschland oder wurden hier angesiedelt, gaben die Besatzer beschlagnahmte Wohnungen frei – und allmählich wurden trotz Rohstoffmangels genügend neue Wohnungen gebaut, meist in neu ausgewiesenen Baugebieten am Rande der bisherigen Gemeinden oder Städte. Die Vertriebenen gründeten bald selbst Unternehmen, und ansässige Betriebe bedienten sich des Potenzials der Facharbeiter und Spezialisten für die Produktion. Im Wiederaufbau der Städte und Betriebe fanden alle Arbeit. Der Zuzug von über acht Millionen Vertriebenen und Flüchtlingen auf das Gebiet der Bundesrepublik wurde zu einem wichtigen Faktor der Stadtentwicklung, der fortschreitenden Industrialisierung und Modernisierung.

Ein festes Muster von Integration gab es nicht, es unterschieden sich Stadt vom Dorf, Bayern vom Ruhrgebiet, Stuttgart von Hamburg, ein Tourismusgebiet von einer Industrielandschaft. Überall gab es besondere Ausgangsbedingungen, unterschiedliche lokale oder regionale Verhältnisse. Die Menschen, die sich dort zurechtfinden und ein neues Leben aufbauen wollten, versuchten das Beste aus dem jeweils Gegebenen zu machen. Oder sie suchten, nach der Wiedereinführung des Rechtes auf Freizügigkeit und damit der Möglichkeit zum Umzug innerhalb der Bundesrepublik, ihr Glück andernorts.

So kam es Anfang der fünfziger Jahre zu einer weiteren Massenwanderung, vom Dorf in die urbanen Zentren, vom Land in die Industriegebiete, vom primären Sektor in die gewerbliche Wirtschaft. Dahinter standen neben der Eigeninitiative auch Umsiedlungsprogramme, die durch freiwillige Übersiedlung der Neubürger überbelegte Länder wie Schleswig-Holstein, Niedersachsen und Bayern entlasten sollten. Hauptgrund, erneut den Wohnort zu wechseln, war für die Betroffenen die Aussicht auf einen Arbeitsplatz, der in den Zielregionen angeboten wurde. Hinzu kam der Wunsch von Familien, von alten Nachbarschaften oder Arbeitsgemeinschaften, wieder zusammen zu leben oder zu arbeiten. Insofern wurden nach 1949/50 einige der ursprünglichen Fehlleitungen der Vertriebenentransporte in die ländlichen Gegenden korrigiert. Am neuen Ankunftsort begannen dann wieder Orientierung, Kennenlernen, Integration oder Rückzug. Hinzu kam eine weitere Wanderungsbewegung: Unter den 3,6 Millionen DDR-Flüchtlingen zwischen 1950 und 1960 befand sich rund ein Viertel Vertriebene und Flüchtlinge.

Gesetzliche Regelungen

Die ersten Jahre der Bundesrepublik brachten bundeseinheitliche gesetzliche Regelungen: Zunächst trat am 18. August 1949 das Soforthilfegesetz in Kraft, anfangs nur in den Ländern der ehemals amerikanisch und britisch besetzten Bundesländer, doch die Länder der ehemals französischen Zone erließen einen Monat später ohne wesentliche Änderungen vergleichbare Gesetze. Über das Soforthilfegesetz sollten die Menschen, die durch Kriegsereignisse besonders in Not geraten waren, möglichst rasche Hilfe erhalten. Da nicht genug Mittel zur Verfügung standen, wurden die Leistungen nach dem Soforthilfegesetz ausschließlich nach Bedürftigkeit gewährt, sie waren vorläufig und sollten später durch eine umfassende Lastenausgleichsregelung abgelöst werden. Anträge stellen konnten Vertriebene, SBZ-Flüchtlinge, Kriegssachgeschädigte, Menschen, die durch die Währungsreform ihre Existenzgrundlage eingebüßt hatten, Verfolgte des NS-Regimes und Spätheimkehrer.

Das Soforthilfegesetz hatte zwar nur eine relativ kurze Geltungsdauer, dennoch war es eines der wichtigsten deutschen Gesetze der Nachkriegszeit. Durch seine ausschließlich nach sozialen Gesichtspunkten gewährten Leistungen half es denen, die es am dringendsten benötigten, und trug dazu bei, größere soziale Spannungen auszugleichen. Über den Solidargedanken wurden alle Bürger in das Soforthilfeprogramm einbezogen.

Auf die Verordnung über die Freizügigkeit im Gebiet der Bundesrepublik vom November 1949 folgte dann im April 1950 das erste Wohnungsbaugesetz, das den sozialen Wohnungsbau der Vertriebenen begünstigte. Im Februar 1950 entstand das Bundesversorgungsgesetz, aufgrund dessen wieder Renten ausbezahlt wurden. Die Gesetzgebung zur «Wiedergutmachung nationalsozialistischen Unrechts im öffentlichen Dienst» kam nicht nur den verfolgten, sondern auch den vertriebenen Beamten und Angestellten zugute.

Am 14. September 1952 löste das Lastenausgleichsgesetz dann das noch vorläufige Soforthilfegesetz ab; zum Lastenausgleich gehört eine Fülle weiterer Gesetze, so das Feststellungsgesetz, das Währungsausgleichsgesetz, das Altsparergesetz und viele mehr. Lastenausgleich: Das war der Versuch, wiederum im Zuge eines Solidarprinzips die Lasten des verlorenen Krieges etwas gerechter auf alle

Schultern zu verteilen. Die Einheimischen, die ihr Vermögen, ihre Häuser und Betriebe über den Krieg hatten retten können, mussten Abgaben leisten, in Raten und über viele Jahre verteilt; davon erhielten diejenigen, die durch den Krieg alles verloren hatten, einen Ausgleich für das Verlorene. Das betraf in hohem Maße auch die Vertriebenen. In Feststellungsverfahren bemühte man sich, auf der Basis von Selbsterklärungen, durch Zeugenbefragungen, mit Hilfe ehemaliger Katasterpläne und auch durch Amtshilfe von Behörden den Wert des ehemaligen Besitzes, des Hausrats, der Werkzeuge und Maschinen festzustellen, der dann, entsprechend dem Währungsgesetz abgewertet, ausbezahlt wurde. Bis zum Dezember 1968 waren aus diesem Ausgleichsfonds über siebzig Milliarden DM geflossen, bis 1979 waren es 150 Milliarden DM.

Bundesministerium für Vertriebene, Flüchtlinge und Kriegsgeschädigte

Mit der Vereidigung der ersten Ministerriege der Bundesrepublik Deutschland am 20. September 1949 begann offiziell auch die Arbeit des ersten Vertriebenenministers, des schlesischen Juristen Hans Lukaschek, im «Bundesministerium für Angelegenheiten der Vertriebenen» (ab Februar 1954: «Bundesministerium für Vertriebene, Flüchtlinge und Kriegsgeschädigte»). Seine Behörde übernahm nun die Planung und Koordination der staatlichen Versorgung von Flüchtlingen und Vertriebenen, die bis zur Gründung der Bundesrepublik Aufgabe der Bundesländer gewesen war. Die Integration der Heimatlosen in die westdeutsche Gesellschaft sollte mit geeigneten Maßnahmen und Gesetzen gefördert werden. Das hieß konkret, die bestehenden Soforthilfeprogramme zu koordinieren, Wohnraum bereitzustellen und entsprechende Gesetze zu erarbeiten, wie das Lastenausgleichsgesetz (1952) und das Bundesvertriebenengesetz (1953). (*Vgl. Stichwort «Lastenausgleich, S. 189*) Politisch wurde dennoch intensiv das Ziel einer

Wiedervereinigung Deutschlands in den Grenzen von 1937 weiterverfolgt und eine Anerkennung der Oder-Neiße-Linie strikt abgelehnt. Das Vertriebenenministerium gab zwischen 1953 und 1962 die erste große, heute oft kritisch gesehene Dokumentation zur Vertreibung heraus, die auch als Argumentationsgrundlage bei zukünftigen Friedensverhandlungen dienen sollte. Wie in vielen Behörden der jungen Bundesrepublik waren auch im Vertriebenenministerium zahlreiche ehemalige Nationalsozialisten tätig, unter dem höchst umstrittenen Minister Theodor Oberländer waren drei Viertel der Planstellen im Ministerium mit ehemaligen NSDAP-Mitgliedern besetzt. Die Auflösung des Ministeriums 1969 durch die sozialliberale Regierung unter Kanzler Willy Brandt und Außenminister Walter Scheel, die eine Ostpolitik der Annäherung und den damit verbundenen Verzicht auf die Wiederherstellung Deutschlands in den Grenzen von 1937 verfolgte, wurde von den Vertriebenenverbänden heftig kritisiert. Die bisherigen Zuständigkeiten des Vertriebenenministeriums wurden auf andere Ministerien verteilt, für die Aufnahme der Spätaussiedler z. B. ist heute ist das Bundesverwaltungsamt zuständig.

Die neun Vertriebenenminister von 1949 bis 1969:

Hans Lukaschek, CDU, 1949 bis 1953
Theodor Oberländer, GB/BHE bzw. CDU, 1953 bis 1960
Hans-Joachim von Merkatz, CDU, 1960/61
Wolfgang Mischnick, FDP, 1961 bis 1963
Hans Krüger, CDU, 1963/64
Ernst Lemmer, CDU, 1964/65
Johann Baptist Gradl, CDU, 1965/66
Kai-Uwe von Hassel, CDU, 1966 bis 1969
Heinrich Windelen, CDU, 1969

Im Jahr 1953 kam es dann mit dem Bundesvertriebenengesetz zu der für die Bundesrepublik gültigen Regelung der Integrationsfragen. Mit diesem Gesetz wurden auch entsprechende Ausweise an die Betroffenen ausgegeben, die ihren Status und damit auch die rechtliche Grundlage für weitere Vergünstigungen festlegten: Heimatvertriebene, das sind Personen, die am 31. Dezember 1937 oder bereits einmal vorher ihren Wohnsitz in dem Staat hatten, aus dem sie vertrieben wurden; sie erhielten den «Vertriebenenausweis A». Menschen, die Vertriebene waren, diese Bedingungen aber nicht erfüllen, erhielten den «Vertriebenenausweis B», Sowjetzonenflüchtlinge, die nicht gleichzeitig Heimatvertriebene oder Vertriebene waren, den «Vertriebenenausweis C».

Das Gesetz bestimmte auch die Gruppe der Berechtigten. Ein Kriterium war die «deutsche Volkszugehörigkeit»: «Deutscher Volkszugehöriger im Sinne dieses Gesetzes ist, wer sich in seiner Heimat zum deutschen Volkstum bekannt hat, sofern dieses Bekenntnis durch bestimmte Merkmale wie Abstammung, Sprache, Erziehung, Kultur bestätigt wird.» Damit nahm das Gesetz den Begriff des «deutschen Volkstums» auf und bestätigte ebendie Elemente, die uns vor dem Hintergrund heutiger Migrations- und Integrationsprozesse die Integration der Vertriebenen als «privilegierte Eingliederung» betrachten lässt: die gemeinsame Sprache, Erziehung und Kultur.

Bis heute regelt der Paragraph 96 dieses Gesetzes auch die Pflege der Kultur der Vertriebenen. Gerade diese Förderung der eigenen Kultur wurde ein wichtiger Integrationsfaktor. Paragraph 96 verpflichtet den Staat zur Pflege des Kulturgutes der Vertriebenen und Flüchtlinge und zur Förderung der wissenschaftlichen Forschung. Bund und Länder sollen das Kulturgut der Vertreibungsgebiete erhalten, Archive, Museen und Bibliotheken pflegen, Einrichtungen des Kunstschaffens und der Ausbildung fördern, ebenso Wissenschaft und Forschung über die Vertreibung und die Eingliederung der Vertriebenen und Flüchtlinge. Diese gesetzliche Regelung ist bis heute von großer Bedeutung, nicht nur für die Spätausgesiedelten. Es geht dabei um Traditionspflege, aber auch um Erinnerungskultur, um das oft verzweifelte Bemühen, gegen Vergessen und Verschwinden anzuarbeiten.

Integrationen

Integration umfasst ganz verschiedene Elemente. Angleichung an das Gegebene ist nur ein Teil davon, und der Grundgedanke der Alliierten, die Neubürger sollten mit der ansässigen Bevölkerung möglichst weitgehend verschmelzen, sich assimilieren, war vor dem Hintergrund der Erfahrungen alter Einwanderungsländer naiv. Gerade dort kennt man die stützende Funktion von Einwanderer-«Communities», also von Gruppen, die, durch gemeinsame regionale Herkunft, Sprache, Überzeugung oder Religion geformt, den Neuankömmlingen Sicherheit und innere Rückbindung ermöglichen. Diese scheinbare Abschließung ermöglicht oft erst Integration, da sich der oder die Einzelne vom sicheren Ufer aus viel leichter auf Neues einlassen kann. Insofern war es klug, dass die Westalliierten trotz des politischen Koalitionsverbots anfangs wenigstens kulturelle Zusammenschlüsse erlaubten.

Integration setzt aber auch den Willen und die Möglichkeit zur Eingliederung voraus. Für die deutschstämmigen Vertriebenen war die Integration bei aller Schwere des Verlusts doch auch etwas leichter als für manche heutigen Migranten: Die Zuwanderer waren in der gleichen Sprache, Kultur und Religion verwurzelt wie die Ansässigen. Das stellte gewissermaßen das Pfund dar, mit dem man wuchern konnte, das schuf Brucken in der Kirche, beim Sport, im Musikverein oder in der Gewerkschaft, das erleichterte gemeinsames Wohnen und Arbeiten, ermöglichte Freundschaften und Heiraten. Doch immer blieben bei der Anpassung an die neue Lebenssituation Elemente der alten Sozialisation und der regionalen Herkunft lebendig, sie standen und stehen ein Leben lang neben dem Neuen, laufen als unterirdische Strömung mit und werden so auch an die Kinder- und Enkelgeneration weitergegeben.

Eine Mitarbeiterin aus dem Lager Wentorf mit zwei Flüchtlingskindern, undatiert

Der Verlust von Heimat, Familienangehörigen und Freunden, Haus und Garten, Besitz und Tieren drang erst nach und nach ins Bewusstsein der Betroffenen. Zwangsmigranten – und das waren ja die deutschstämmigen Flüchtlinge und Vertriebenen in der Bundesrepublik und der DDR nach dem Krieg – haben an sich die schlechtesten Chancen zur Integration in einem neuen Land: Meist möchten sie nicht dort sein, wo sie hingetrieben wurden.

Die Hoffnung auf eine Rückkehr in die verlorene Heimat bleibt bestehen und macht es höchst schwierig, sich auf das Neue einzulassen, sich gar zu integrieren, ohne es als Verrat an der alten Heimat zu empfinden. Wenn sich die neue Umgebung auch noch kalt und abweisend zeigt, besteht die Gefahr eines depressiven Rückzugs in sich selbst. Doch die große Not zwang vor allem die mittlere Generation der Vertriebenen, die Kinder und alte Leute zu versorgen hatte, sich schnell auf das Neue einzustellen, jede Chance zur Verbesserung der Situation zu nutzen, mit großem Alltagsmut und stets neuer Energie um das Überleben zu kämpfen. Den Rückblick auf das Verlorene schob man auf. Er wurde meist erst wieder fünfzehn Jahre später gewagt, als die größte Not überwunden war. Zunächst ging es um die Bewältigung des Tages, um den Kampf gegen Hunger und Degradierung. Der Brief eines bayerischen Flüchtlingsvertrauensmannes bringt diese Forderungen an die Zukunft auf den Punkt: «Flüchtling sein darf kein Dauerzustand werden. Aus Neubürgern müssen einmal wieder Bürger werden.»

Wie vielfach sichtbar wird, waren drei Bereiche für die Betroffenen von existenzieller Bedeutung: zunächst die Wohnsituation – weg vom Lager, nicht mehr das Gefühl haben, ein störender Untermieter zu sein; Ziel war eine gemeinsame Wohnung für die ganze Familie, längerfristig blieb der Traum vom eigenen Haus. Ein zweiter Bereich war die Arbeit: Ohne Arbeit gab es keine Chance, Fuß zu fassen, sich nach und nach die wichtigsten Dinge anschaffen zu können, akzeptiert zu werden, Menschen kennenzulernen. Arbeit sollte nicht nur ungelernte Hilfsarbeit sein, durch Arbeit waren auch Teile des sozialen Abstiegs wieder wettzumachen. Und das Dritte war der große Wunsch, nicht mehr Objekt von Hass oder Spott zu sein – wie es Erwachsene und Kinder gleichermaßen erlebt haben, die verächtlich als «die Flüchtlinge» oder als «die Bittschön» bezeichnet wurden. Ein kleiner Junge brachte den Unterschied auf den Punkt, als er weinend von der Schule heimkam, wo man ihn als «Flüchtling» verspottet hatte: «Ich bin kein Flüchtling, ich bin doch Egerländer», schluchzte er. Der Begriff «Flüchtling», das wird an diesem Beispiel deutlich, enthielt Abgrenzung und Abwertung. Integration musste dies überwinden. Hinter diesem Wunsch steckte das Bedürfnis, mit der eigenen Kultur, mit den Besonderheiten der eigenen Sprache, des Essens und

Wohnens, mit der eigenen Geschichte und Herkunft akzeptiert zu werden. So wurde der kulturelle Faktor neben Wohnung und Arbeit zu einem zentralen Element der Integration.

Wohnung

Ein wichtiger Schritt in ein eigenes neues Leben war es, das Lager oder das ungeliebte Notquartier verlassen zu können. Doch es dauerte lange, bis sich die Wohnsituation der Vertriebenen grundlegend besserte: Erst Anfang der sechziger Jahre wurden die letzten Flüchtlingswohnlager aufgelöst. Das Lagerleben begünstigte Korruption und Bereicherung beim Lagerpersonal, es führte bei den Betroffenen zu Abstumpfung und Hoffnungslosigkeit. Probleme erwuchsen aus dem engen Zusammenleben, aus Gemeinschaftsverpflegung und Arbeitslosigkeit. Das Lager wurde ein gefährlicher Sammelpunkt von Unzufriedenen. Und von außen betrachtete man diese Ansammlungen von materiell Schlechtgestellten mit Geringschätzung. Die Einheimischen gaben den Wohnlagern böse Spitznamen wie «Bretterhausen» oder «Barackingen». Neben den Barackenlagern aus Holz oder Stein, die oft bereits während der NS-Zeit gebaut worden waren und nun weiterbenutzt wurden, kamen dafür auch Nissenhütten zum Einsatz, die leicht aufzustellen waren. Oft mussten sich mehrere Familien eine solche Nissenhütte teilen, die hygienischen Zustände waren schlimm, es gab keine Privatheit, nicht einmal einen Platz, an dem Kinder hätten Schularbeiten machen können. Es wirkt wie ein Wunder, dass sich der große soziale Sprengstoff, der sich dort ansammelte, letztlich nicht entzündete.

Erst ab Anfang bis Mitte der fünfziger Jahre griffen Wohnbauprogramme, die auf der Basis der Wohnungsbaugesetze des Bundes entwickelt wurden. Man konnte sich für eine Wohnung anmelden, und mit viel Glück und Geduld erhielt man eine Zusage. Flüchtlingsgenossenschaften wurden oft zu Bauträgern des ersten Nachkriegs-Wohnungsbaus Die öffentliche Hand, meist die Stadt oder Gemeinde, stellte Grund und Boden, Holz und verbilligte Ziegel zur Verfügung, die öffentliche Bausparkasse gewährte einen Anlaufkredit. Dank guter Werbung wurden viele Bausparverträge abgeschlossen, und entsprechend standen dann jährlich größere Summen dem öffentlich geförderten Bauen zur Verfügung. Über «Hilfskassen» ließen sich weitere Gelder einwerben. Gebaut wurden Wohnblocks, aber auch vielfach zweigeschossige Reihenhäuser, da viele Vertriebene von einem eigenen Häuschen mit Garten träumten. Oft wies die Gemeinde auch ein Gebiet als Bauland aus, erstellte einen Bebauungsplan und teilte das Land in Parzellen ein. Diese Grundstücke wurden dann Vertriebenenfamilien billig zur Verfügung gestellt, die darauf in Eigenregie, mit Unterstützung der Nachbarn und Freunde, Häuser nach eigenem Plan erstellten. Festgelegt war die Traufhöhe; um dennoch genug Platz zu schaffen, wurden daher die Dächer charakteristisch spitz und hoch. Dabei bildeten sich auch Besonderheiten aus. So bauten Russlanddeutsche oft ihre Küche in den Keller, da man «daheim» in der Küche geschlachtet hatte und sich auch jetzt keine andere Lebensform vorstellen konnte.

Vielfach boten auch die Gelder aus dem Lastenausgleich die Basis für den Hausbau. Die Summen wirken zwar von heute aus gesehen eher bescheiden, doch die Kaufkraft der 1948 entstandenen D-Mark war hoch. Bei Monatslöhnen von 170 bis 300 DM waren 5000 DM Lastenausgleich sehr viel Geld. Auf Antrag konnten diese Gelder auch gleich in Bausparverträge einbezahlt werden, die damit die zuteilungsreife Kreditbasis für den Hausbau boten.

Für Städte und Gemeinden war die Wohnbauförderung eine dringende Notwendigkeit: Nur so ließen sich neue Industriebetriebe in die Stadt locken. Unternehmen wollten meist Facharbeiter mitbringen oder beschäftigen, und diese brauchten Wohnungen. In Tourismusgebieten wiederum, ob in Oberbayern oder an der Ostsee, warteten die Hoteliers und Pensionsbesitzer dringend darauf, dass sie ihre Hotelzimmer, die jetzt noch von Flüchtlingsfamilien besetzt waren, wieder an Fremde vermieten konnten. Auch die Einheimischen, die

Flüchtlinge bei sich hatten aufnehmen müssen, hofften ungeduldig auf einen Weg aus der Enge.

Für die Vertriebenen selbst repräsentierte das eigene Haus mehr als nur eine bessere Unterkunft für die Familie. Ziel des Hausbaus war die soziale Reputation in einer vom Besitz geprägten Umgebung. Nun «war man wieder wer», nun war es möglich, sich mit den Einheimischen auf Augenhöhe zu unterhalten. Doch manchmal führte gerade die Ansiedlung in speziell ausgewiesenen Neubaugebieten mit Straßennamen, die auf die Herkunftsgebiete verwiesen, zur erneuten Gettoisierung.

Arbeit

War es in den ersten Jahren nach dem Krieg vor dem Hintergrund zerstörter Städte und Industrieanlagen, angesichts von Demontagen und fehlenden Rohstoffen noch schwierig gewesen, adäquate Arbeit zu finden, und lag der Prozentsatz der Arbeitslosigkeit unter den Flüchtlingen besonders hoch, so änderte sich das sukzessive in den fünfziger Jahren. Der Wiederaufbau brauchte Arbeitskräfte, und die internationalen Gelder des Marshallplans boten eine finanzielle Basis. Der Aufschwung der Wirtschaft ermöglichte es auch den Vertriebenen, Arbeit zu finden; andererseits trugen sie mit ihrer Sozialtüchtigkeit, dem Wunsch, anzupacken und wirtschaftlich wieder Fuß zu fassen, nicht unwesentlich dazu bei, diesen Aufschwung zu stabilisieren und voranzutreiben.

Dabei änderte sich die Struktur der Erwerbsarbeit bei den Vertriebenen deutlich stärker als bei den Einheimischen. Das lag natürlich vor allem am Verlust der Bauernhöfe, Handwerksunternehmen oder größeren Betriebe, die in der alten Heimat die finanzielle Grundlage der ganzen Familie gewesen waren. Nun mussten die ehemals Selbständigen einer abhängigen Tätigkeit nachgehen, und auch ihre Frauen waren keine «mithelfenden Familienangehörigen» mehr, sie standen, viel stärker als die einheimischen Frauen, in Lohnarbeitsverhältnissen. Besonders deutlich war der Statusverlust für die Landwirte; Versuche, Bauern auf verlassenen Höfen anzusiedeln, gelangen meist nicht.

Im Rahmen der großen Umverteilung der fünfziger Jahre, als die Menschen den Arbeitsplätzen folgten, wurde das Ruhrgebiet zu einem wichtigen Aufnahmegebiet. In den Zechen gab es genug Arbeit, sie wurde ordentlich bezahlt, und traditionell arbeiteten hier unterschiedlichste Nationalitäten zusammen. Daher fielen auch mögliche Besonderheiten der Zuwanderer weniger ins Gewicht, seien es der Dialekt, Essgewohnheiten oder unterschiedliche Sozialisation. Bis 1953 zogen fast zweieinhalb der acht Millionen Neubürger im Westen erneut um; knapp die Hälfte ging nach Nordrhein-Westfalen. Die Briten wollten den Bergbau ankurbeln, da der Export von Kohle dringend nötige Devisen versprach. Und auch andere Branchen des hochindustrialisierten Landes nahmen bereitwillig Arbeitskräfte auf. 1960 lebte ein Viertel der Vertriebenen der Bundesrepublik in Nordrhein-Westfalen. War die bayerische Flüchtlingspolitik notgedrungen vor allem Sozialpolitik, so konnte man an Rhein und Ruhr sofort gezielte Wirtschaftspolitik betreiben.

Oft waren es die Kommunen, die gegen die Politik der Länder die Ansiedlung von Flüchtlingsindustrien vorantrieben, sahen sie doch die Chancen, die das für die jeweilige Region bot. In Bayern entstanden auf diese Weise die über Industrie und Gewerbe wie Schmuck- und Glaserzeugung, Musikinstrumentenbau oder Handschuherzeugung definierten Vertriebenenstädte oder Ansiedlungen wie Kaufbeuren-Neugablonz, Günzburg-Burgau, Vohenstrauß oder Bubenreuth, die viel zur industriellen Entwicklung des Landes beitrugen. In Nordrhein-Westfalen entsprach dem nur Espelkamp bei Minden.

Dank der staatsverbürgten Flüchtlingsproduktivkredite schafften dann immer mehr Unternehmer aus Vertriebenenkreisen auch eigene Neugründungen, die indes wegen ihrer geringen Kapitaldecke krisenanfällig blieben. Doch es ist bemerkenswert, dass fast alle ausgereichten Kredite zurückbezahlt wurden; hieran wirkten die Energie und der Einsatz der Vertriebenenunternehmer ebenso mit wie die gute Konjunktur. Im Zuge des Generationenwechsels und der zunehmenden Billigkonkurrenz aus Asien gingen jedoch viele der Betriebe letztlich wieder ein oder wurden von internationalen Unternehmen übernommen.

Wege zur Teilhabe

Wohnung und Arbeit, das sind existenzielle Bedürfnisse auf dem Weg in eine neue Gesellschaft. Doch um ein Teil von ihr zu werden, reichen sie nicht aus. Dessen waren sich viele der Vertriebenen sehr bewusst. Sie hatten in der alten Heimat in wohlgeordneten sozialen Bezügen gelebt, waren als Bauern, als Hausbesitzer, als Facharbeiter oder Vereinsmitglieder geachtete Mitglieder ihrer Gemeinde, der Nachbarschaft oder des Freundeskreises gewesen. Nun galt es, neue Bezüge aufzubauen und neue Achtung zu erringen.

Das gelang beispielsweise über die Teilnahme am Vereinsleben. Bis heute tut ein Neuankömmling in einem Dorf gut daran, einem Verein beizutreten – man ist so mit den Ansässigen bald über gemeinsame Interessen verbunden. Doch ließen die Einheimischen die Neubürger in Vereinen überhaupt zu? Das ist an sich nur von Gemeinde zu Gemeinde zu klären, spiegeln sich im örtlichen Vereinsleben doch offene oder geschlossene Strukturen der Gesamtgemeinde. Am integrativsten wirkten Sportvereine und Musikvereinigungen wie Chöre oder Kapellen. Bei Sport und Musik kommt es auf die individuellen Fähigkeiten an, und ein guter Musiker ist ebenso willkommen wie ein guter Fußballspieler, wo immer er herkommen mag. Ein Sportklub muss auch auf das Herkommen seiner Mitglieder weniger achten als mancher Traditionsverein, der seine Mitglieder oft über Zuwahl, also Kooptation, rekrutiert. Zu solchen Traditionsvereinigungen gehörten beispielsweise Schützen- und Trachtenvereine oder die freiwillige Feuerwehr. Sie schlossen in früheren Jahren meist Frauen, nicht besitzende oder «nicht passende» Bürger, und damit auch die Vertriebenen, aus. Doch begründeten nicht wenige Vertriebene, die aus einer lebendigen Musiktradition kamen, örtliche Blaskapellen neu, in denen bald Einheimische und Vertriebene gemeinsam in die neue Zeit schritten.

Vielfach war die Konfession ein wichtiger Integrationsfaktor: In katholischen Gebieten im Münsterland, in Bayern oder im Rheinland konnte der Weg über die Kirchengemeinde oder den Kirchenchor die Integration ungemein beschleunigen, ebenso die Partizipation von evangelischen Vertriebenen am kirchlichen Leben im Norden Deutschlands, in Franken oder Württemberg. Die Kirchengemeinden wurden zu wichtigen «Integrationsagenturen», bestätigte doch der Kirchgang Gemeinsamkeiten jenseits der Herkunft. Wenn dann die Kinder über Firmung oder Konfirmation zu genuinen Mitgliedern der Gemeinde wurden, gab das auch ihren Eltern eine andere Position. Die Konfession wirkte aber auch ausschließend, wenn die Falschen zusammenkamen; evangelische Vertriebene waren in einem katholischen Dorf meist auch von einem wichtigen Teil des Vereinslebens wie von kirchlicher Unterstützung ausgeschlossen. Sie blieben doppelt fremd. Kirchliche Organisationen hatten daher von Anfang an gefordert, bei der Verteilung der Vertriebenen die Konfession zu einem mitentscheidenden Kriterium zu machen, doch dies gelang nicht. So wurde dann mit Hilfe des Vertriebenenzustroms die oft seit dem Dreißigjährigen Krieg weitgehend monokonfessionelle Struktur Deutschlands aufgebrochen.

Eine Alternative zur Teilnahme am örtlichen Vereinsleben war es, eigene Vereine zu gründen. Es entstanden Spielmannszüge und Fußballvereine, landsmannschaftliche Chöre und Theatergruppen, berufsständische Zusammenschlüsse und landsmannschaftliche Zweckverbände, Faschingsclubs und andere Kulturvereinigungen. Manche richteten sich exklusiv an Vertriebene, andere waren auch für Einheimische offen. Über öffentliche Präsentationen, beispielsweise bei Festen oder großen Veranstaltungen, konnte dies ebenfalls zu Anerkennung und Positionierung innerhalb der dörflichen oder städtischen Gemeinschaft führen. Solche Gruppen erschlossen sich aber auch überregionale Bezüge, indem sie an verschiedenen Orten innerhalb des Vertriebenenvereinslebens auftraten, nicht zuletzt auch bei großen jährlichen landsmannschaftlichen Treffen wie dem Sudetendeutschen Tag.

Ein besonderer Prüfstein auf dem Weg zur gleichberechtigten Teilhabe ist das Heiratsverhalten, das «Konnubium». Es gilt den Soziologen als einer der wichtigsten Indikatoren für Integration. Aus Erzählungen wird deutlich, dass noch bis weit in die sechziger Jahre die Heirat eines oder einer Einheimischen mit einem Vertriebenen als gesellschaftlich unerwünscht betrachtet wurde. Es wird vielfach von entsetzten und ablehnenden einheimischen Eltern berichtet. Doch sieht man genau hin, werden auffällige Unterschiede erkennbar. Eine Studie über drei westfälische Landgemeinden zeigt, dass dort bis 1960 weiterhin «einheimisch» geheiratet wurde, und zwar meist innerhalb der eigenen Schicht, frei nach dem Sprichwort: «Drum prüfe, wer sich ewig bindet, wie sich die Wies' zum Acker findet.» Nur die dörfliche Unterschicht ging Eheverbindungen mit Flüchtlingen ein, die ja materiell und sozial mit ihr auf eine Stufe gestellt wurden. Die Quote der Eheschließungen zwischen Einheimischen und Vertriebenen lag in einem der Dörfer bei etwa 15 Prozent. In den Dörfern rings um das oberbayerische Ebersberg hingegen machten Verbindungen zwischen Einheimischen und Vertriebenen zwischen 1946 und 1960 etwa ein Drittel aller Eheschließungen aus. Zu berücksichtigen ist hierbei aber auch der Prozentsatz der im Ort lebenden Vertriebenen, der im Kreis Ebersberg deutlich höher lag als in den Dörfern des Münsterlandes. Es gab jedenfalls, so ist zu resümieren, solche Verbindungen, und sie wurden mit dem Wandel der Landgemeinden in den fünfziger und sechziger Jahren wie mit dem parallelen sozialen Aufstieg der Vertriebenen zunehmend selbstverständlicher. In der gesamten Bundesrepublik heirateten zwischen 1961 und 1970 dann bereits 68 Prozent der Zugewanderten Alteingesessene. Seit Ende der fünfziger Jahre, als ausländische «Gastarbeiter» zunächst aus Italien ins Land kamen, verbesserte sich der Status der deutschen Vertriebenen. Die Vertriebenen waren nun nicht mehr auf der untersten Stufe der sozialen Leiter angesiedelt. Heiratsverbindungen mit deutschen

Jugendliche mit den Wappen ihrer Heimatorte auf dem Schlesiertreffen, Frankfurt 1954

Heimatvertriebenen wurden das kleinere Übel vor dem drohenden Hintergrund einer Eheschließung mit einem ausländischen «Gastarbeiter». Nun wollten auch die Vertriebenen keine «Migranten» mehr sein, sie gehörten jetzt zu den Ansässigen.

Doch es gab, bedingt durch die Generationenzugehörigkeit, Gewinner und Verlierer im Integrationsprozess. Zu den Verlierern gehörten vor allem die Alten, die zum Zeitpunkt der Vertreibung bereits nicht mehr im Berufsleben gestanden hatten und sich oft auch nur schwer in der neuen Umgebung einleben konnten. Für sie blieb meist die alte Heimat der Bezugspunkt, und die Bekannten von «daheim» bildeten den Freundeskreis. Besonders schwer fiel der Neuanfang den nicht berufstätigen älteren Frauen. Verlierer blieben überdies diejenigen, die vorher zu den Besitzenden gehört hatten; der Lastenausgleich schuf keine wirkliche Kompensation. Auch viele Mitglieder der Zwischengeneration junger Leute, die zum Zeitpunkt von Flucht oder Vertreibung ihre Berufsausbildung angefangen, aber noch nicht abgeschlossen hatten, gehörten zu den Verlierern: Sie versäumten wertvolle Jahre bei ungelernter Landarbeit und fanden danach nur noch schwer den Anschluss. Größte Gewinner waren die Kinder, die sich meist reibungslos in der neuen Heimat integrierten, die durch gemeinsame Schule und Ausbildung oft kaum noch von Einheimischen unterscheidbar waren. Von ihnen ist im Rückblick oft zu hören, dass das erzwungene Verlassen der Heimat ihnen Chancen eröffnete, die ihnen in der alten Heimat nicht offen gestanden hätten. Sie zeigen Solidarität und Dankbarkeit gegenüber der neuen Heimat.

Hier erwies sich die Schule als mächtige Integrationsinstanz. Es unterrichteten übrigens bald auch viele Lehrer aus Vertriebenenkreisen, die den einheimischen Schülern eine Vorstellung ihrer «alten Heimat» vermittelten, und mit der «Ostkunde» war die Geschichte der Vertreibungsgebiete auch offiziell im Lehrplan verankert. Vor allem ging es aber darum, wenigstens den Kindern einen guten Start zu geben. Zwar fehlte vielen Vertriebenen das Geld, um ihren Kindern die beste Ausbildung zu ermöglichen. Doch gerade aufgrund der besonderen Situation machten das viele Vertriebenenkinder durch enorme Aufstiegsmotivation, durch Bildungshunger und Durchhaltevermögen wett.

Bildung galt als das Zauberwort gegen sozialen Abstieg und Diskriminierung. So ergab die Mikrozensus-Zusatzerhebung von 1971, also die Volkszählung, bei der zum letzten Mal gesondert nach der Flüchtlingszugehörigkeit gefragt wurde, dass sich der Einsatz gelohnt hatte: Die Vertriebenenkinder waren dank ihres Aufstiegswillens oft viel schneller auf der sozialen Leiter nach oben geklettert als die Ansässigen. Es ist daher nicht verwunderlich, dass über die Initiative der Vertriebenen beispielsweise in Bayern das Volkshochschul- und Volksbibliothekswesen auch auf dem Land ausgebaut wurde, das bisher meist den großen Städten vorbehalten war. Letztlich vollendete also erst der Generationenwechsel die soziale Eingliederung der Vertriebenen in die deutsche Nachkriegsgesellschaft.

Politik

Es gab in der Bundesrepublik Politik für Vertriebene und Politik von Vertriebenen. Waren die Betroffenen in den ersten Jahren noch weitgehend von der politischen Mitgestaltung ihres Schicksals ausgeschlossen, da sie sich politisch nicht organisieren und ihren Interessen Ausdruck verleihen konnten, so änderte sich das mit der Aufhebung des Koalitionsverbots 1948. Die 1949 und 1950 gegründeten Landsmannschaften wurden zu wichtigen Repräsentanten der Vertriebeneninteressen. Nach anfänglichen Spaltungen und Konflikten schlossen sich die Länderorganisationen der siebzehn Landsmannschaften bundesweit zusammen und organisierten sich nach dem Konzept von Rudolf Lodgman von Auen als überparteilicher Verband im BdV, dem Bund der Vertriebenen. Es war im Grunde ein Integrationskonzept, wandte sich doch Lodgman gegen die einseitige Unterstützung einer Flüchtlingspartei. Das bedeutet nicht, dass die Landsmannschaften unpolitisch wären; ihre Mitglieder wirken jedoch in verschiedenen Parteien für die Verbandsziele. Sie sind bis heute die optisch sichtbarste Vertriebenenvertretung. Wie viele Angehörige der Erlebnisgeneration oder gar nachfolgender Generationen tatsächlich hinter den Zielen und der Politik der Landsmannschaften und des BdV stehen, ist indes schwer zu sagen. Manche gingen und gehen sicherlich nur auf die großen landsmannschaftlichen Treffen, um dort alte Bekannte wiederzutreffen, und nicht etwa, weil sie mit der politischen Rhetorik der Vertriebenenfunktionäre übereinstimmen.

Mit dem Fall des Koalitionsverbots wurden die Vertriebenen auch auf lokaler, regionaler und Bundesebene zum politischen Faktor. Entscheidend für den Schritt zur Mitwirkung an der Politik im Rahmen der etablierten Parteien war die Anerkennung der Endgültigkeit des

Vertreibungsschicksals. Die Hoffnungen auf eine Rückkehr, die viele sicherlich immer noch im Herzen trugen, wurden überwölbt von dem Wunsch, in der neuen Heimat ein tätiges und erfülltes Leben zu führen. Die «Charta der Heimatvertriebenen» von 1950 schrieb den Verzicht auf eine gewaltsame Rückgewinnung der alten Heimat fest.

«Charta der deutschen Heimatvertriebenen»
gegeben zu Stuttgart, am 5. August 1950

Im Bewußtsein vor Gott und den Menschen, im Bewußtsein ihrer Zugehörigkeit zum christlich-abendländischen Kulturkreis, im Bewußtsein ihres deutschen Volkstums und in der Erkenntnis der gemeinsamen Aufgabe aller europäischen Völker haben die erwählten Vertreter von Millionen Heimatvertriebenen nach reiflicher Überlegung und nach Prüfung ihres Gewissens beschlossen, dem deutschen Volk und der Weltöffentlichkeit gegenüber eine feierliche Erklärung abzugeben, die die Pflichten und Rechte festlegt, welche die deutschen Heimatvertriebenen als ihr Grundgesetz und als unumgängliche Voraussetzung für die Herbeiführung eines freien und geeinten Europas ansehen.

1. *Wir Heimatvertriebenen verzichten auf Rache und Vergeltung. Dieser Entschluß ist uns ernst und heilig im Gedenken an das unendliche Leid, welches im besonderen das letzte Jahrzehnt über die Menschheit gebracht hat.*
2. *Wir werden jedes Beginnen mit allen Kräften unterstützen, das auf die Schaffung eines geeinten Europas gerichtet ist, in dem die Völker ohne Furcht und Zwang leben können.*
3. *Wir werden durch harte, unermüdliche Arbeit teilnehmen am Wiederaufbau Deutschlands und Europas.*

Wir haben unsere Heimat verloren. Heimatlose sind Fremdlinge auf dieser Erde. Gott hat die Menschen in ihre Heimat hineingestellt. Den Menschen mit Zwang von seiner Heimat trennen, bedeutet, ihn im Geiste töten.

Wir haben dieses Schicksal erlitten und erlebt. Daher fühlen wir uns berufen zu verlangen, daß das Recht auf die Heimat als eines der von Gott geschenkten Grundrechte der Menschheit anerkannt und verwirklicht wird.

Solange dieses Recht für uns nicht verwirklicht ist, wollen wir aber nicht zur Untätigkeit verurteilt beiseitestehen, sondern in neuen, geläuterten Formen verständnisvollen und brüderlichen Zusammenlebens mit allen Gliedern unseres Volkes schaffen und wirken.

Darum fordern und verlangen wir heute wie gestern:

1. Gleiches Recht als Staatsbürger nicht nur vor dem Gesetz, sondern auch in der Wirklichkeit des Alltags.
2. Gerechte und sinnvolle Verteilung der Lasten des letzten Krieges auf das ganze deutsche Volk und eine ehrliche Durchführung dieses Grundsatzes.
3. Sinnvollen Einbau aller Berufsgruppen der Heimatvertriebenen in das Leben des deutschen Volkes.
4. Tätige Einschaltung der deutschen Heimatvertriebenen in den Wiederaufbau Europas.

Die Völker der Welt sollen ihre Mitverantwortung am Schicksal der Heimatvertriebenen als der vom Leid dieser Zeit am schwersten Betroffenen empfinden. Die Völker sollen handeln, wie es ihren christlichen Pflichten und ihrem Gewissen entspricht. Die Völker müssen erkennen, daß das Schicksal der deutschen Heimatvertriebenen, wie aller Flüchtlinge, ein Weltproblem ist, dessen Lösung höchste sittliche Verantwortung und Verpflichtung zu gewaltiger Leistung fordern. Wir

rufen Völker und Menschen auf, die guten Willens sind, Hand anzule-
gen ans Werk, damit aus Schuld, Unglück, Leid, Armut und Elend für
uns alle der Weg in eine bessere Zukunft gefunden wird.»

Am 5. August 1950 wurde die «Charta der deutschen Heimatvertriebenen» als gemeinsame Willenserklärung der Sprecher von
Vertriebenen und Landsmannschaften unterzeichnet, auch als
ein Zeichen des versöhnlichen Neuanfangs in Europa. Anläss-
lich des Festaktes kamen rund 70 000 Menschen nach Stuttgart.
Auf einer Massenkundgebung wurde gegen die Beschlüsse der
Konferenzen von Jalta (1943) und Potsdam (1945) demonstriert,
bei denen die Zwangsumsiedelungen beschlossen worden waren.
Von den Vertriebenenverbänden wurde der «Tag der Heimat»
auch in den Folgejahren immer wieder zu Demonstrationen gegen
die Anerkennung der Oder-Neiße-Linie und der Bekräftigung des
«Rechts auf die Heimat» genutzt. Bis heute wird der Gedenktag
Anfang September von BdV und Landsmannschaften begangen.

Rund um den sechzigsten Jahrestag der «Charta» am 5. August
2010 wurde aber heftige Kritik von Historikern, Politikern und
Publizisten laut: Vor allem die Formulierung des «Verzichts auf
Rache» sei heute so nicht mehr tragbar: Verzichten könne man nur
auf das, was einem rechtmäßig zustehe. Ein moralisches Recht
auf Rache gebe es aber keineswegs.

Auch die NS-Vergangenheit vieler Vertriebenenfunktionäre
der fünfziger Jahre stand immer wieder im Fokus der öffentlichen
Diskussion. Denn auch unter den Unterzeichnern der Charta waren einige in die Verbrechen des NS-Regimes verstrickt gewesen,
zum Beispiel Rudolf Wagner und Axel de Vries.

Weit entfernt von den rückwärtsgewandten Forderungen der
Vergangenheit, gibt es heute eine Vielzahl von Initiativen, die sich
der Aussöhnung und der Kontaktpflege mit den Menschen in den
ehemaligen Vertreibungsgebieten widmen. So haben 2009 z.B.

Sudetendeutsche und Tschechen gemeinsam die «Marienbader Erklärung» abgegeben. Darin heißt es unter anderem:

«Wir schließen uns all denen an, die aufgehört haben mit dem gegenseitigen Aufrechnen der Untaten. Wir wollen alle ermuntern, aufeinander zu hören, miteinander zu reden, und zwar in einem Dialog aus christlichem Ursprung.» Die Erklärung der 24 Unterzeichner schließt mit dem Appell: «Möge so auch in unseren Heimatländern ein dauerhafter Frieden einkehren!»

Trotz ihrer zeitgenössischen Rhetorik, die heute befremdet, stellt sie einen wichtigen Schritt auf dem Weg der politischen und gesellschaftlichen Integration dar.

Die ersten lokalen Flüchtlingslisten brachten bereits Vertreter der Vertriebenen in Gemeinderäte; bald entstammten auch etliche Bürgermeister Vertriebenenkreisen. Die Neugründung von Parteien wie dem BHE, der 1950/51 als Interessenvertretung der Flüchtlinge und Vertriebenen in Schleswig-Holstein entstand, gab den Vertriebenen dann zwar eine eigene Stimme, förderte aber auch ihre Fremdwahrnehmung als gesonderte Gruppe. Seit 1952 hieß der BHE dann Gesamtdeutscher Block/BHE; er bündelte etwa ein Fünftel der Vertriebenenstimmen, jedoch nur fünf Prozent der einheimischen Wähler. Er war in etlichen Länderparlamenten und auch im Bundestag vertreten. In Bayern war der GB/BHE an allen Regierungen der fünfziger Jahre beteiligt und konnte damit die Interessen der Vertriebenen auch direkt in die Regierungsarbeit einbringen.

Der Erfolg des BHE verstärkte in den etablierten Parteien die Notwendigkeit, nun ihrerseits Vertriebene als Kandidaten aufzustellen. Bei der bayerischen Landtagswahl von 1950 wurden allein für die SPD neun (von 63) Abgeordneten gewählt, die aus dem Sudetenland oder Schlesien stammten. Darunter war auch Volkmar Gabert, sudetendeutscher England-Emigrant; 1962 wurde er Fraktionsvorsitzender, 1963 Landesvorsitzender der SPD. Die CSU konnte damals nur auf zwei Vertriebene unter ihren Abgeordneten verweisen, ebenso viele wie die sehr viel kleinere FDP.

Letztlich löste sich der BHE Anfang der sechziger Jahre auf. Seine Politiker wie seine Wähler wurden von den etablierten Parteien aufgesogen, gewissermaßen sichtbares Zeichen der Integration in der Politik. Die meisten Vertriebenenpolitiker wechselten zu den konservativen Parteien, in denen sie während der Zeit des Kalten Krieges bis in die sechziger Jahre erfolgreiche Lobbypolitik machen konnten.

Die neue Ostpolitik der sozialliberalen Bundesregierung änderte grundlegend die politische Stellung der Vertriebenen: Nun sollten sie sich öffentlich mit dem Verlust der Heimat abfinden, auf Rückkehrforderungen verzichten, die Oder-Neiße-Linie als endgültig anerkennen. Gleichzeitig flossen ihnen aus den Ostverträgen Gelder aus bis dato eingefrorenen Westvermögen zu, die nun in Stiftungen öffentlichen Rechts gesteckt wurden. Dies ermöglichte eine Professionalisierung der kulturellen Vertriebenenarbeit. Gleichzeitig sahen sich die Vertriebenen mit ihren Anliegen ins Abseits gedrängt. Dies schlug sich in deutlich aggressiverer Rhetorik der Landsmannschaften nieder: Die Vertriebenenverbände, wenn nicht gar pauschal alle Vertriebenen, wurden so für die ganze Generation der 68er zur Verkörperung von «Revanchismus» und Rückwärtsgewandtheit. Die Vertriebenen spürten die erneute Ablehnung, und es verstärkte sich bei ihnen das Gefühl, nun wieder zwischen allen Stühlen gelandet zu sein. Immer weniger thematisierten sie in ihrem persönlichen Umfeld ihre Herkunft und ihr Schicksal. Erst die Enkel stellen wieder Fragen und schaffen so für die Erlebnisgeneration eine neue lebendige Verbindung zwischen Gegenwart und Vergangenheit.

Erfolg oder Misserfolg der Vertriebenenaufnahme in der Bundesrepublik hingen von höchst unterschiedlichen Faktoren ab. Die angebliche «schnelle» und problemlose Integration, das «Wunder der Integration» gehören jedenfalls ins Reich der Mythen. Belobt und prämiert wurden Anpassung sowie beruflicher, sozialer und wirtschaftlicher Erfolg, und ein großer Teil der Betroffenen verschrieb sich diesen Zielen, die versprachen, Marginalisierung und Statusverlust wettzumachen.

Erst mit dem Ausscheiden aus der aktiven Berufstätigkeit erfuhren die Mitglieder der Erlebnisgeneration, dass dadurch noch nichts vergessen oder verarbeitet war. Solche Verarbeitung kann sehr unterschiedlich aussehen: Manche verharren in ihrer Verbitterung gegenüber den Vertreibern, andere engagieren sich vor allem nach dem Ende des Ostblocks in Besuchsprogrammen, bei Jugendaustausch mit der alten Heimat, bei Initiativen der Friedhofserneuerung oder der Denkmalpflege. Diese vielfältigen persönlichen Brücken ermöglichen auf vielen Ebenen Neuanfänge auf dem Weg zu einem gemeinsamen europäischen Miteinander.

Susanne Spröer

Werner Krokowski:
«Hier hast du dein Päckchen»

16. Januar 1945, ein Dienstag: Heute ist Werners zehnter Geburtstag. Schon lange hat er sich darauf gefreut – endlich ist er alt genug, um Pimpf im Deutschen Jungvolk zu werden, eine schicke Uniform zu tragen wie sein großer Bruder Georg, der sogar schon bei der Hitlerjugend ist. Georg ist es auch, der ihn heute zum Bahnhof schickt, dort warte eine Geburtstagsüberraschung auf ihn, postlagernd. Gespannt und neugierig macht sich Werner auf den Weg, allein.

Währenddessen wartet Georg mit den Eltern zu Hause in Neu-Schiemanen auf die Rückkehr des Jüngeren. Der Sechzehnjährige lernt Autoschlosser in der nahen ostpreußischen Kreisstadt Ortelsburg. Von dort aus hat er ein Päckchen an Werner verschickt, das nun am Bahnhof angekommen ist. Werner ist noch nicht lange fort, da hört Georg plötzlich ein Rauschen und Dröhnen draußen und sieht, wie Flugzeuge über den Himmel ziehen. Es sind russische Bomber. Georg stürzt aus dem Haus, läuft dem kleinen Bruder hinterher.

Kurz vor dem Bahnhof holt er Werner ein, dann bricht das Chaos los: Um sie herum detonieren die Bomben. Die Brüder werfen sich unter einen Lastwagen. «Man läuft, fällt dann, legt sich unter diesen Lkw, und als dann wieder eine Bombe gefallen ist, kam mir das so vor, als wenn man einen halben Meter angehoben wurde. Also vom Boden weg und dann wieder zurück.» Werner Krokowski gestikuliert lebhaft beim Erzählen, hebt die Arme, um zu zeigen, wie sehr es ihn in die Höhe riss. «Und dann war es schon wieder vorbei.» Die beiden Jungen haben einen Schutzengel, unversehrt klettern sie unter dem Lastwagen hervor. Viele Jahre später, als der Krieg längst vorüber ist, wird Werner das Päckchen noch einmal symbolisch überreicht bekommen.

Flucht aus Ostpreußen

Der russische Fliegerangriff bleibt nicht die einzige böse Geburtstagsüberraschung. Am nächsten Tag, dem 17. Januar, hat Werners Vater Geburtstag. Schon seit Tagen hört man die Leute auf der Straße raunen: «Der Russe kommt.» Werners älteste Schwester, sie ist zwanzig, arbeitet auf dem nahegelegenen Militärflughafen. Auch sie besucht den Vater zum Geburtstag: um Abschied zu nehmen. Der Militärflugplatz wird evakuiert, sie soll mit den Soldaten aus Ostpreußen ausgeflogen werden. Jetzt ist allen klar: Die Rote Armee steht tatsächlich vor der Tür, trotz aller Durchhalteparolen, die von der Nazipropaganda noch immer verbreitet werden.

Zwei Tage später, am Freitag, dem 19. Januar, ist es klirrend kalt, wie schon den ganzen Winter über. Es ist der Tag, der Werner zum Flüchtling machen wird. Denn jetzt sind die Russen auch im Kreis Ortelsburg einmarschiert. Am 12. Januar hat die russische Großoffensive an der Weichsel begonnen. Die massive Front aus Panzern, Infanterie und Kampfflugzeugen wird erst fünfhundert Kilometer weiter, bei Berlin, zum Stehen kommen. Das kann die Familie nicht wissen, aber allen ist klar, dass sie in höchster Gefahr schweben, wenn sie bleiben. Krokowskis beschließen zu fliehen, bevor es zu spät ist, bevor die Russen Neu-Schiemanen erreichen. Sie werden sich trennen müssen: Damit der Vater nicht in den letzten Tagen noch zum Volkssturm eingezogen wird, soll er versuchen, sich unbemerkt allein durchzuschlagen, mit einem Fahrrad, quer durch den Wald. Werner, Georg, die Mutter und die zwei Schwestern brechen gemeinsam auf: «Und dann sind wir mit Kisten, mit Sack und Pack darin aus Neu-Schiemanen, wo ich herstamme, nach Groß Schiemanen gelaufen. Das sind etwa drei Kilometer. Wir sind die Straße lang zum Bahnhof.» Werner wundert sich: Wo bleiben die deutschen Soldaten, die

Werner Krokowski mit Familie, 1944

Flak, die Flugzeuge, denen er auf dem Militärflughafen so oft staunend zugesehen hat, wenn sie, mit Bomben schwer beladen, gestartet sind? Erst im Rückblick, als Erwachsenem, ist ihm klargeworden, dass die Militärs da längst wussten, dass Ostpreußen verloren war. Die Menschen dort hat man einfach im Stich gelassen – bis zuletzt war Flucht unter Androhung härtester Strafen verboten.

Am Bahnhof steht ein Zug bereit. Die Fahrt gen Nordwesten, Richtung Königsberg, wird immer wieder unterbrochen, mal sind die Gleise zerstört, mal fährt eine Lok auf die Waggonreihe auf. Eines Nachts müssen alle aussteigen und in einem Tunnel übernachten, erst am nächsten Morgen geht es weiter. Der Zug erreicht Rastenburg, einen Bahnhof, der überfüllt ist mit Flüchtlingen, es herrscht ein großes Durcheinander. Irgendwo im Chaos finden Werner und Georg ein paar Päckchen Zigaretten und stecken sie ein. Wer weiß, wozu sie mal gut sind. In Polpen ist der Transport zu Ende. Am 26. Januar ist Ostpreußen eingekesselt, eine Flucht nach Westen ins Deutsche Reich nicht mehr möglich. Nirgendwo sind frühzeitige und geregelte Evakuierungen in die Wege geleitet worden, und jetzt ist es zu spät.

Die Krokowskis haben Glück gehabt, sie sind nicht zu Hause von den Rotarmisten überrascht worden. Denn oft ist auf dem Vormarsch fürchterlich gewütet worden, es wurde geplündert, gemordet und vergewaltigt. Auf die Menschen in Ostpreußen schlägt zurück, was die Nazischergen zuvor den Russen und Polen angetan haben: die millionenfachen Morde, Kriegsverbrechen und Vertreibungen, angeheizt von der wahnsinnigen Idee einer Eroberung von «Lebensraum im Osten».

Mitte Februar erreichen die ersten russischen Soldaten Polpen, wo die Krokowskis bei einer Familie Unterschlupf gefunden haben. Eines Tages hören sie draußen Schritte, schwere Stiefeltritte. Es ist Mittag, daran erinnert sich Werner Krokowski genau. «Da sind wir schnell die Treppe hoch und haben uns versteckt in einer Besenkammer, hinter einem Vorhang. Meine Schwestern, mein Bruder, meine Mutter, alle waren wir in dieser Kammer. Unten ging die Tür auf. Und dann hat einer ‹Mahlzeit› gesagt, ja, tatsächlich. Und keiner hat ihm geantwortet, dem Russen. Der Vorhang wurde zwei-, dreimal aufgezogen, bis uns dann doch ein Russe erwischt hat und uns angeleuchtet hat mit der Taschenlampe.»

Alle hocken schreckensstarr im Dunkel der kleinen Kammer. Sie haben die NS-Propaganda im Ohr, die Russen als rohe und brutale «Untermenschen» denunziert, und haben von Plünderungen und Vergewaltigungen auf dem Vormarsch der Roten Armee gehört. Die jüngste Schwester, sie ist erst acht, fängt an zu weinen. «Und dann hat der Russe sie auf den Arm genommen und hat ihr auf den Rücken geklopft, ich weiß nicht, was er sagte – sie soll sich beruhigen oder so.»

Solange der Krieg andauert, bleibt Werner mit Mutter und Geschwistern in Polpen, alle hoffen, dass auch der Vater und die Schwester in Sicherheit sind. Immer wieder begegnen sie russischen

Soldaten. Eines Tages kommt die Hauswirtin verzweifelt zu Werners Mutter: «‹Frau Krokowski, bitte sprechen sie mit den Russen – die wollen unsere Martha erschießen!› Ich bin mit ihr runtergegangen, da lag die Martha auf einer Couch, so richtig mit Bettbezug, sie war so hergerichtet, als ob sie krank sei. Die Mütter waren ja so veranlagt, die Kinder zu schützen. Also die Tochter war vielleicht zwölf, vierzehn Jahre alt, da wollten sich die Russen wohl an ihr vergehen, und ein Russe hat mit der Maschinenpistole auf sie gehalten. Und dann hat meine Mutter mit ihm gesprochen, auf Polnisch, und da hat er tatsächlich nachgelassen.» Was sie sagt, versteht Werner nicht, die Mutter spricht einen schlesisch-polnischen Dialekt. Aber es hilft. Ihr «Wasserpolnisch» rettet dem Mädchen das Leben.

Später dringen plündernde Soldaten auch in die Wohnung der Krokowskis ein und suchen nach Brauchbarem. Sie werden fündig: «Ich frage mich heute noch, warum musste meine Mutter von meinem Vater die Klamotten mitschleppen, Anzüge und so was?!» Denn die Kleidungsstücke bringen Mutter und Kinder jetzt in Lebensgefahr. Ein Rotarmist trägt die Anzüge hinunter auf die Straße, hängt sie auf einen Zaunpfahl und zieht zum nächsten Haus weiter. «Diesen Moment nutzte meine Mutter, um runterzugehen und ihm die Sachen wieder wegzunehmen. Und dann kam er zurück, findet seine Sachen nicht und kam gleich hoch mit gezogener Pistole. Und hat meine Mutter auf die Sachen angesprochen, wenn sie die nicht rausrückt, dann wollte er meinen Bruder erschießen.» Angst hat Werner in diesem Moment seltsamerweise nicht. «Vielleicht hat man als Kind ja irgendwie eine andere Angst. Ich weiß es nicht. Vielleicht hab ich auch gedacht, mir wird der sowieso nichts tun.» Die Mutter gibt die Kleidungsstücke heraus, die Gefahr ist vorüber. Für dieses Mal. Denn bei dieser Gelegenheit haben die Soldaten den sechzehnjährigen Bruder Georg entdeckt. Ein paar Tage später fährt ein Militärlastwagen vor. Die Soldaten holen Georg aus dem Haus und zerren ihn auf den Lkw, Werner kann ihm gerade noch die Zigaretten zustecken, die er damals in Rastenburg gefunden hat. Georg wird in das nahegelegene Sowjet-Gefängnis in Bartenstein gebracht, wo ihn die Mutter noch einmal besucht, dann wird er in ein Kriegsgefangenenlager nach Murmansk am Arktischen Ozean verlegt. Nun ist die Familie auseinandergerissen: Der älteste Sohn in russischer Kriegsgefangenschaft, der Vater per Fahrrad irgendwo in den Wäldern unterwegs, die Schwester mit den Wehrmachtssoldaten Richtung Ostsee ausgeflogen, Mutter, Sohn und die beiden anderen Töchter in Polpen. Und keiner von ihnen weiß, ob die anderen überhaupt noch am Leben sind.

Mittlerweile ist es Sommer geworden, der Krieg ist vorbei, am 7. Mai 1945 hat die Führung der deutschen Wehrmacht kapituliert. Wie viele Ostpreußen beschließen auch die Krokowskis, jetzt, da Frieden ist, wieder in ihr Heimatdorf, nach Neu-Schiemanen, zurückzukehren. Mit einem selbstgebauten Handkarren wandern sie die rund hundert Kilometer nach Ortelsburg, das nun zu Polen gehört. Doch in ihr Haus in Neu-Schiemanen lässt man sie nicht mehr zurück. Bis zum Herbst bleiben sie in Ortelsburg, wo sie in eine Wohnung einquartiert werden, die Mutter arbeitet als Küchenhilfe in einem polnischen Haushalt. Ihr polnischer Chef rät ihr, nicht zu bleiben: «Mensch, warum wollen Sie denn nicht von hier raus? Ihr werdet hier sowieso vertrieben!» Und tatsächlich muss die Familie die Wohnung bald verlassen. Die Deutschen werden an einen Ort außerhalb verbracht, die sogenannte Weiße Siedlung. Am Straßenrand stehen polnische Soldaten, mit Gewalt treibt man die Menschen hinaus aus der Stadt: «Die Leute, auch alte Männer und Frauen, bekamen Peitschenhiebe.» Werner Krokowski erinnert sich an eine endlos lange Menschenschlange, dazwischen Handwagen, Rucksäcke, Koffer, alles, was die Menschen tragen können. Schließlich wird ein Zug zusammengestellt, um die deutschen Familien abzuschieben. «Wir fuhren also los, und was man noch so hatte, wurde einem nachher im Zug oft noch weggenommen.»

Außer der Mutter und den Schwestern sind jetzt auch die Oma und eine Tante mit ihren drei Kindern dabei. Die Tante hat auf der wilden Flucht in den letzten Kriegstagen ihren Mann verloren, er ist von einem russischen Soldaten erschossen worden, mit dem Sohn auf dem Arm, Werners Cousin. Der hat überlebt und ist jetzt mit im Zug in Richtung Westen.

Ankunft im Westen

Die mühsame Fahrt scheint endlos, immer wieder gibt es Stopps, bei denen der Transport überfallen und geplündert wird. In Weferlingen ist schließlich Schluss, alle müssen aussteigen. Doch Weferlingen liegt noch in der Sowjetischen Besatzungszone, und hier wollen die Krokowskis nicht bleiben, ihr Ziel ist Helmstedt in der britischen Zone, denn dort lebt eine Tante. Also geht es nun zu Fuß weiter, quer durch die Wälder, immer wieder müssen sie sich im hohen Farnkraut vor patrouillierenden Rotarmisten verstecken, die die «grüne Grenze» sichern. Plötzlich kommen ihnen zwei russische Soldaten entgegen, zum Verstecken ist es zu spät. «Sie hatten eine Maschinenpistole quer rübergehängt und haben nur gesagt: ‹Halt – Papiere vorzeigen!› Ja, was wollte man da vorzeigen? Man hat ja schließlich alles verloren.» Dann holt die Tante eine Flasche Brennspiritus aus der Brusttasche und gibt sie den beiden. Sie trinken davon – und schütteln sich. Aber sie nehmen die Flasche und winken sie durch: «Dawai, dawai – los, weiter.» Wieder einmal haben sie mit den Russen Glück gehabt.

Das Schlimmste auf dem Marsch sind Hunger und Durst. Es ist Herbst, ab und zu findet die Flüchtlingsgruppe Fallobst, einmal sind es angefaulte Äpfel, die Werner «erbeutet» und noch im Laufen verschlingt, bevor seine Cousins sie ihm abnehmen können. Schließlich erreichen die Frauen und Kinder Helmstedt. Am Bahnhof stehen englische Wasser-Tankwagen, endlich können sie den brennenden Durst löschen. Werner Krokowski erinnert sich an die Neugierigen am Straßenrand: «Die haben dann eine Birne gegessen oder einen Apfel und den Rest weggeschmissen. Dann hat man sich draufgehechtet, auf diesen Griebs, wie man sagt.»

Im Haus des Onkels wartet eine wunderbare Überraschung: Werners Vater. Mit dem Fahrrad hat er sich von Ostpreußen bis Pillau und über die Ostsee bis nach Hornberg in den Schwarzwald zu Verwandten durchgeschlagen. Überglücklich begrüßt er Frau und Kinder: «Mein Vater hat mich dann auf den Arm genommen und gedrückt. Dann waren wir wieder vereint.» Denn auch die älteste Schwester hat die Flucht überlebt und arbeitet jetzt bei den Briten, im Camp Munsterlager in der Lüneburger Heide. Doch nicht alle sind wieder beisammen – Werners Bruder Georg ist noch immer in russischer Kriegsgefangenschaft.

In Helmstedt wird endlich auch Werners kleiner Cousin zum Arzt gebracht, er hatte sich immer wieder das Bein wund gekratzt, den ganzen Weg über. Aber es sind nicht Flöhe oder die Krätze: Der Arzt findet eine Kugel im Bein. Offensichtlich ist auch er angeschossen worden, auf dem Arm seines sterbenden Vaters. In Helmstedt wird das Geschoss entfernt.

Elf Personen leben nun in der Wohnung der Tante auf engstem Raum zusammen. Immer wieder gibt es Reibereien. Das kann auf Dauer nicht gutgehen. Nach rund vier Wochen werden die Neuankömmlinge «in einer Nacht-und-Nebel-Aktion», wie sich Werner Krokowski erinnert, zu einem Sammelplatz bestellt und in große Lastwagen gesetzt. Ihr Ziel: das Flüchtlingslager Immendorf bei Watenstedt-Salzgitter. Es ist im November 1945 als «Puffercamp» für Flüchtlinge und Vertriebene von der britischen Militärregierung eingerichtet worden. Nachdem alle Neuankömmlinge die entwürdigende Prozedur der Entlausung hinter sich gebracht haben, wird der Familie ein Raum in einer Baracke zugeteilt. In den Gemeinschaftswaschräumen fließt nur kaltes Wasser, in langen Zinkwannen mit Wasserhähnen, die man nicht auf- und zudrehen kann: Das Wasser läuft für alle gleichzeitig und wird nach einer Weile zentral abgedreht. Ähnlich funktionieren die Spültoiletten: Jede Viertelstunde wird automatisch kurz gespült. Das Essen für alle wird in der Lagerküche gekocht, es kann nur zu festgelegten Zeiten abgeholt werden. Dann ruft ein «Gong» zu den Mahlzeiten: Schläge auf eine Bombenhülse. Nach wenigen Tagen verlässt die Familie das Durchgangslager und bekommt einen eigenen Raum in einem Lager für längere Aufenthalte, Lager 9, zugewiesen. Hier sind sie unabhängig, dafür aber auf sich selbst gestellt. Ein eigener Raum, dafür neue Sorgen: Wie soll die Mutter ihre Familie nun ernähren, ohne die sicheren Mahlzeiten aus der Lagerküche? «Lager 9, Baracke 12» – so lautet die neue Adresse des gerade elf Jahre alt gewordenen Werner Krokowski.

«Operation Schwalbe»

Am 14. Februar 1946 besiegelte ein Befehl der britischen Militärregierung das Schicksal von Millionen Menschen: Unter dem irreführenden Codenamen «Operation Schwalbe» (denn Zugvögel kehren ja zurück) begann der Abtransport der Deutschen aus den Gebieten östlich von Oder und Neiße in die britische Zone – gemäß den Vereinbarungen der alliierten Siegermächte auf der Potsdamer Konferenz im August 1945. Vor allem im Winter 1946/47 fanden viele Transporte aber nicht in «ordnungsgemäßer und humaner Weise» statt, wie es im Potsdamer Protokoll vereinbart war, sondern unter menschenunwürdigen Bedingungen. So berichtete Deutschlandminister John Burns Hynd dem britischen Parlament von zwei überfüllten und ungeheizten Zügen, die Ende Dezember 1946 aus Polen in der britischen Zone eingetroffen waren, bei minus 15 Grad in ungeheizten Viehwaggons: Über 20 Tote und 160 Fälle von Erfrierungen seien dabei registriert worden, viele weitere Menschen später im Krankenhaus gestorben. Besonders erschütternd waren Schilderungen der Vertriebenentransporte 513, 514 und 515 aus Schlesien, wie in der «Spiegel»-Reportage vom 25. Januar 1947 unter dem Titel: «Die 65. Tote. Ein Kälte-Experiment». Im Mittelpunkt stehen zwei Breslauer Ärzte, die den Transport 514 begleiteten: Dr. Probst, ehemals Chef der Breslauer Frauenklinik, als «offizieller Transportarzt» – aber ohne jegliche medizinische Ausrüstung. Und der ehemalige Chefarzt des Sankt-Josefs-Krankenhauses, Dr. Loch, der mit seiner Frau heimlich im

Transport war. Er hatte zumindest eine Spritze und einige Medikamente dabei: «Die Tätigkeit der beiden Ärzte begann schon auf dem Bahnsteig in Breslau. Dort fiel ein älterer Mann um und sagte nichts mehr. Das war der erste Tote. Es gab aber noch mehr Tote, bis die Reise beendet war [...] Die Ärzte hatten nicht nur mit Durchfall zu tun, vier Fünftel des Transports erlitten Kälteschäden. Es gab Erfrierungen ersten, zweiten und dritten Grades. Am dritten Tag zählte man schon sechs Tote. Zwischendurch gab es drei Entbindungen und zwei Fehlgeburten. Eine Frau mit Fehlgeburt war am Waggonboden festgefroren. Dr. Loch taute sie mit Hilfe eines Spirituskochers ab. Während dieser Hilfeleistung wurde Dr. Loch selbst Patient. Ihm erfroren beide Füße. Seine Frau verstarb an den Folgen des Transports.»

Der Zug bestand aus einer Lokomotive, einem geheizten Personenwagen und 52 ungeheizten Viehwaggons. Nach den Presseberichten und öffentlichen Protesten gegen die unmenschliche Art der Transporte aus dem Osten drohte die britische Militäradministration den polnischen Behörden, ungeheizte Transporte nicht mehr anzunehmen, berichtete der «Spiegel» weiter. Insgesamt wurden 1946/47 im Rahmen der «Operation Schwalbe» fast 1,5 Millionen Menschen in die Britische Besatzungszone gebracht.

Auch der harte Winter 1945/46 ist eines Tages zu Ende. An einem warmen, sonnigen Frühlingstag im März spielt Werner mit seinen Kameraden Fangen vor der Baracke. Die Kinder laufen die angeschrägten Betonwände rund um den Feuerlöschteich rauf und runter. «Auf einmal steht da einer auf der Straße und guckt. Ich denke, Mensch, den kennst du doch. Ja und dann kam er auf mich zu, zu dem Teich und sagt: ‹Werner, ich bin's, Georg.›» Werner erkennt ihn kaum wieder, denn er ist abgemagert und aufgedunsen: Sein siebzehnjähriger Bruder ist aus der russischen Gefangenschaft in Murmansk zurück.

Schon vorher war er bei der Schwester in Munsterlager, jetzt möchte Georg endlich die Mutter wiedersehen. Die Brüder laufen zum Barackenlager. «Dann hat er selber angeklopft und die Tür aufgemacht. Und man kann sich ja vorstellen, wie eine Mutter reagiert, wenn sie ihren Sohn wiedersieht. Tränen, ich hab da selber auch noch Tränen in den Augen gehabt. So haben wir uns dann wiedergefunden.» Ab jetzt wird er sein Bett mit dem Bruder teilen, fast dreizehn Jahre lang, bis Georg heiratet.

Als «Werkskind» in der Barackenstadt

Schon im Sommer hat das Lagerleben ein Ende. Denn der Vater findet Arbeit in der «Reichswerke AG für Bergbau und Hüttenbetriebe», die bis zum Ende des Krieges noch Teil der «Reichswerke Hermann Göring» gewesen war. Später wird sie zur «Salzgitter AG». Die Einheimischen nennen sie einfach nur «die Hütte». Wobei Einheimische im engeren Sinne in der Minderheit sind: Bei Kriegsende hat Watenstedt-Salzgitter rund 100 000 Einwohner, davon sind nur etwa 20 000 echte «Ureinwohner», 40 000 kommen aus dem Gebiet des Deutschen Reiches, und circa 40 000 Menschen sind ausländische Zwangsarbeiter, Kriegsgefangene oder KZ-Häftlinge. Viele der westlichen Ausländer, der «Westbounds», hatten sich allerdings so schnell wie möglich auf den Heimweg gemacht. Die Repatriierung der Zwangsarbeiter aus dem Osten verlief dagegen wegen der neuen Grenzverläufe langsam, viele bleiben noch jahrelang in den Auffanglagern für Displaced Persons, DPs.

Ob Deutsche oder Ausländer, die meisten Menschen leben in provisorischen Unterkünften. Das Hüttenwerk ist von riesigen Barackenlagern umgeben, die Stadt Watenstedt-Salzgitter wirkt wie ein Anhängsel der Werke. Die Alliierten hatten den Betrieb der Hüttenwerke direkt nach Kriegsende weitgehend stillgelegt, nur einige Versorgungseinrichtungen und Teilbetriebe wie das Kraftwerk, die Gießerei und die Reparaturwerkstätten durften weiter betrieben werden.

Bis zum Sommer 1946 ist dann auch die Arbeit in weiteren Bereichen wiederaufgenommen worden, unter anderem in der Erzaufbereitung und bei der AG für Bergbau und Hüttenbedarf.

Jetzt sind Fachleute wieder gefragt – und Werners Vater ist einer: In Ostpreußen hat er als Stellmacher Handwagen und Kutschen gebaut, deshalb kann er als Tischler im Bauhof der «Hütte» anfangen. Dieser befindet sich auf dem Gelände des ehemaligen Konzentrationslagers Salzgitter-Watenstedt, in dem die Nationalsozialisten Kriegsgefangene und Ostarbeiter untergebracht hatten, die vor allem in den Stahlwerken Braunschweig arbeiten und dort Granaten herstellen mussten. Mindestens 526 Menschen sind bis 1945 hier zu Tode gekommen, wahrscheinlich weit mehr. Heute erinnert eine Gedenkstätte an die Opfer.

Als Werners Vater die Arbeit in der Tischlerei antritt, zieht die Familie wieder um, in eine Werkswohnung, die sie jetzt ganz allein bewohnen darf. Die Kinder sind nun «Werkskinder», sie bekommen einen Ausweis zum Betreten und Verlassen des Werksgeländes. Werner geht wieder zur Schule, in die Dorfschule in Watenstedt wie die anderen «Werkskinder», nicht in die Lagerschule. Dem Elfjährigen hört man seine ostpreußische Herkunft noch an, die einheimischen Kinder äffen ihn nach. «Ja, und was haben die Einheimischen gemacht? Die haben das ‹s-p› betont, also ‹s-pitzer S-tein›, dann haben wir die damit nachgeäfft. Und bei den Schlesiern, da haben wir gesagt: ‹He, du kommst ja von Uba druba. Wo die Pilza wachsa mit da langa Stiela.› Und dann gab's noch die Breslauer Lärgen. Die Breslauer hatten ihre ganz eigene Sprache. Wenn ein Breslauer was erzählt hat, hat er gesagt: ‹Du, pass auf, da war ich gestern lärge. Da war mal was los, lärge› – sie haben immer ‹lärge› hinten drangehängt.»

Werner möchte nicht auffallen mit seinem Akzent und bemüht sich, schnell Hochdeutsch zu lernen. Im Sommer läuft er mit seinem Kumpel aus Oldenburg die Eisenbahngleise entlang, die Jungen balancieren auf den schmalen Schienen. «Wir sind den ganzen Sommer barfuß gelaufen. Wir hatten schöne Sommer um diese Zeit damals, nach dem Krieg.» Dann geht Werner auch mit Mutter und Schwestern auf den riesigen Erbsenfeldern von Beddingen Erbsen pflücken, die dort wachsen, so weit das Auge reicht. «In Ostpreußen gab's auf die Finger, wenn wir an das kleine Beet im Garten gingen», hier bekommen sie zwei Mark pro Erntezentner und ein freies Mittagessen. Während die Frauen arbeiten, lädt Werner den Handwagen voll mit Erbsenstroh für die Karnickelställe, manchmal schummelt er auch einen Beutel Schoten darunter. Die Erbsen sättigen gut, sie sind ein wichtiges Grundnahrungsmittel und sehr vielseitig: Man kann sie kochen oder mit Speck braten, auch zu Schrot vermalen, aus dem Brot gebacken wird. Als Werner einmal nach dem Erbsenpflücken den Handwagen mit Schoten unter dem Stroh nach Hause zieht, wird er kurz vor dem Ziel angehalten: «Da kam der Gutsinspektor mit dem Pferd herangeritten. Und ich hatte schon gedacht, er sagt: ‹Jetzt nimm mal dein Stroh da runter und zeig mir, was du da rausschleppst.› Aber nein – der Handwagen hat ihn interessiert. Wer den denn gemacht hätte. ‹Mein Vater›, sag ich.» Ein Glücksfall. Denn am Sonntag fährt der Inspektor mit der Pferdekutsche auf dem Werksgelände vor und bestellt beim Vater einen ebensolchen Handwagen. Und er bringt seltene Köstlichkeiten mit: Speck und Kartoffeln, Wurst und Brot. Der Vater baut den Handwagen, und von da an hat Werner auf dem Erbsenfeld Narrenfreiheit, nie wieder wird er kontrolliert.

Hunger müssen die Krokowskis nun nicht mehr leiden. Manchmal geht Werner trotzdem betteln in den Baracken, in denen die ausländischen DPs untergebracht sind. Sie werden, anders als die deutschen Flüchtlinge und Vertriebenen, nicht von den deutschen Behörden, sondern bis 1947 von der UNRRA, der Nothilfe- und Wiederaufbauverwaltung der Vereinten Nationen, versorgt. Die Displaced Persons sollen nach dem Willen der Alliierten als Opfer der nationalsozialistischen Terrorherrschaft bessergestellt werden als die Deutschen. «Und die UNRRA hat die Armen, also die Leute versorgt in den Lagern, wie Polen, Russen und so, das hab ich gewusst. Und dann gingen wir zu den Lagern. Meine Eltern haben mich gar nicht losgeschickt, ich hab mich mehreren Burschen angeschlossen. Wir zogen durch die Baracken, einer nach dem anderen. Es war eigentlich weniger wegen des Hungers. Man bekam manchmal etwas Besonderes, wie Milch- oder Eipulver.» Oder Kekse – besonders in Erinnerung geblieben sind ihm die Rumänen, die sich sogar entschuldigten, wenn sie nur eine angebrochene Kekspackung für ihn hatten.

Auch in der «Hütte» lassen die notleidenden Menschen das eine oder andere mitgehen. Die Krokowskis wohnen neben dem Verschiebebahnhof, auf dem die Kohlenzüge stehen. «Da war Koks drauf, da war Eierkohle drauf, Steinkohle. Die kamen dann nachts, haben eine Tür aufgerissen vom Waggon und haben sich vollgepackt.» Auch die stillgelegten Förderbänder werden umgenutzt: «Dann sind die Leute auf die Idee gekommen, sich aus den Förderbändern etwas zu basteln. Die haben sich Placken rausgeschnitten und zu Hause Taschen gebaut oder Sandalen, meine Mutter hat das auch gemacht: für uns Sandalen gebastelt aus diesem Fördergummi.»

Die Menschen tun eigentlich nichts anderes als das, was ohnehin angeordnet ist: Auf der Potsdamer Konferenz haben die Alliierten im August 1945 den Abbau der deutschen Rüstungsindustrie beschlossen. Deutschland sollte niemals wieder einen Krieg beginnen können und zumindest für einen Teil der alliierten Kriegsschäden Entschädigung leisten. Auch die Hüttenwerke in Watenstedt-Salzgitter stehen auf der Demontageliste, vor allem die Stahlwerke Braunschweig AG, die eine reine Rüstungsschmiede gewesen waren. 4000 Menschen sind in den Jahren des Nationalsozialismus in den Werken zu Tode gekommen, schikaniert, gequält, gefoltert oder hingerichtet worden. Aber jetzt ist das Werk Lebensgrundlage für rund 100 000 Menschen, die 1948 in Watenstedt-Salzgitter leben. Der Rat der Stadt, Werksleitung und Betriebsrat kämpfen um den Bestand ihrer «Hütte». «Rettet die Reichswerke! Was wird aus ihnen?» Unter dieser Überschrift rufen Gewerkschaften und Parteien quer durch alle politischen Lager gemeinsam zu Großkundgebungen für den Erhalt des regionalen Hauptarbeitgebers auf. Vergeblich. Einige wenige Anlagenteile sind schon vorher demontiert worden, im Februar 1948 beginnen die Demontagearbeiten im großen Stil. Bis Ende des Jahres gibt es kaum Widerstand, offensichtlich hofft man noch, auf dem Verhandlungsweg Zugeständnisse zu erreichen. Denn auch auf politischer Ebene wird inzwischen über den Sinn der Demontagen im geplanten großen Umfang diskutiert, stehen sie doch im krassen Widerspruch zu den Ideen des US-amerikanischen Marshallplans zum Wiederaufbau Deutschlands und zur Westintegration der entstehenden Bundesrepublik.

Aufruhr in der «Hütte»

Der dreizehnjährige Werner Krokowski schaut neugierig bei den Demontagearbeiten zu, auch wenn er von den Arbeitern immer wieder weggeschickt wird: «Ein Hochofen ist ja bis zur Krone oben 70 oder 80 Meter hoch. Da musste man einen Mast aufstellen, der die Sachen beim Abriss runterlässt. Der war über 100 Meter hoch. Und dann haben die Deutschen demonstriert gegen die Demontage.» Im Herbst sind bereits große Teile des Stahlwerks, des Walzwerks und der Kokerei abgebaut, aufgelistet, verpackt und auf dem Werksgelände gelagert worden. Der Abtransport soll allerdings erst erfolgen, wenn die Interalliierte Reparationsagentur in Brüssel festgelegt hat, in welche Empfängerländer die Teile verschickt werden sollten. Gegen die Demontagen protestieren alle Seite an Seite: «Ob Einheimische oder Flüchtlinge, alle haben zusammengehalten. Es haben sich auch Freundschaften entwickelt. Man könnte sagen, wir waren Flüchtlinge, die hier reinkamen, und uns wollte man nicht so haben. Aber man hat sich schnell aneinander gewöhnt und zusammengehalten.» Sicher fiel Integration in einer Stadt wie Watenstedt-Salzgitter, in der so viele Flüchtlinge und Vertriebene aus den verschiedensten Herkunftsgebieten lebten, leichter als an anderen Orten, in denen Zuwanderer in der Minderheit waren.

Die Demontagen gehen weiter, trotz aller Proteste und Verhandlungen. Im Mai 1949 tritt das Grundgesetz in Kraft, die drei westlichen Besatzungszonen werden zu einem demokratischen Staat – und Werner Krokowski ein Bürger der Bundesrepublik Deutschland.

Über die Demontagen entscheidet aber noch immer die britische Besatzungsmacht. Als im August 1949 bekannt wird, dass die Briten am weiträumigen Abriss festhalten, wird der Widerstand energischer. Mittlerweile sind rund 3000 Arbeiter mit dem Abbau der Anlagen beschäftigt, neben deutschen Arbeitern werden auch viele DPs eingesetzt. Im Herbst folgt eine Demonstration auf die andere, Bundeskanzler Konrad Adenauer telegraphiert an den Stadtrat: «Teile durchaus Sorge für die Einwohner der Stadt und wegen der Bedeutung der Reichswerke für die mitteleuropäische Wirtschaft Ihre Auffassung über die Notwendigkeit der Aufhebung des Demontagebefehls. Werde jede Möglichkeit wahrnehmen zu helfen.» In den Petersberger Gesprächen zwischen der Bundesregierung und den Alliierten Hochkommissaren im November ist die Forderung nach dem Ende der Demontagen einer der zentralen Punkte. Doch die Reichswerke werden im Verhandlungskatalog nicht berücksichtigt, sie gehören nicht zu den achtzehn von Demontagen befreiten Betrieben. Begründung: Die Erzförderung sei unter Friedensbedingungen nicht rentabel. Der Widerstand geht weiter, jetzt wird auch ein Streik ernsthaft diskutiert. Den Höhepunkt erreichen die Demonstrationen, als im Februar 1950 die Sprengung der Fundamente des Walzwerkes beginnt. Nur mit intakten Fundamenten könnte in absehbarer Zeit überhaupt mit dem Aufbau neuer Anlagen begonnen werden. Denn der Untergrund hier ist moorig, neue Fundamente könnten nur mit ungeheurem Aufwand und unter hohen Kosten gelegt werden – und dann wäre ein Wiederaufbau wohl tatsächlich nicht mehr rentabel.

Gleichzeitig werden die Abbauarbeiten heimlich sabotiert: «Die Bohrungen haben polnische Arbeiter an einem Tag vorbereitet, um am nächsten Tag die Sprengsätze einzuführen. Und dann haben Deutsche, bei Nacht, die Sprenglöcher wieder zugestopft. Kleine Steinchen, was da so herumlag, rein und zugestopft, sodass sie ihren Sprengstoff nicht reinbekamen.» Am Nachmittag des 6. März kommen die Beschäftigten zu einer Versammlung im Werk zusammen, mit dem Ziel, die geplanten Sprengungen am Walzwerk zu verhindern. Als rund 3000 Arbeiter anmarschieren, bitten die Briten die deutsche

Polizei um Unterstützung. Es kommt zu ersten Handgreiflichkeiten, Zündschnüre werden aus den Löchern gerissen. Eine Gruppe von Demonstranten marschiert auf das Brassert-Haus los, in dem sich die Büros der Demontagefirmen befinden. Werner Krokowski kennt das Gebäude, es liegt auf seinem Schulweg. Er kennt auch den Belgier, der vor dem Haus Wache steht und ihm hin und wieder Schokolade zusteckt. «Als ich dort vorbeikam, war vor dem Brassert-Haus ein riesiges Feuer. Sie haben von oben Stühle rausgeschmissen und Tische, da kam ein Tisch runter in Richtung Feuer, und die Tischbeine sind gleich weggebrochen.» Natürlich kann sein belgischer Gönner da allein nicht viel ausrichten. «Nun kam die Bereitschaftspolizei, die stürmte die Treppe hoch, und dann haben sich oben die Leute entgegengestellt.» Doch die Polizisten bleiben passiv. Offensichtlich gilt ihre Sympathie den Arbeitern. Später, erzählt Werner Krokowski, hätte ihm ein Polizist gesagt: «Was sollten wir denn machen? Die Leute hatten doch recht. Die haben ja gewusst, wofür sie das machen. Wir konnten ja nicht sagen, ihr macht was verkehrt.» Später reißt die Menge die hundert Meter hohen Demontagemasten nieder: «Dann haben sie die Seile zerschnitten, und dieser ganze Mast am Hochofen 5 fiel um. Und dann war natürlich Aufstand. Die Leute, die damit beauftragt waren, die Demontagen durchzuführen, waren machtlos. Am nächsten Tag sind Panzer aufgefahren, Panzerspähwagen der Engländer. Und die standen dann Gewehr bei Fuß.» Der Höhepunkt der Auseinandersetzungen ist erreicht, als Arbeiter einen britischen Panzerspähwagen einkreisen. Jetzt laden die Soldaten durch. «Nicht scharf schießen, wir geben den Spähwagen frei!», ruft Hein Wegener, der zweite Betriebsratsvorsitzende, auf Plattdeutsch. Zum Glück verstehen die britischen Soldaten den Zuruf, und die Arbeiter lassen vom Fahrzeug ab. Die Situation ist entschärft. Bis Ende März ruhen die Demontagearbeiten, vor allem weil die damit betrauten Firmen die Sicherheit ihrer Mitarbeiter nicht gefährden wollen. Im Mai werden von den britischen Behörden Demontage- und Entmilitarisierungs-Erleichterungen für die Reichswerke bekannt gegeben. Am 12. September 1950 teilen die Hochkommissare der Bundesregierung mit, dass sämtliche Entmilitarisierungsmaßnahmen mit sofortiger Wirkung beendet sind.

Arbeit und Eigenheim

Werner Krokowski ist mittlerweile fünfzehn Jahre alt und Maschinenschlosser-Lehrling im Stahlwerk. Dass die «Hütte» nun doch nicht komplett demontiert wird, sichert seine berufliche Zukunft. 1954 hat er ausgelernt und wird als Kranschlosser übernommen.

1,23 DM erhält er als Stundenlohn. «Das war damals viel Geld. Man bekam monatlich knapp 300 Mark raus. Und dann war ich natürlich scharf drauf, mir ein Motorrad zu kaufen, und hab gespart. Bis zum Sommer hatte ich das Geld fast zusammen.» Eine DKW 200, mit Sitzbank-Sonderausstattung, das erste bescheidene Statussymbol, gekauft mit selbstverdientem Geld. «Und dann wurde die nochmal gewienert: Das ist jetzt deine Maschine ... Und ich bin erst mal schön

Werner Krokowski als Lehrling im Stahlwerk, 1952

vorsichtig durchs Dorf gefahren.» Auch zum gelegentlichen Feiern in der Kneipe reicht das Gehalt. «Einmal kam ich ein bisschen angeschickert nach Hause, und morgens hat der Wecker so lange gebimmelt, bis er runterfiel, und dabei hat er sich wohl von alleine ausgeschaltet. Und ich hab die Arbeit zur Frühschicht verpasst. Meine Mutter hat mich dann geweckt, ich bin ohne Essen ruck, zuck zur Arbeit gegangen, aber verspätet. Und als ich abends nach Hause kam, hat mich der Vater ins Gebet genommen: ‹Ich will dir eines sagen: Wir verlangen schon keine Miete, aber wenn du hier bei uns wohnst, dann geh zur Arbeit, wenn du auch feiern gehen kannst.› Das wolle er nicht noch einmal erleben. Und ich hab mir das zu Herzen genommen, niemals mehr die Arbeit verpasst.»

Bis zu seiner Hochzeit 1962 lebt Werner bei den Eltern. Gemeinsam sind sie 1951 aus dem Werk in eine renovierte Baracke in Watenstedt umgezogen. Noch immer teilt er einen Raum mit seinem Bruder – im alten Schweinestall, denn die Eltern haben das Kinderzimmer in der Baracke an Monteure untervermietet, um sich ein kleines Zubrot zu verdienen. Nach der Hochzeit zieht er 1962 mit seiner Frau in die erste eigene Wohnung: «Das war ganz toll, wie wir uns die Wohnung eingerichtet haben, so richtig als Eigentum. Da hat meine Frau gesagt: ‹Na, wie fühlst du dich jetzt?› Ja, das war schon ganz toll. Man hat ja dreizehn Jahre in Baracken gewohnt und dann auf einmal eine Wohnung. War schon ein schönes Gefühl.» Zehn Jahre später wird aus der Wohnung ein Eigenheim, die Familie wächst, zwei Töchter kommen zur Welt. Das Motorrad hat Werner Krokowski schon 1958 gegen das erste Auto eingetauscht: Einen «VW», wie der «Käfer» schlicht heißt, es gibt damals ja nur ein Modell, gebraucht, aber mit Radio. Sein Erspartes und vier Monatslöhne hat er dafür ausgegeben, 2200 Mark. Werner Krokowski ist angekommen im Wirtschaftswunder.

Die alte Heimat Ostpreußen ist in dieser Zeit des Aufbruchs gefühlsmäßig ganz weit entfernt. «Was die Heimat betrifft: Ich bin mit zehn Jahren da weg, und wenn ich im Nachhinein überlege, hat mir eigentlich nichts gefehlt. Ich musste nicht zurück.» Mit den Eltern spricht er kaum darüber, «man hat sich allem gefügt». Die Eltern

Stolzer Besitzer eines VW Käfer, 1958

reden vor allem bei Verwandtenbesuchen unentwegt über die Vergangenheit. Jeder erzählt seine Fluchtgeschichten. «Noch über Jahre hinaus unterhielten sie sich über die Heimat, und alle wollten immer noch zurück.» Der junge Werner Krokowski nicht, ihn nervt das eher. «Ich hab mich schon auf hier voll konzentriert. Man hat hier gelernt, man hat hier seine Arbeit, sein Brot, alles gehabt, und was wollte ich da mehr? Man war vollkommen zufrieden. Der Wohlstand brach aus.»

1990 reist er mit seinen Schwestern und Cousins zum ersten Mal wieder nach Ostpreußen. «Und mein Bruder, der schon mal da gewesen war, hat dann gesagt: ‹Pass auf, wenn du nach Ostpreußen kommst und ihr fahrt von Ortelsburg nach Neu-Schiemanen, dann wirst du sehen, wie schön die Straße dort ist. Da fährst du wie durch einen Tunnel, die Bäume links und rechts, schöne dicke Bäume, Linden, und die Kronen kommen oben zusammen. Und am Ende der Allee, wenn es heller wird, dann siehst du schon unser Haus.› Und so ist es gewesen.» Und dann sind sie da: «Das Haus ist so klein, die Ställe sind ja nur Buden, alles wirkt so klein. Da war ich schon ein bisschen enttäuscht.» Als Werner nach 45 Jahren zum ersten Mal wieder vor seinem Elternhaus in Neu-Schiemanen steht, geht es ihm wie vielen, die als Erwachsene zu den Orten ihrer Kindheit zurückkehren: In der Realität sind sie viel kleiner als in den Erinnerungen.

Das Geburtstagspäckchen vom 16. Januar 1945, seinem zehnten Geburtstag, dem Tag des Bombenangriffs, bekommt Werner Krokowski schließlich mit fünfzigjähriger Verspätung zu seinem sechzigsten Geburtstag. Georg, der Bruder, überreicht es ihm, nachdem er die Geschichte im Kreis der Feiernden erzählt hat, mit den Worten: «Hier hast du dein Päckchen.» Was darin war, weiß Werner Krokowski nicht mehr so genau. Aber sicher nichts Schöneres als das Geschenk zum zehnten Geburtstag: gemeinsam mit dem Bruder dem Tod von der Schippe gesprungen zu sein. Und nach all diesen wechselvollen Jahren noch immer gemeinsam Geburtstag zu feiern.

Erika Fehse

Ruth Annuschies, Helga Plessow und Wilhelm Brandenburg: «Der liebe Gott lässt für alle wachsen …»

Der Ferienort Timmendorfer Strand und das kleine Niendorf liegen dicht beieinander an der Ostseeküste, fünfzehn Kilometer nördlich von Lübeck. Hier stranden zwischen 1945 und 1948 mehr als achttausend Flüchtlinge aus dem Osten. Dazu kommen noch die Ausgebombten aus den Großstädten und Flüchtlinge aus der Sowjetischen Besatzungszone.

Ruth Annuschies stammt aus dem ostpreußischen Memelland. Sie hat, als sie Schleswig-Holstein erreicht, eine dramatische Flucht über das zugefrorene Haff hinter sich: «Ich gehe bis heute noch nicht aufs Eis. Meine Mutter, meine Schwester und ich – wir gingen zu Fuß. Meine Oma fuhr das Fuhrwerk, und mein kleiner Bruder saß neben ihr. Und als wir einbrachen, warf sie ihn vom Leiterwagen und sprang selber runter. Dann war es schon zu spät. Wir konnten gerade noch zwei Koffer retten.»

Ruth ist gerade sieben Jahre alt, als sie mit ihrer Familie in einem Güterwaggon in Bad Schwartau Waldhalle ankommt. Sie übernachten im Bahnhof. «Ich habe dann zum ersten Mal im Leben Schokolade gegessen. Weil ich Geburtstag hatte, bekam ich eine ganze Tafel geschenkt. Die anderen Kinder nur einen Riegel. Das ist meine erste Erinnerung an Schleswig-Holstein.» Ihre Augen strahlen – so tief hat sich die Freude über dieses Geschenk ins Gedächtnis eingegraben.

Nach kurzem Aufenthalt in Schwartau wird die Familie im Februar 1945 nach Timmendorfer Strand gebracht. Denn hier an der Ostsee gibt es Hotels und Pensionen, in denen Flüchtlinge zunächst

Ruth Annuschies
(vorn links), 1944

unterkommen können. Doch viele Zimmer sind schon mit Ausgebombten aus Hamburg, Lübeck und Kiel belegt. In einem großen
Saal in Krugs Hotel findet die Familie eine vorläufige Bleibe. Ruth
erinnert sich daran, dass dort weit mehr als fünfzig Flüchtlinge auf
Strohsäcken lagerten.

Der Gemeindevertreter Ludwig Hagemann verteilt die Flüchtlinge alsbald auf die Familien im Ort. Er selbst nimmt Frau Annuschies
mit den drei Kindern zu sich. «Meine Mutter war jung, und er hat damit gerechnet, dass die junge Frau ihm im Laden helfen kann.» Die
Mutter arbeitet nun für Unterkunft und Verpflegung in Hagemanns
Milchladen. Geld bekommt sie nicht, aber die Familie hat Glück. Es
gibt immer genug zu essen, und sie müssen nicht wie andere Flüchtlinge Hunger leiden.

Helga Plessow
mit ihrer Mutter, 1946

Am 1. Mai 1945 erreichen auch Helga Plessow und ihre Mutter Timmendorfer Strand. «Der Ort war voll von Flüchtlingen, zum Teil aus Ostpreußen und wo die überall herkamen, mit diesen Trecks, völlig überfüllt. Die Einheimischen waren natürlich nicht entzückt, uns jetzt auch noch aufnehmen zu müssen.»

Helga und ihre Mutter sind aus Angst vor dem Einmarsch der Russen aus Oranienburg geflohen. Ihre Wohnung wurde nach ihrer Flucht von ehemaligen polnischen Zwangsarbeitern besetzt und ausgeplündert. Sie besitzen nichts mehr außer den Kleidern, die sie am Leib tragen, einem Sparbuch und ein wenig Bargeld. In Timmendorfer Strand werden sie in die Pension Wilhelma eingewiesen. Die Wirtin ist sehr hilfsbereit – sie schenkt ihnen einen Kochtopf und erlaubt ihnen, sich auf ihrem Herd etwas zu essen zu machen. «Das war natürlich sehr schön. Denn meine Mutter und ich besaßen nichts außer einem Besteck – weder Tasse noch Teller, wir hatten überhaupt nichts.»

Aber der Krieg ist noch nicht zu Ende. Bislang war dieser Teil der Ostsee verschont geblieben. Doch drei Tage nach Helgas Ankunft fallen Bomben: in Timmendorf und draußen auf See. Der Luxusdampfer «Cap Arcona» und zwei weitere Schiffe, auf denen sich insgesamt fast zehntausend Häftlinge aus den Konzentrationslagern Neuengamme, Stutthof bei Danzig und dem Auschwitzer Nebenlager Fürstengrube befinden, werden schwer getroffen. Das Bombardement war ein Versehen, wie sich später herausstellen wird – die Briten glaubten, dass ein Teil der Reichsregierung oder andere hohe Militärs sich mit diesen Schiffen absetzen wollten. Als die Nachricht sie erreicht, dass sich ehemalige KZ-Häftlinge darauf befinden, ist es zu spät.

Die Timmendorfer laufen zum Strand und beobachten, wie die Schiffe langsam untergehen. Sie sehen, wie die Menschen sich zu retten versuchen, wie sie ins Wasser springen. «Es war ein furchtbarer Anblick», erinnert sich Helga Plessow. Die meisten ehemaligen Häftlinge ertrinken in den Fluten der Ostsee, mehr als 7500 Menschen. Kurze Zeit später besetzen britische und belgische Truppen den Ort. Helga und ihre Mutter müssen die Pension Wilhelma verlassen, denn das Gebäude ist als Sitz der britischen Kommandantur vorgesehen. Im Hamburger Kinderheim in Niendorf wird ihnen ein Quartier zugewiesen. Dort müssen sie auf dem nackten Boden unter dem Dach schlafen. Es gibt weder warmes Wasser noch einen Strohsack. Gekocht wird am Straßenrand auf offenem Feuer – glücklicherweise haben sie aus der Pension Wilhelma einen Topf mitnehmen dürfen.

In den nächsten Tagen und Wochen werden Hunderte von Leichen an Land geschwemmt. Die Engländer sorgen dafür, dass ehemalige Nazis aus dem Dorf die Leichen bergen und begraben müssen, und sie zwingen die Anwohner, hinter dem Leiterwagen, auf dem die Wasserleichen gestapelt sind, herzulaufen. Auch Helga, die gerade in einer Schlange steht, um ihre Lebensmittelmarke gegen Brot einzutauschen, muss sich in den «Trauerzug» einreihen. «Wir konnten uns nicht wehren, wir mussten dahinter her. Was das für ein Gefühl ist, kann man sich überhaupt nicht vorstellen.»

Im Kinderheim bleiben die Plessows jedoch nur für kurze Zeit. Sie beschweren sich bei der Aufnahmestelle und lassen sich ein anderes Quartier zuteilen. So finden sie in Klein Timmendorf neben der Meierei auf einer Veranda eine provisorische Bleibe. Eine Bruchbude, wie sich Helga erinnert. Es regnet durchs Dach, die Küche dürfen sie täglich nur eine halbe Stunde lang benutzen.

Wie lässt sich der Hunger stillen? Die Essensmarken reichen vorne und hinten nicht, doch auf den Feldern der umliegenden Höfe wachsen Getreide, Gemüse und Obst. Nachts gehen die Menschen los und schneiden heimlich Korn für eine bescheidene Mehlsuppe. Eines Tages erzählt eine Nachbarin der Mutter, sie könne mit ihr zusammen Bohnen pflücken gehen. Die nimmt das Angebot gerne an. Plötzlich kommt ein Mann mit einem Knüppel in der Hand gelaufen und brüllt: «Verfluchte Flüchtlinge!» Entsetzt fragt die Mutter ihre Nachbarin: «‹Was will der denn, Sie haben doch gesagt, das gehört Ihnen.› – ‹Ja›, sagte die: ‹Der liebe Gott lässt für alle wachsen. Wir klauen hier.› Die sind dann um ihr Leben gerannt.»

In Timmendorfer Strand tummeln sich derweil nicht nur arme Flüchtlinge, sondern auch gutbetuchte Gäste aus Hamburg und Kiel, die sich aus den zerstörten Städten in Sicherheit gebracht haben. Die Mittagskarte der «Strandhalle» vom 19. Juni 1945 klingt vielversprechend: Als Vorspeise wird Spargelsuppe angeboten, danach gefüllter Schweinebauch mit Rotkohl und Dampfkartoffeln oder Kohlroulade mit Speck. Als Nachtisch ein kleiner Apfelpfannkuchen. Hier scheint es alles zu geben: echten Bohnenkaffee und Topfkuchen, ab 15.30 Uhr Tanztee mit Bully Buhlan und seiner Kapelle. Eine Flasche Sekt kostet offiziell 14,50 Reichsmark. Bald werden bis zu 400 Reichsmark bezahlt. Denn der Schwarzmarkt boomt auch in Timmendorfer Strand.

Die Unterkunft der Plessows in Klein Timmendorf ist erbärmlich – hier können und wollen sie nicht bleiben. Wieder gehen Helga und ihre Mutter zur Aufnahmestelle. Im November 1945 erhalten sie eine Einweisung in das Hotel Friedrichsruh. Es wird ihr Zuhause für dreizehn lange Jahre.

Zunächst ist die Hotelwirtin über die Zwangseinweisung wenig erfreut. Doch als sie erfährt, dass Helga seit ihrer Kindheit zuckerkrank ist, ändert sie ihre Meinung. Denn auch sie leidet unter Diabetes und hofft, dass Helga ihr hilft, das Insulin zu spritzen. «Das war mein Glück, dass ich zuckerkrank war.»

Mutter und Tochter bekommen ein schönes Zimmer, das allerdings nicht beheizbar ist. Also organisiert Helga eine Öltonne, die von den Engländern weggeworfen wurde, besorgt Schottersteine und Lehm und lässt daraus einen kleinen Herd bauen. Ein junger Mann hilft ihr, ein Loch in den Kamin zu schlagen. Die Vermieter sind entsetzt, doch was können sie tun? Schließlich wird es Winter, die Flüchtlinge sollen nicht erfrieren oder verhungern. Leider funktioniert der Schornstein nicht, der Qualm steht im Zimmer. «Wir waren total verräuchert. Wir stanken wie aus der Köhlerhütte, aber wir mussten ja weiterleben.»

Auch in den anderen Hotels gibt es keine Heizung, denn die Zimmer dienen eigentlich nur zur Sommerfrische. Und die Winter sind kalt. Also besorgen sich die Flüchtlingsfamilien, die teilweise zu sechst in einem Zimmer wohnen, Kochhexen, lange Ofenrohre und ein Blech, das statt des Glases in das Fenster eingesetzt wird. Die Rohre werden durch die ganze Stube gelegt, damit sie so viel Wärme wie möglich abgeben. Alles, was nicht niet- und nagelfest ist, wird verfeuert. Die Beschwerdeliste der Hotelbesitzer ist lang.

Anfang 1946 verschärft sich die Situation abermals. Timmendorfer Strand muss weitere 500 Flüchtlinge aufnehmen. Sie werden in Massenquartieren untergebracht – in den Sälen der großen Hotels und im Hamburger Kinderheim, in dem schon die Plessows Unterschlupf gefunden hatten. Dort stehen jedem Flüchtling 3,1 Quadratmeter zur Verfügung, wie der Arzt Dr. Janke besorgt feststellt. In der Strandhalle hausen unter dem Restaurant 152 Flüchtlinge – pro Flüchtling nur 1,9 Quadratmeter. Dr. Janke schlägt Alarm. Er schreibt an das zuständige Ministerium: Dreißig Prozent der Flüchtlinge sei-

Ruth Annuschies auf dem Pferd, 1949

en krank, es gebe zu wenig Toiletten und kaum Waschgelegenheiten. Das «Warmbad» solle eröffnet werden, «es muss ein Zwang sein, weil manche unlustig sind und sich davor zu drücken suchen». Außerdem möge die Behörde für die Einrichtung einer Wäscherei und einer Flickstube sorgen.

Auch der Lehrer der Timmendorfer Schule Dr. Roloff schreibt einen Brief an die Aufsichtsbehörde. Im Dezember 1946 werden an seiner Volksschule 741 Kinder unterrichtet, im neuen Schuljahr sollen weitere 125 dazukommen. Doch es stehen nur fünf Klassenräume zur Verfügung. «Wir unterrichten jetzt durchgehend ohne jede Pause von 8:00 – 17:35. Jeder Klassenraum wird viermal besetzt. Die Reinigung kann nur abends erfolgen ...» Das Dach ist undicht, die Toiletten sind alt: «Im Augenblick sind alle Aborte eingefroren!»

Daran kann sich Ruth Annuschies indes nicht mehr erinnern. Für sie ist viel wichtiger, dass sie sich mit den anderen Kindern in Timmendorfer Strand gut versteht – denn dass sie ein Flüchtlingskind ist, merken die Einheimischen schon an der Sprache. «Wir sprachen ein bisschen breit. Ein bisschen ostpreußisch eben, und die Holsteiner eben ihren ‹Stolperstein› – daran konnte man schon unterscheiden, wer ein Flüchtling war. Es waren ja überwiegend Flüchtlinge. Nur zwanzig Prozent waren Einheimische.»

«Flüchtlinge hinten anstellen!»

Anfang 1947 erreicht der etwa vierzigjährige Wilhelm Brandenburg Timmendorfer Strand. Er hatte in seiner pommerschen Heimat Rügenwalde eine kleine Wurstfabrik betrieben. Schon bei Kriegsende war ihm klar, dass er nicht mehr zurückkehren würde in die alte Heimat. Als er dann Ende 1946 aus der sowjetischen Gefangenschaft entlassen wurde, hatte er seine Frau und die drei Söhne in Magdeburg wiedergetroffen, wo sie bei Verwandten untergekommen waren. Doch lange hielt es ihn nicht dort. Wilhelm Brandenburg ist ehrgeizig und hat klare Vorstellungen. Bei seinen Verwandten lieh er sich 4000 Reichsmark, versteckte sie am Körper und ging schwarz über die grüne Grenze, um irgendwo im Westen eine neue Fabrik aufzubauen.

In Klein Timmendorf wird er fündig. Eine ehemalige Meierei, in der allerdings noch Flüchtlinge untergebracht sind, scheint ihm für sein Vorhaben gut geeignet. Kurzerhand entschließt er sich zum Kauf. Das restliche Geld, so erzählt er später, habe er sich von einem Freund aus Erfurt geliehen, der es in Samentüten versteckt über die Grenze geschmuggelt hat.

Im April 1947 erhält er von der englischen Militärverwaltung die Genehmigung, das Haus umzubauen. Da noch kein Fleisch verfügbar ist, beginnt er in der Halle der Meierei mit der Herstellung von Fischsalaten. Er fährt jeden Morgen mit dem Rad zum Niendorfer Hafen und kauft Fisch. Ob er sich auch in die Schlange einreihen muss wie die anderen Flüchtlinge, die etwas zu essen haben wollen? Die Fischer am Hafen sind nicht immer freundlich, wie sich Helga Plessow erinnert: «Sie haben uns mit Heringen beworfen! Und sie sagten immer: ‹Flüchtlinge hinten anstellen!›»

Dabei gibt es auch unter den Fischern Flüchtlinge aus Ostpreußen – sie stammen von der Halbinsel Samland. Wilhelm Brandenburg kauft ihnen die Fische ab und verarbeitet sie zu Konserven und Fischsalaten. Durch alte Kontakte aus Rügenwalde gelingt es ihm, die Produkte sogar bis nach Berlin zu verkaufen. Das verdiente

Wilhelm Brandenburg und Familie, 1942

Geld näht er, um sicher über die Grenze zu kommen, in seine Unterwäsche ein. «Er war ein Selfmademan», sagt Hartmut Brandenburg, sein Sohn. «Eine seiner Lebensweisheiten war: Wissen ist Macht. Er hat immer gesagt: ‹Ich habe alles verloren, aber das, was ich im Kopf habe, was ich gelernt habe, das kann mir keiner nehmen.›»

Ein schöner Satz, der aber längst nicht auf alle Flüchtlinge zutrifft. Helga Plessow hat in Oranienburg eine Ausbildung zur Laborantin absolviert – so jemand wird in Timmendorfer Strand und Umgebung nicht gebraucht. Außerdem leidet sie unter ihrem Diabetes. Um wenigstens krankenversichert zu sein, entschließen sich Mutter und Tochter, als Garderobenfrauen im Seeschlösschen zu arbeiten – einem Hotel mit Bar und lukrativem Nachtleben.

Für die Plessows ein sozialer Absturz, denn sie lebten in Oranienburg in guten Verhältnissen. Der Vater arbeitete für die Landesbauernschaft in Berlin, hatte in Nazideutschland Karriere gemacht, war Obersturmbannführer bei der SA und Ratsherr in Oranienburg, bis er 1944 aus der Partei ausgeschlossen wurde. Helga durfte mit achtzehn Jahren ihren Jagdschein machen und sogar den Führerschein.

Sie hatte ein kleines Motorrad und konnte auf dem Gestüt ihrer Cousine reiten lernen.

Jetzt besitzen sie nichts mehr. Der Vater ist im Gefängnis in Sachsenhausen inhaftiert, später in Waldheim, Torgau, Bautzen. Und die Mutter verkraftet es nur schwer, als Garderobenfrau arbeiten zu müssen. «Sie hat bittere Tränen geweint. Aber in dieser Not, was sollten wir machen? Du warst einfach ein Nichts und wolltest überleben.»

Der Verdienst ist mickrig: 20 Pfennig pro Mantel. Manchmal, wenn die Leute im Sommer ihre Garderobe nicht abgeben, sind es nur 2 Pfennig in der Stunde. Am nächsten Tag fegen sie den Saal aus: macht 20 Pfennig zusätzlich. Nichts wird ihnen geschenkt. Sogar den Kaffee, den sie während der Arbeitszeit trinken, müssen sie selbst bezahlen.

Für Helga Plessow ist der Schwarzmarkt die Rettung. Denn irgendwann kann der Apotheker kein Insulin mehr besorgen. Was tun? Auf dem Schwarzmarkt kostet eine Ampulle 200 Mark – das muss erst einmal verdient sein. Also fährt Helga nach Lübeck, besorgt sich mit dem Geld, das sie noch haben, Zigaretten, die sie dann als Garderobenfrau verkaufen will. Für eine Packung Zigaretten kann man zwischen 150 und 170 Reichsmark bekommen. Doch die Polizei kontrolliert die Busse.

«Dann hieß es: ‹Halt Polizei!› Und man hat den alten Leuten, die sich ein Pfund Butter oder ein halbes Pfund Butter oder irgendwas gekauft hatten, alles abgenommen. Nun kannte ich aber den Fahrer, und der hatte so einen hydraulischen Sitz, den er hochkommen ließ – er sagte, ich solle meine Aktentasche da mal reinpacken.»

Helga ist nicht auf den Mund gefallen, charmant, jung und hübsch. Als sie von der Polizei gefragt wird, was sie denn in Lübeck gemacht habe, antwortet sie, sie sei beim Arzt gewesen wegen ihres Diabetes. Später holt sie sich ihre Aktentasche mit all den Lucky Strikes vom Busfahrer wieder ab. «Dann bin ich nach Hause und konnte abends als Garderobenfrau wieder munter Zigaretten auf dem Schwarzmarkt verkaufen.»

Timmendorfer Strand wird damals auch «Strandbad mit Reeper-

bahn» genannt: In den Nachtlokalen feiern die Reichen aus Hamburg, Lüneburg und Bremen und tragen ihre Pelze zur Schau. 1947 berichten die Zeitungen von Zimmerpreisen bis zu 3000 Reichsmark pro Nacht. Wer vierzehn Tage Urlaub machen will, muss sechs Pfund Fleisch ohne Knochen, sechs Pfund Fett und eine Flasche Kognak mitbringen. Die wird übrigens in der Bar für 450 Mark angeboten.

«Die Schwarzhändler hatten furchtbar viel Geld. Und plötzlich waren Sekt und Champagner da. Ich weiß nicht, wo das alles herkam. Und Weine! Eine Flasche Wein kostete 80 oder 100 Mark, eine Zigarette sechs bis zehn.» Am 7. August 1947 findet in Scharbeutz,

Niendorf und Timmendorf eine Großrazzia statt. Sechshundert Beamte sind im Einsatz; Punkt 23.30 Uhr betreten sie sieben überfüllte Bars und Luxuslokale. In einer der Bars werden 500 Flaschen Sekt, in einer weiteren 2100 Flaschen Weißwein und 412 Flaschen Rotwein beschlagnahmt.

Die Beamten filzen auch die Bar des Seeschlösschens, wo Helga und ihre Mutter an diesem Abend arbeiten. «Ich saß vorne in der Bar und musste kassieren und Garderobe machen. Ich hatte aber auch eine Stange Ami-Zigaretten bei mir. Und auf einmal hieß es: ‹Razzia, Razzia, Razzia!› Ein Geschrei und Gerenne. ‹Keiner verlässt den Raum.› Es war Panik, und ich saß mit meinen Zigaretten da.»

Helga reißt kurzerhand die Packungen auf und steckt die Zigaretten einzeln in die Manteltaschen der Gäste. Die Verpackungen versteckt sie hinter der Heizung. «Dann habe ich eine Schachtel genommen und mir eine Zigarette angesteckt.» Die Schwarzhändler werden abgeführt und mit einem Lkw zur Wache gebracht. «Und alle, die übrig blieben und sich in der Bar von dem Schock erholten, die fragten mich dann: ‹Haben Sie Zigaretten?› Ich habe da wunderbar verdient. Ich habe an dem Abend einen Großteil meines Insulins verdient.»

«Rückkehr wäre die beste Lösung»

Im gleichen Jahr besucht ein Reporter der «Lübecker Nachrichten» Timmendorf. In seinem Artikel zitiert er den Gemeindedirektor, der ihm erzählt, dass auf 100 Einwohner 370 Flüchtlinge kommen. Er besucht die Massenquartiere, beschreibt die ausgemergelten Gestalten, deren Kleider oft nur aus Lumpen bestehen. Ein Flüchtling erzählt ihm, dass er nachts nicht schlafen kann, weil unten im Haus bis zum nächsten Morgen Barmusik gespielt wird und das Geschrei der Betrunkenen und der Weiber zu hören ist. Das ist die Kehrseite: Luxus und Armut dicht an dicht.

Am 1. Februar 1948 leben hier 8692 Flüchtlinge und nur 2657 Einheimische. Im gesamten Kreis Eutin ist die Bevölkerungszahl seit Kriegsausbruch um mehr als 120 Prozent gestiegen. «Die Alteingesessenen fühlen sich in ihren Lebensrechten in starkem Maße beengt und beginnen, die Flüchtlinge als lästige Einwanderer anzusehen», heißt es in einer Stellungnahme der Kreisverwaltung im April 1948.

Unterdessen versucht die Gemeinde Timmendorf zaghaft, einen Ausgleich zwischen Arm und Reich zu schaffen – etwa durch Akquise von Geldern für den Schulspeisungsfonds. Auf einer Gemeindesitzung im Juli 1948 – also kurz nach der Währungsreform – wird den Gaststätten und Geschäften, die Wein verkaufen, empfohlen, 50 Pfennig Aufschlag auf jede Flasche zu erheben. Man regt an, eine «Hockerspende» von 1 DM von den Gästen zu verlangen, die nach der Sperrstunde noch weitertrinken wollen. Und an der Kinokasse soll eine Büchse für eine freiwillige Spende aufgestellt werden.

Nun arbeitet auch die Kurverwaltung wieder. Immer mehr Touristen zieht es an die Ostsee – in der Zeit vor der Währungsreform werden 2400 Badegäste gezählt, nach der Währungsreform sind es schon 4200. Im August 1948 schließlich sind die 47 Hotels und Pensionen in Timmendorfer Strand restlos belegt. Und die Hoteliers wollen ihre Zimmer wieder an Badegäste vermieten. Immerhin bringen Sommergäste mehr Geld in die Kasse als die Flüchtlinge. Es wird Zeit, dass «die aus dem Osten» endlich eine neue Bleibe finden. Die Zimmer sehen schlimm aus, sind verwohnt, alles muss renoviert werden. Aber wohin mit ihnen?

Im Januar 1949 schließen sich 36 Hotel- und Pensionsbesitzer aus Timmendorfer Strand und Niendorf zur «Gastro-Bauselbsthilfe-Gesellschaft m.b.H.» zusammen. Sie wollen mit geringen Eigenmitteln, mit Geldern des Landes und durch Vermittlung von Krediten eine Siedlung für die Flüchtlinge bauen lassen. Schon im selben Frühjahr ist das erste Haus fertig: Kurze Zeit später zeigen die Außenwände Risse, Regenwasser dringt in die Wohnung, die Toilette hat keine Wasserspülung, der Gestank aus der Sickergrube ist unbeschreiblich, die Fenster sind undicht.

Ein Journalist der «Lübecker Nachrichten» fragt sich, ob es überhaupt sinnvoll ist, Flüchtlinge hier siedeln zu lassen. Er plädiert für eine großzügige und planvolle Umsiedlung: «Die Rückkehr in die Heimat wäre die beste Lösung.» Und tatsächlich werden im September 1949 fast 170 Flüchtlinge aus Timmendorfer Strand und Niendorf zwar nicht in die alte Heimat, aber nach Württemberg umgesiedelt.

Doch viele Menschen wollen hierbleiben. Die Landschaft erinnert sie an ihre frühere Heimat. Und sie sind froh, endlich wieder in eigenen vier Wänden leben zu können, auch wenn die Verhältnisse bescheiden sind. Familie Annuschies gehört zu den Ersten, die in die Siedlung einziehen. «Wir mussten immer, wenn wir zur Toilette gingen, aus der Haustür raus, über den Garten zum Plumpsklo», erzählt Ruth Annuschies. «Das war natürlich im Winter nicht so angenehm.»

Noch ist es nicht ihr eigenes Heim, in das sie ziehen. Herr Hagemann, bei dem sie vier Jahre gewohnt haben, hat ihnen eine kleine Wohnung als Untermieter bei einer anderen Flüchtlingsfamilie vermittelt. Angenehmer Nebeneffekt für den Lebensmittelhändler: Er hat wieder ein Zimmer mehr.

Auch für Wilhelm Brandenburg geht es bergauf. Endlich gibt es Fleisch. Brandenburg stellt sieben Flüchtlinge ein und beginnt mit der Produktion von Würsten, die er im Hausflur verkauft. Ende 1949 holt er mit einem Lieferwagen samt Fahrer seine Familie an der Zonengrenze ab. Hartmut Brandenburg ist der jüngste der drei Söhne, damals acht Jahre alt: «Wir sind richtig offiziell ausgereist aus der DDR. Und dann mit einem Bus bis Marienborn gefahren, dem Grenzübergang bei Helmstedt. Dort sind wir ausgestiegen und dann zu Fuß rübergegangen: Und auf der anderen Seite, der Westseite, wartete mein Vater.»

Der hält einen Blumenstrauß in der Hand. Endlich ist die Familie wieder beisammen – mit einem Fotoapparat wird das Ereignis dokumentiert.

Von Marienborn aus geht es dann nach Klein Timmendorf in die neue Heimat. In der ehemaligen Meierei werden im Erdgeschoss schon fleißig Würste produziert, unter dem Dach hat der Vater eine

Wilhelm Brandenburg holt seine Familie in Helmstedt ab, 1949

kleine Wohnung eingerichtet. «Das war gemütlich. Ich habe bei meinen Eltern im Schlafzimmer geschlafen. Es war natürlich alles sehr winzig. Eine ganz kleine Küche mit rotkarierten Vorhängen. Aber ich habe mich dann sehr wohl gefühlt.»

Unter der Treppe, die zum Fertigungsraum führt, stehen ein kleiner Schreibtisch und ein schmales Regal mit Aktenordnern – das ist das Büro des Vaters. Im rechten Flügel des Gebäudes wohnt noch eine Flüchtlingsfamilie. Dort plant der Vater bald einen Laden einzurichten, ähnlich dem in Rügenwalde. «Stillstand gab es für meinen Vater nicht. Er hat ständig gearbeitet und überlegt, wo er noch irgendwas Wichtiges für den Betrieb eintauschen oder kaufen kann.»

Nicht nur die Rügenwalder Teewurst gehört zum Sortiment, Brandenburg und seine Mitarbeiter produzieren auch Leberwurst und Blutwurst. Die wird gekocht. In der Nachbarschaft spricht sich schnell herum, wann «Wurstkochtag» ist. Dann bilden sich vor der Tür lange Schlangen, und die Menschen warten mit einem Marmeladeneimer in der Hand auf die Wurstbrühe, die billig und nahrhaft ist. Darunter viele Flüchtlinge aus der nahegelegenen «Gastro-Siedlung». «Es war ja nur ein provisorisches Verkaufslokal, dort bei meinem Vater unter der Treppe. Da wurde die Wurstbrühe ausgeschenkt an die sehnsüchtig wartenden Menschen. Die Fettaugen, die auf der Brühe schwammen, waren in der damals fettarmen Zeit eine willkommene Sache.»

Rügenwalder Teewurst

Tee ist nicht darin. Und sie kommt auch nicht aus den Wäldern der Ostsee-Insel Rügen, sondern aus der Stadt Rügenwalde, die heute Darłowo heißt und in der polnischen Woiwodschaft Westpommern liegt. Das preußische Seebad Rügenwalde war Mitte des 19. Jahrhunderts eine boomende Handelsstadt, hier war der Sitz der größten Reederei Pommerns, mit über 40 Schiffen. Gehandelt wurde vor allem mit Fisch- und Fleischwaren. In einer der ansässigen Fleischwarenfabriken wurde auch die Teewurst erfunden. Der Name, so verrät eine der dazu kursierenden Legenden, käme daher, dass die Rügenwalder Metzger statt süßen Gebäcks zum Nachmittagstee ihre Wurst bevorzugten. Eine andere Legende erzählt, man habe die zarte Streichwurst bewusst mit dem Attribut «Tee» versehen, weil das – an hochherrschaftliche englische Gebräuche erinnernd – als Auszeichnung für besonders feine Spezialitäten galt. 1927 wurde der Name «Rügenwalder Teewurst» als geographische Herkunftsbezeichnung geschützt, bis 1945 war sie zur bekanntesten Spezialität der Rügenwalder Fleischindustrie geworden. Die Ende des Krieges gen Westen geflohenen Wurstfabrikanten gründeten in der Bundesrepublik neue Betriebe und schlossen sich zum Verein ehemaliger Rügenwalder Fleischfabrikanten zusammen, der heute Inhaber der Wortmarke «Rügenwalder Teewurst» ist. Nur Unternehmen, die ehemals in Rügenwalde angesiedelt waren, dürfen diese Markenbezeichnung verwenden. Aber was ist denn nun eigentlich drin in der Teewurst, wenn es

Tee nicht ist? Schweinefleisch, auch mal Rindfleisch, Speck und Gewürze, alles über Buchenholz geräuchert und in Milchsäuregärung gereift – nach alter pommerscher Tradition.

Es geht bergauf

1949 erhält Timmendorfer Strand die Bezeichnung «Heilbad». Am Strand begeistert die erste Modenschau rund zweieinhalbtausend Besucher. Es gibt Kinderfeste und Kurkonzerte. Am Ende des Jahres werden 165 000 Übernachtungen gezählt. Im Seeschlösschen wird ein Spielkasino eröffnet, und wer an den Strand will – ob Gast oder Einwohner –, muss Kurtaxe bezahlen. Flüchtlinge und andere, die sich diesen Luxus nicht leisten können, dürfen nur noch außerhalb der Saison den Strand genießen – oder außerhalb der abgesteckten Zone. Die Armut verschwindet aus dem Blickfeld, aber nicht aus der Welt.

«Es gab Flüchtlinge, die nicht so viel Glück hatten und arbeitslos waren und von irgendwelchen Unterstützungsgeldern leben mussten, die natürlich sehr gering waren. Ich selbst habe es in meiner Klasse in der Grund- und Volksschule erlebt, dass da Kinder in Hauspantoffeln zur Schule kamen, auch im Winter. Das hat uns leidgetan», erinnert sich Hartmut Brandenburg.

Brandenburgs Firma expandiert. 1950 hat er schon 90 Angestellte.

Er eröffnet den Laden, von dem er schon so lange geträumt hat. Ein Jahr später werden 5200 Schweine und 1500 Rinder zu sechs Millionen Würsten verarbeitet. 6500 Feinkost- und Lebensmittelgeschäfte werden beliefert. Auf der Anuga-Messe in Köln ist er mit einem eigenen Stand vertreten. Und er lässt einen «Thermolaster» bauen, in dem die Würste im Winter wie im Sommer die richtige Temperatur haben. Ein Lastwagen, der Aufsehen erregt.

Die Mitarbeiter der Firma Brandenburg, 1950

«Der wurde dann auch einmal zweckentfremdet für eine Urlaubsfahrt über den Sankt Gotthard zum Lago Maggiore, dort haben wir herrliche Ferien verbracht.» Der Vater schlägt drei Fliegen mit einer Klappe. Die Familie fährt in Urlaub, für die Kinder ist es ein Abenteuer, und der große Laster mit der riesigen Aufschrift ist die weithin sichtbare rollende Reklame für seine Produkte.

Von den Mitarbeitern im Betrieb wird viel verlangt. Etwa neunzig Prozent sind Flüchtlinge. Sie schuften auch an den Wochenenden und bis spät in die Nacht – ohne Überstundenzuschlag. «In unserer Hauptsaison zu Weihnachten ging es durchaus auch schon mal nachts bis um drei. Es gab Leute, die haben sogar in der Holzwolle geschlafen und morgens wieder angefangen. Das darf man ja gar nicht laut erzählen, da sträuben sich jedem Gewerkschaftler oder Hygieniker natürlich heute die Haare.»

Und Hartmut Brandenburg hilft mit, packt die Waren auf den Laster und fährt mit zum Bahnhof. Die «Fresswelle» überrollt das Land: «Man hat uns die Wurst aus der Hand gerissen!» Die Menschen wollen sich endlich wieder satt essen: Auf die schlanke Linie wird keine Rücksicht genommen. Auch Hartmuts Eltern sind keine Kostverächter …

Viele der Arbeiter wohnen in der «Gastro-Siedlung», die, ganz in der Nähe der Meierei, immer weiter wächst. Insgesamt werden hier 21 Einzelhäuser und 15 Doppelhäuser errichtet und an Flüchtlingsfamilien verkauft. 1951 kann auch die Familie Annuschies in ihr eigenes Haus einziehen. Insgesamt kostet es 16289 DM – finanzieren können sie es mit Hilfe eines Landesdarlehens, einer Hypothek, dem Aufbaudarlehen und einem Zuschuss der Gastro GmbH von 645 DM. Dazu kommen Eigenleistungen im Wert von 843 DM. Dass die Hotel- und Pensionsbesitzer die Siedlung finanziert hätten, wie der Name «Gastro-Siedlung» vermuten lässt, ist also ein Trugschluss.

Auch das Haus der Familie Annuschies hat ein Plumpsklo, das Wasser fließt noch nicht aus dem Hahn, Ruth muss es aus dem

Brandenburgs Thermolaster, 1951

Brunnen im Garten holen. Aber immerhin kommt der Strom aus der Steckdose.

Bevor Ruth Annuschies in diese Siedlung zog, hatte sie viel Kontakt zu einheimischen Kindern, schließlich wohnte sie beim Lebensmittelhändler Hagemann in der Innenstadt, sie spielte mit der Tochter vom Kurdirektor und mit der vom Kaufmann. Das ist seit 1949 vorbei. Nun lebt sie hier in einem abgeschotteten Neubauviertel weit weg vom Strand und abseits der Einkaufsmeile. Man erkennt schon an den Straßennamen, wer hier wohnt: Königsberger und Posener Straße. Bei den Timmendorfern heißt die Siedlung fortan Klein Moskau.

Diese Schmach lassen die Jugendlichen aus der Siedlung nicht auf sich sitzen. «Wir waren hier in der Siedlung im Sport sehr gut. Wir hatten einen jungen Mann, in unserem Alter, der uns trainiert hat. Und die Klein Moskauer waren natürlich besser als die Timmendorfer. Denn wir haben es immerhin geschafft bis zu den Bundesjugendspielen nach Kiel. Das heißt schon was.»

Ins «Reichenviertel»!

Die Erfolgsgeschichte der Rügenwalder Teewurst spricht sich auch bei anderen Wurstherstellern herum. Auch sie wollen ein Stück vom Kuchen und kopieren die Etiketten so, dass sie denen des Originals zum Verwechseln ähnlich sind. Als Folge schließen sich vier Wurstfabrikanten, die aus Rügenwalde stammen, zusammen und klagen bis zum Karlsruher Verfassungsgericht. Dort wird 1955 entschieden, dass nur derjenige Rügenwalder Teewurst herstellen und sie so nennen darf, der wirklich in Rügenwalde ansässig war. Ein Erfolg der Vertriebenen.

Helga Plessow arbeitet – zusätzlich zu ihrem Job im Seeschlösschen – tagsüber auch in der Kurverwaltung, natürlich nur im Sommer. 1952 wird ihr angeboten, in der neugebauten Trinkkurhalle den Gästen Timmendorfer Meerwasser, das den schönen Namen TIMA-

RE erhalten hat, zu verkaufen. Die Erinnerung an die Eröffnung ist sehr präsent: «Bei der Einweihung, das werde ich nie vergessen, gab es Meerwasser umsonst. Die Menschen haben sich um dieses Meerwasser gerissen! Wenn sie vielleicht 20, 30 und 50 Pfennig bezahlt hätten, dann hätten sie es nicht getrunken. Es war recht amüsant.»

Ihr selbst schmeckt dieses Wasser nicht. Doch sie hält kleine Vorträge über seine Heilwirkung – schließlich hatte sie in Oranienburg in einem Institut für Nahrungsmittelchemie gearbeitet. In der Trinkkurhalle kann man es kaufen, inhalieren oder schlückchenweise zu sich nehmen – und derweil in der lichtdurchfluteten Lesehalle eine Zeitung lesen und die Ruhe genießen.

Ein angenehmer Arbeitsplatz. Doch im Winter ist Helga immer arbeitslos. Sie bewirbt sich in der Verwaltung, macht Fortbildungen, lernt Stenographie, Buchhaltung und Schreibmaschine, geht zur Wirtschaftsoberschule. Und sie hat Glück: Im Timmendorfer Rathaus bekommt sie eine Anstellung im Sozialamt. Endlich eine feste Stelle! Dort trifft sie auch Vertriebene, die ihren Lastenausgleich beantragen.

«Das war ja auch mitunter kurios. Wenn ich dann über den Flur gegangen bin, saßen die Leute da, und dann sagte einer: ‹Also, das will ich dir sagen, das Haus war nicht strohgedeckt, das war mit Ziegeln gedeckt, das gibt dann mehr. Verstehst du das?!› Das war köstlich manchmal.»

Einen Lastenausgleich erhalten diejenigen, die nachweisen können, dass sie in der alten Heimat Grundstücke, Häuser oder Fabriken besaßen. Doch der Nachweis wird streng überprüft. Manchmal werden Zeugen berufen, die eidesstattlich erklären müssen, in welchem Zustand das Anwesen war. Und mancher Zeuge wird kurz zuvor noch «instruiert» …

Helga und ihre Mutter sind mittlerweile in ein kleines Nebenhaus des Hotels Friedrichsruh gezogen. Der Vater wird 1956 aus den DDR-Gefängnissen entlassen. Nun ist die Familie wieder zusammen. Sie wollen in Timmendorfer Strand bleiben und bemühen sich um einen Bauplatz. Eine Freundin und Verwandte leihen ihnen Geld, sie be-

1959: Das Haus der Plessows ist fertig

antragen verschiedene Kredite und fangen an zu bauen. Sie bauen
zwei lange Jahre an ihrem neuen Haus, denn vieles machen sie selbst.
Und dann ist der Tag des Einzugs da.

«Als wir fertig waren, hatten wir natürlich kein Mobiliar. Da war
dieses Möbelhaus. Dort haben wir versucht, auf Kredit zu kaufen, die
waren sehr nett – auch Flüchtlinge. Von meiner Freundin kriegten wir
einen kleinen Tisch und von einer Kollegin, die selbst ausgebombt
war, kriegten wir einen Stuhl.»

Trotz aller privater Hilfe müssen sie nun die Kredite langsam
abstottern – 58 000 DM Schulden zu haben ist für die Eltern das
Schlimmste. Man macht keine Schulden, heißt es. Also werden die
Räume im oberen Geschoss in den Sommermonaten vermietet – die
Eltern hausen in dieser Zeit im Keller, Helga schläft auf dem Sofa im

961 Kilometer Därme: Brandenburgs erfolgreiches Jahr 1951

Produktionsziffern aus dem Jahre 1951

verarb. Schweine   **verarb. Rinder**

   5.2oo Stück.   1.5oo Stück

     loo Stück wöchentl.   3o Stück wöchentl.

verarb. Därme

   961.17o mtr.

   entspricht einer Entfernung von
   Königsberg bis AAchen.

Wurstwaren in kg

   65o.ooo kg

   entspricht ca. 6 Millionen Würste.

Versand

1oo.ooo Stck. = 340 Stck. täglich

Timmendorfer-Strand, den 24.Dezember 1951

Wohnzimmer. Sie kann erst ins Bett gehen, wenn die Gäste sich zurückziehen.

So können sie die Kredite schnell abbezahlen. Aber sie spüren auch den Neid der Einheimischen. Denn in diesem neugebauten Viertel gibt es Straßenbeleuchtung! Außergewöhnlich für Timmendorf im Jahr 1958. Bald heißt es, das sei das «Reichenviertel» der Flüchtlinge. «Wir hatten ja fließend Warm- und Kaltwasser. Hatten ja viele nicht. Die haben uns das geneidet: ‹Alles verloren, und jetzt blähen sie sich hier auf.› Wir wurden auch beschimpft und all das. Ganz klar. Der Neid war sofort wieder da.»

Auch die Brandenburgs bauen. Neue Fertigungshallen, ein großer Kühlraum, eine Räucherei, Wasch-, Dusch- und Umkleideräume für die Belegschaft entstehen. 1958 bezieht auch die Familie eine neue Wohnung. Nicht etwa irgendwo im Grünen oder schön am Meer gelegen – sondern direkt über der Fertigungshalle im sogenannten Südbau. So hat der Vater alles unter Kontrolle.

«Mein Vater hat sich selbst alles abverlangt. Arbeitszeiten und dergleichen kannte er nicht, er hat sich selbst hart in die Pflicht genommen, und das hat er von anderen auch verlangt. Wenn dann um sechs Uhr morgens nicht der Kutter anlief – ein Mordsgeräusch, da vibrierte alles –, dann war er unten, noch im Morgenmantel, und hat nach dem Rechten geschaut.»

Die Firma Brandenburg ist bald der größte Arbeitgeber am Ort.

Die Flüchtlinge mit ihrem Fleiß und Durchsetzungsvermögen haben das Leben in Timmendorfer Strand verändert. Anfang der sechziger Jahre ist von den Konflikten zwischen Einheimischen und Neubürgern nicht mehr viel zu spüren. Man hat sich aneinander gewöhnt.

Helga Plessow arbeitet fünfunddreißig Jahre im Sozialamt. Hartmut Brandenburg wird seinen Traum, Architekt zu werden, nicht verwirklichen, sondern steigt in die Firma seiner Eltern ein. Ruth Annuschies lernt Verkäuferin und arbeitet später bei einem Reiseunternehmen. Drei Flüchtlinge, die in Timmendorfer Strand heimisch geworden sind.

Henning Burk

Eva Petto und Franz Bachert:
«Wir galten als Zigeuner»

Oktober 1944. In den deutschen Siedlungsgebieten Serbiens, in der Bačka, in Syrmien und im Banat, herrscht Angst. Die russische Front rückt aus Rumänien näher. Die Überfälle durch Partisanen mehren sich. Die deutsche Wehrmacht beschließt, die Donauschwaben, die seit bald zweihundert Jahren in dem ländlichen Gebiet leben, zu evakuieren. Unter den jungen Flüchtlingen sind Eva Petto, geboren 1929, und Franz Bachert, geboren 1928. Eva Petto stammt aus Indija, dreißig Kilometer nördlich von Belgrad. Auch Franz Bachert ist in Indija geboren, wohnt aber seit seinem zweiten Lebensjahr in Belgrad. Lange Irrfahrten durch Deutschland führen beide schließlich in ein Stuttgarter Barackenlager – auf der Schlotwiese müssen tausendzweihundert Donauschwaben jahrelang eng zusammengepfercht hausen, bis sie in eine große Wohnblocksiedlung am Rotweg ziehen können. Dort leben Eva Petto und Franz Bachert noch heute.

Zu Kriegszeiten leben Franz Bacherts Eltern in Belgrad. Er selbst besucht mit seinem Bruder zunächst die deutsch-serbische Volksschule, dann ein serbisches und schließlich das deutsche Gymnasium. Während er zu Hause Deutsch spricht, ist die Unterrichtssprache Serbisch. Eva Pettos Eltern leben in Indija. Sie wohnen dort in einer schmalen Straße, die nicht geteert ist. Wenn Eva Petto von ihrer Heimat zu erzählen beginnt, kommt sie ins Schwärmen, so lebendig sind die Erinnerungen: «Überall war Staub. Wir Kinder konnten im Sommer barfuß herumspringen. Bei Regen gab es nie einen Kälteeinbruch – wenn er aufhörte, wurde es gleich wieder warm. Wir

Franz Bachert,
Anfang der
vierziger Jahre

sind dann schnell raus und tobten in den Wasserlachen, die sich ge-
bildet haben.»

Deutsche leben seit dem 18. Jahrhundert in Indija. Als Erste sind
Bauern dorthin gezogen, die man angeworben hatte, um das ent-
völkerte Land zu besiedeln, urbar zu machen und vor Angriffen zu
schützen – denn das Land, das damals zu Österreich gehörte, war
durch die Türkenkriege verwüstet.

Bis zum Zweiten Weltkrieg pflegen in Indija verschiedene Volksgruppen eine gute Nachbarschaft: Serben, Kroaten, Ungarn, Slo-
wenen und Donauschwaben. Von den achttausend Einwohnern
sind sechstausend Deutsche – als Kind beherrscht Eva Petto kein
Serbisch, sie lernt es als Amtssprache in der Schule. Franz Bachert
spricht noch heute mit sich selbst auf Serbisch, um die Sprache nicht

zu verlernen – es sei immer gut, mehrsprachig zu sein, meint er. Nach dem Krieg, in Stuttgart, ist er gelegentlich als Dolmetscher tätig, und in seinem Lebensmittelgeschäft kaufen viele serbische Arbeiter ein.

Als im April 1941 die deutsche Wehrmacht Jugoslawien besetzt, ist in Indija davon zunächst kaum etwas zu spüren: «Der Bürgermeister hat die Bürger zusammengerufen und gesagt, wenn etwas passiert, hilft jeder jedem. Das war dann auch so», erinnert sich Eva Petto. Die Lage ändert sich schlagartig, als ein deutscher Motorrad-Vortrupp in einen Hinterhalt gerät und alle erschossen werden. Die Wehrmacht verkündet sofort, dass für jeden Deutschen zehn Serben sterben würden. Man holt sie wahllos aus ihren Wohnungen, egal ob sie an dem Attentat beteiligt sind oder nicht.

So beginnt unter den betroffenen serbischen Familien der Hass auf die Deutschen, auch auf die Donauschwaben in Indija: «Es war eine schlimme Zeit. Im Sommer haben die Partisanen die Bauern, die aufs Feld rausgefahren sind, immer öfter überfallen», sagt Eva Petto. «Einem Mann, der während der Heimfahrt auf dem Wagen saß, schnitten sie die Kehle durch. Man durfte nur noch in militärischer Begleitung raus aufs Feld. Nachts haben die Partisanen mit Fackeln die Garben angezündet, um die Ernte zu vernichten. An den Bahngleisen haben sie Sprengkörper angebracht und gezündet. Viele Züge sind entgleist. Einer sogar zwischen uns und unserem Nachbarort. Acht deutsche Soldaten sind dabei ums Leben gekommen. Sie wurden in Indija beerdigt.»

Immer mehr Serben schließen sich den Partisanen an. Die Deutschen, die nicht zum Militär eingezogen werden, gründen zu ihrer Sicherheit eine Heimatwacht. Nachts gehen sie auf Streife. Als die Front 1944 immer näher rückt, werden alle Deutschen aufgefordert, das Land in Richtung Deutschland zu verlassen. Zuerst werden die Jugendlichen aus Belgrad evakuiert, auch Franz Bachert und fünf seiner besten Freunde. Gemeinsam kommen sie an den Semmering in den österreichischen Alpen, wo sie in Hotels sudetendeutsche Schulklassen betreuen müssen.

«Wir haben uns gewehrt»

Eva Petto ist gerade fünfzehn Jahre alt, als sie im Oktober 1944 mit ihrer Mutter und ihrer Schwester evakuiert wird: «Der Zug, in dem ich mit meiner Mutter war, bestand nur aus Viehwaggons. Es gab keine Personenwagen. Am 7. Oktober ging es los. Mitten im Wald riss die Hälfte des Zugs ab. Die Lok fuhr mit dem vorderen Teil weiter zum nächsten Ort. Wir blieben zurück. Wir mussten uns ganz still verhalten, nachts kein Feuer machen. Wir hörten Partisanen singen. Sie waren ganz in unserer Nähe. Wir hatten Glück, dass sie uns nicht entdeckt haben. Gott sei Dank hat uns am nächsten Tag eine Lok abgeholt, und es ging weiter über Fünfkirchen (Pécs) in Ungarn nach Wien.»

In Wien müssen sie sofort den Zug verlassen: Fliegeralarm! Eva sieht, wie es ein Mann nicht mehr rechtzeitig bis zum Bunker schafft und ums Leben kommt. «Wir bekamen einen heißen Tee, und es ging weiter über die Tschechoslowakei. Inzwischen waren wir bereits zehn Tage unterwegs. Schließlich fuhren wir weiter rauf bis nach Preußisch Stargard, in die Nähe von Danzig.»

In Stargard werden die Donauschwaben in einem Barackenlager untergebracht. Jede Baracke hat nur einen einzigen Raum mit vier Reihen Stockbetten für hundertzwanzig Menschen. «Nachts wurde es in der Baracke immer sehr unruhig. Ich machte da zum ersten Mal Bekanntschaft mit Wanzen, die in den Bettschlitzen residierten.»

Erst Ende November 1944 kommt auch Eva Pettos Vater nach – er musste das Vieh nach Wien bringen. Aber auch in Stargard rückt die Front unaufhaltsam näher: «Mitte Januar war der Kanonendonner unüberhörbar geworden, und wir mussten wieder weg. Zu meiner Cousine und meiner Oma in Österreich konnten wir nicht. Da waren schon die Russen. Also blieb uns nur, mit den anderen Landsleuten nach Deutschland zu gehen.»

Wieder müssen sie in Viehwaggons ausharren. Über Berlin, wo sie durch Fliegeralarm aufgehalten werden, geht die Reise nach Heiligenstadt in Thüringen. Dort werden sie zunächst in einer Turnhalle un-

tergebracht und schließlich auf die umliegenden Ortschaften verteilt. Die Familie Petto wird in Heuthen, zwanzig Kilometer von Heiligenstadt entfernt, bei einer Familie einquartiert, die eine Schreinerwerkstatt besitzt. Da der Mann an der Front ist und Evas Vater von Beruf Schreiner, kann er in der Schreinerei arbeiten. Evas Mutter hilft auf dem Feld mit, sie selbst im Haushalt der Familie, die einen kleinen Laden hat. In die Schule kann sie nicht mehr – die nächste höhere Schule ist zu weit entfernt. So bleibt die Familie bis Kriegsende in Heuthen.

Auch Franz Bacherts Aufenthalt am Semmering dauert nicht lange. Denn hier ist die Rote Armee schon weit vorgerückt. Die sechs

Freunde organisieren einen Bauernwagen und fliehen nach Passau – unterwegs melken sie auf dem Feld Kühe, klauen Hühner, schlachten und braten sie. Zwei bis drei Wochen brauchen sie von Semmering bis Linz. Dort kommen sie schließlich bei einem Bauern unter.

Nach der Kapitulation am 8. Mai 1945 beschließen die Donauschwaben, wieder in ihre Heimat zu fahren. Acht Tage nachdem die Amerikaner Thüringen den Russen übergeben haben, verlässt der erste Transport Heiligenstadt. Eva Petto erinnert sich noch sehr gut daran: «Ein paar jugoslawische Kriegsgefangene waren mit an Bord. Die waren so glücklich, dass sie heimkönnen. Sie stiegen auf die Dächer des Zugs und führten Freudentänze auf. Einer fuchtelte mit seinem Säbel so herum, dass er die Starkstromleitung berührte. Eine Flamme schoss aus ihm heraus, und er war tot.»

In ganz Deutschland sind die Bahngleise zerstört, die Züge müssen ständig Umwege fahren. Schließlich hält der Zug, in dem die Familie Petto unterwegs ist, in Stuttgart-Bad Cannstatt, in der amerikanischen Besatzungszone. Der Transportführer versucht zwar mit einem amerikanischen Offizier über die Weiterfahrt zu verhandeln, aber der lehnt strikt ab – für die Donauschwaben gebe es kein Zurück nach Jugoslawien. Sie müssen alle aussteigen. «Wir haben uns gewehrt», erzählt Eva Petto, «daraufhin hat der Offizier einen Satz gesagt, den ich bis heute nicht vergessen habe: ‹Ihr werdet uns noch einmal dankbar sein, dass wir euch nicht nach Hause gelassen haben.› Wir konnten das natürlich nicht verstehen. Wieso soll man glücklich sein, wenn man nicht in seine Heimat darf? Aber wir wussten ja nicht, was mit den Deutschen, die da unten geblieben sind, passiert war.»

Nach Kriegsende sucht Franz Bachert seine Eltern – ein ganzes Jahr lang hat er nichts mehr von ihnen gehört. Er besitzt nur die Adresse eines entfernten Verwandten in Hamburg. Als Bachert bei ihm auftaucht, ist dieser von dem überraschenden Besuch wenig begeistert. Doch zum Glück erreicht ihn dort nach drei Wochen die Nachricht, dass seine Eltern sich in Stuttgart im Barackenlager auf der Schlotwiese aufhalten. «Es war die pure Freude, meine Eltern und meinen Bruder wiederzusehen.»

Franz Bacherts Eltern ist dasselbe widerfahren wie der Familie Petto: Auch sie wollten von Thüringen aus mit einem Zug, den die Russen zur Verfügung stellten, Richtung Heimat fahren. Doch in Stuttgart war ebenfalls Endstation: «Jahre später noch hatten meine Eltern und Großeltern die Hoffnung, wieder nach Hause zu kommen. Aber als sie erfahren haben, wie viele in unserer Heimat umgekommen sind, wollten sie auch nicht mehr hin.»

In der Schlotwiese

Einen Monat lang wohnen die Pettos und die Bacherts in einer Kaserne in Bad Cannstatt. Dann, im August 1945, bringt man sie mit dem Lastwagen ins Barackenlager auf der Schlotwiese. Das Lager liegt unmittelbar neben den Zuffenhausener Rüstungsbetrieben und diente während des Krieges als Unterkunft für Zwangsarbeiter. Als Eva Petto dort ankommt, ist das Lager in einem desolaten Zustand – Fensterscheiben und Dächer sind kaputt, die Räume verwüstet. «Es sah trostlos aus. Wir konnten nicht glauben, dass man da wohnen kann. Meine Mutter hat so geweint. Jetzt sind wir auf der letzten Station, meinte sie, schlimmer kann es nicht mehr werden.» Mit ihrer Freundin macht sie sich auf die Suche nach Wasser und stellt fest, dass es für die tausendzweihundert im Lager untergebrachten Donauschwaben nur zwei Wasserleitungen gibt. «Am schlimmsten waren die Wanzen. Die lebten zwischen den Doppelwänden und waren ziemlich ausgehungert. Als die wieder Menschen und Blut gerochen haben, waren sie nicht zu halten. Das Gesundheitsamt hat dann die Räume ausgeräuchert.»

In den größeren Räumen werden zwei, drei oder vier Familien untergebracht. Die Verpflegung ist gut, weil die Amerikaner die Donauschwaben für Displaced Persons halten. Erst als sie feststellen, dass es sich um deutsche Flüchtlinge handelt, werden alle Donauschwaben der Stadt Stuttgart übergeben. Die richtet zunächst eine Gemeinschaftsküche ein: «Jeder hat einen Schöpfer voll auf den Tel-

Eva Petto (Mitte) mit Freundinnen, um 1948

ler bekommen, egal was es gab, mal Kartoffelsuppe, mal Krautsuppe, mal Rübensuppe.» Kurze Zeit später wird die Gemeinschaftsküche aufgelöst. Fortan gibt es die üblichen Lebensmittelkarten, mit denen sich jeder selbst versorgen muss.

Immerhin wird den Neubürgern Teerpappe zur Verfügung gestellt, um die Dächer abzudichten. «Dann brauchten wir nicht mehr mit Regenschirmen in den Baracken rumlaufen und Töpfe aufstellen», erzählt Eva Petto. «Wir hatten nichts. Es gab auch nichts zu kaufen. Aus jeder Blechbüchse, jedem Nagel, jedem Brett, das wir gefunden haben, haben wir unseren Haushalt zusammengebastelt. Mein Papa hat aus Blech einen wunderschönen Herd gebastelt. Der war innen mit Lehm ausgeschmiert. So konnten wir wenigstens was kochen.»

Der Hunger ist groß. Alles, was man noch von zu Hause mitgebracht hat, wird getauscht. «Wenn wir noch Gehäkeltes von der Großmutter hatten», erinnert sich Franz Bachert, «tauschten wir es beim Bauern gegen Tabak, mit dem wir wiederum andere Dinge kaufen konnten.» Auch die Pettos tauschen ihre guten Sachen gegen Tabak. «Den hat mein Papa geschnitten und Zigaretten draus ge-

180

macht. Wir haben dafür kleine Schächtelchen gebastelt. Damit sind wir nach Bayern gefahren und haben die Zigaretten gegen Kartoffeln getauscht. Wenn wir Glück hatten, gab's auch mal ein Stückchen Fleisch. Das war natürlich ein Fest.»

Fast täglich geht Franz Bachert mit dem Rucksack auf Hamstertour. «Dabei ist natürlich auch mal was mitgegangen. Wenn man Hunger hat, gibt's nichts anderes. Obst Äpfel oder so was, das hat man nicht gehamstert, das hat man sich einfach auf Streuobstwiesen geholt. Den Baum geschüttelt, in den Rucksack rein, ab. Meine Frau und ich haben abends im Stadtpark Flieder geklaut. Wenn wir erwischt wurden, hieß es: ‹Diese Schmarotzer!›»

Der Lagerleiter, der in den dreißiger Jahren in Brasilien gelebt hatte, schlägt vor, dorthin auszuwandern. Die meisten sind dagegen. Niemand will übers Meer, jeder hegt heimlich die Hoffnung, dass er vielleicht doch wieder nach Hause kommen kann. Lange Zeit ahnen sie nicht, dass die Deutschen in Jugoslawien in Zwangsarbeitslager gesteckt wurden und viele alte Menschen und Kinder darin umgekommen sind. «Meine Omi ist nicht mit uns geflüchtet», erzählt Eva Petto. «Sie meinte, sie sei eine alte Frau, sie habe niemandem was getan, ihr würde niemand was tun. Das war schon im Ersten Weltkrieg so, da mussten wir wegen der Frontlinie, die bei uns vorbeilief, drei bis vier Wochen weg, durften aber anschließend gleich wieder nach Hause. ‹Ich bleib da›, sagte die Omi. Später erfuhren wir, dass die Omi im Lager in Mitrowitz 1946 gestorben ist. Mein Opa mütterlicherseits durfte zwar in seinem Haus bleiben, aber man hat ihm Leute einquartiert und die Felder, die Weingärten weggenommen. Er musste für die Gemeinde arbeiten. Er hat noch Glück gehabt. Im Lager in Mitrowitz sind über zweitausend Deutsche umgekommen.»

Als die Schlotwieser erfahren, was in Jugoslawien geschehen ist, versuchen sie sich im Barackenlager heimisch zu fühlen. Es wird eine Lagerselbstverwaltung organisiert, zügig richtet man einen Kindergarten und eine Grundschule ein. Die Handwerker bauen kleine Werkstätten auf, um alle Schäden im Lager zu reparieren. Bald hat die Lagergemeinschaft einen eigenen Postboten, eine Lagerfeuerwehr, einen Pfarrer, eine Kantine, einen Bürgermeister, einen Arzt. Franz Bachert erzählt: «Mehr als sechs Jahre wohnte ich auf der Schlotwiese. Für uns gab es keine andere Möglichkeit. Wo sollten wir hin? Wohnungen haben wir keine bekommen, nach Hause konnten wir nicht. Wir mussten hier leben. Jeder hat angepackt, selber tapeziert, selber gekocht, die Kinder zur Welt gebracht. Wir lebten in einer Schicksalsgemeinschaft.»

Und Eva Petto ergänzt: «Wir waren eine Gemeinde für uns, etwa zwölfhundert Leute. Die Einheimischen haben uns am Anfang gemieden. Später hat man sich über die Arbeit näher kennengelernt. Einige kamen sogar zu uns ins Lager, um zu gucken, wie es da aussieht. Wir haben sie eingeladen, hereingebeten, und wir haben uns unterhalten. So sind dann langsam einige Kontakte entstanden, die die Distanz abgebaut haben. Vor allem auch unsere Minderwertigkeitsgefühle. Anfangs hat man uns als Zigeuner beschimpft. Die Älteren hatten ja noch die Tracht von früher an, wie man sie noch heute im Schwarzwald bei älteren Menschen sieht. Das war für die Leute hier sehr ungewohnt. Aber als Jugendliche haben wir damals alles ganz anders gesehen als unsere Eltern; für uns war das Ganze ein Abenteuer. Heute kann ich verstehen, wie schwer es für meine Eltern war, wenn man die Heimat verliert und weiß, dass man nicht mehr zurückkehren kann.»

Die Schicksalsgemeinschaft

Mit der Zeit wird alles besser. Immer mehr Schlotwieser kommen in Lohn und Brot. Um Arbeit müssen sie sich keine Sorgen machen – das Lager grenzt direkt an das Stuttgarter Industriegebiet Zuffenhausen. Im ehemaligen Rüstungsbetrieb Heinkel arbeiten rund zwei Drittel der Schlotwiesenbewohner – auch Franz Bacherts Frau, Bruder und Schwager. Eva Pettos Vater wird bei Heinkel Schreiner. Bacherts Vater und sein Schwiegervater arbeiten bei Wolf & Müller, einer Firma, die die Massen von Schutt in dem von Bomben verwüsteten Stuttgart wegräumt. Franz Bachert selbst macht eine Mechanikerlehre und wird anschließend weiterbeschäftigt. Ihm winkt sogar eine Prämie, wenn er noch einen Arbeiter mitbringt. Es wird kein Unterschied zwischen Flüchtlingen und Einheimischen gemacht. Wer fleißig ist, bekommt Arbeit. In den sechs Jahren, die Franz Bachert dort arbeitet, fehlt er keine drei Tage.

«Über die Arbeit hat man Einheimische kennengelernt und locker Freundschaft geschlossen, mehr nicht», meint Bachert. Die Schlotwieser hätten sich auch von den Einheimischen abgekapselt. «Liebschaften zwischen den Jugendlichen aus Zuffenhausen und denen von der Schlotwiese waren sehr selten.»

Eva Petto verdient sich als Schneiderin etwas dazu. «Meine Freundin war Schneiderin. Da kamen nach und nach immer mehr Einheimische und wollten sich von uns was nähen lassen. In der Nachbarbaracke wohnte ein Schneider, der hatte eine Nähmaschine. Als er sah, dass wir die Nähte von Hand machten, sagte er: ‹Kommt doch rüber, ihr könnt die langen und großen Nähte auf meiner Maschine machen.› Dann kam eine Einheimische auf mich zu und fragte mich, ob ich für sie etwas nähen würde, sie würde mir gerne ihre Nähmaschine zur Verfügung stellen. Das war natürlich eine wunderschöne Sache. Die hat dann ihrer Nachbarin erzählt, dass ich im Lager nähe. Und so kam der Kontakt mit immer mehr Einheimischen zustande, und ich konnte etwas verdienen. Meine Mutter hat mir sehr viel geholfen, sodass ich mich als Schneiderin selbständig machen konnte.»

Und auch viele andere Jugendliche haben bald keine Lust mehr, nur herumzulungern. Sie suchen nach einer Möglichkeit, Fußball zu spielen, und bekommen vom FV Zuffenhausen die Erlaubnis, dessen Sportplatz zu benutzen. Auch Franz Bachert ist mit von der Partie: «Neben der Schlotwiese gab es zwei Sportplätze. Da kickten wir. Dann kam die Idee auf, einen Verein zu gründen.» Ein Jahr nach der Ankunft melden die jungen Donauschwaben einen eigenen Verein an und nennen ihn FC Bačka, nach einer Region in ihrer serbischen Heimat. Sie bekommen eine offizielle Lizenz, am Württemberger Spielbetrieb teilzunehmen. «Es war die Sensation, wenn wir aufliefen. Wir

Franz Bachert im Trikot des FC Bačka

hatten einen weißen Dress mit einem roten Brustring, wie ihn heute der VfB Stuttgart hat. Alle fragten sich: ‹Wo haben denn die Zigeuner das Geld her, solche Trikots zu kaufen?› Wir hatten sie nicht gekauft.

Mein Bruder und ich arbeiteten in einer amerikanischen Bäckerei, und da haben wir die schönen weißen Mehlsäcke mit nach Hause gehenlassen. Unsere Frauen nähten dann den Dress aus diesen Säcken. Das war damals ungewöhnlich, dass alle einheitlich aussahen. Das hatte sonst keine einzige Mannschaft im Kreis Leonberg. Drei Jahre hintereinander sind wir aufgestiegen.»

Auch sonst geht es auf der Schlotwiese lebendig zu. In einer Baracke hat man einen großen Saal eingerichtet, in dem alle öffentlichen Veranstaltungen stattfinden. Samstagabends gibt es Tanz. Die Musik macht die Kapelle Zech. Zunächst spielt Herr Zech allein Akkordeon. Später kommt ein Geiger dazu, dann ein Schlagzeuger. Franz Bachert will auch mitmachen. Er kauft sich mit dem Startgeld der Währungsreform ein Saxophon. «Das war 1948. Wir hatten gerade die neue D-Mark bekommen. Vierzig Mark. Das Saxophon kostete aber sechsundneunzig Mark. Da bin ich zu meinem Vater und meinem Bruder und bat sie, mir Geld zu leihen. Sie gaben es mir, und ich kaufte das Saxophon.»

Die Schlotwiese ist eine Schicksalsgemeinschaft, in der sich die meisten geborgen fühlen. Es ist, als wäre sie ein Ersatz für den Verlust der Großfamilie in der Heimat. Doch irgendwann haben alle das Lagerleben satt und wollen ein eigenes Dach über dem Kopf. So ruft der zweite Lagerleiter, ein Herr Pill, nach der Währungsreform alle zusammen und fragt, wer sich entschieden habe, in Stuttgart zu bleiben. Die meisten wollen bleiben. Daraufhin lotet er bei der Stadtverwaltung aus, welche Möglichkeiten es gibt, ansässig zu werden. Die Stadt bietet den Schlotwiesern, die inzwischen ein wichtiger Faktor für die Zuffenhausener Industrie geworden sind, auf dem Rotweggelände, einer großen Wiesenfläche, Baugrund an. Da die Schlotwieser nur über wenig Geld verfügen, schlägt Pill vor, sich zusammenzutun. Alle sind einverstanden, und im November 1948 wird die Baugenossenschaft «Neues Heim» gegründet. Jedes Mitglied zahlt dreihundert Mark ein.

Trotz der Aussicht, endlich wieder in eigenen vier Wänden zu leben, ist man enttäuscht: Das Baugelände ist nicht groß genug, um darauf für alle Mitglieder Ein- und Zweifamilienhäuser zu errichten – aus diesem Grund hat die Stadt nur Häuserblocks genehmigt. Die Schlotwieser heben die Baugrube für die ersten Blocks selbst aus. Unter ihnen auch Franz Bachert: «Jeden Samstag um sieben Uhr morgens marschierten wir mit Schaufel und Spaten in den Rotweg und gruben die ersten zwei Blöcke aus. Damit war der Grundstein gelegt. Bis 1949, ein Dreivierteljahr lang, sind wir jeden Samstag raus und haben die ersten Blöcke gebaut, einen nach dem anderen.»

Nach und nach leert sich das Lager, und die Schlotwieser ziehen in den Stuttgarter Stadtteil Rot. In der einen Blockhälfte werden die Wohnungen von der Genossenschaft an ihre Mitglieder verteilt. Die andere Hälfte hat die Stadt bezuschusst – dort werden vom Wohnungsamt andere Vertriebene eingewiesen: Schlesier, Sudetendeutsche, Ungarn, Jugoslawen. Später kommen noch Bombengeschädigte aus Stuttgart dazu und Vertriebene aus der Tschechoslowakei und Polen.

Der Pfarrer, selbst Flüchtling aus der Bačka, plant und errichtet eine Kirche, die 1954 eingeweiht wird. Für Eva Petto ein großes Erlebnis: «Wir haben jeden Bauabschnitt miterlebt. Wir haben mitgefiebert und Spenden gesammelt. Mit einem Ehepaar aus Stammheim waren wir in Bayern auf Bettelpredigt. Überall haben wir versucht, etwas zu bekommen, damit die Kirche zustande kommt. Das war uns sehr wichtig. Das hat viele Ältere im Glauben gestärkt. Nach der Kirche wurden die Schulen gebaut, und wir haben uns richtig wohl gefühlt.»

Auch der FC Bačka profitiert. Aus den anderen Flüchtlingsgemeinschaften kommen neue Spieler dazu, oft sehr gute. Gegenüber der Kirche wird ein Sportplatz angelegt. Franz Bachert: «Da meinte man, es sei nicht mehr gut, wenn man Bačka heißt, und entschloss sich, den Namen zu ändern. Eine Generalversammlung entschied, den FC Bačka in SV Rot 1945 umzutaufen. Der SV Rot war dann sehr erfolgreich.»

Die Erwachsenen haben lange gebraucht, bis sie sich an das Leben in den Häuserblocks gewöhnten, sagt Eva Petto. Die Kinder dagegen

Franz Bachert mit Familie, 1958

fühlen sich hier schnell zu Hause. Sie haben keine Bindung mehr an die Heimat. Sie vermissen die Großfamilie nicht. Für Eva Petto selbst ist das noch anders: «Meine Eltern hatten ein Haus neben ihren Eltern. Zwischen den Häusern gab es ein Verbindungstor – am Abend oder am Sonntag sind wir rübergesprungen zur Oma. Da hat man sich immer zusammengesetzt. Schön war es im Sommer. Da wurden auf der Straße vor den Häusern Bänke aufgestellt. Die Gemeinschaft, die hat hier doch sehr gefehlt. Die konnte man nicht mehr pflegen. In der Schlotwiese war man ja wenigstens noch ganz eng beisammen. Das war ein Glück, bei all dem Herzeleid.»

Als das Lager aufgelöst wird, zieht Franz Bacherts Vater mit seinem Lebensmittelgeschäft, das er bereits auf der Schlotwiese eröffnet hatte, in den Rotweg um. 1958 gibt Franz Bachert seine Stelle als Mechaniker auf und übernimmt den Laden. «Das habe ich dann ziemlich lange gemacht, obwohl ich mit dem kleinen Laden nicht viel verdient habe. Geld habe ich mit der Musik verdient. Wir haben überall im Umkreis gespielt. Die Kapelle Zech war bekannt. Als aber eines Tages das Ladenlokal gegenüber mit etwa neunzig Quadratmetern frei wurde, übernahm ich die Räume. Ab da lief der Laden hervorragend. Wir haben zu siebt darin gearbeitet, meine Eltern, meine Frau und ich und drei Angestellte. Als dann die Großen aufmachten, wurde der Verdienst immer weniger. Mit sechzig hab ich Schluss gemacht.»

Für Franz Bachert war das Ankommen in Deutschland ein längerer Prozess der Eingewöhnung: «Wir galten als Zigeuner. Erst als die Einheimischen merkten, dass wir fleißige Menschen sind, wurden sie freundlicher. Dennoch blieben wir auf der Schlotwiese unter uns. Meine Frau lernte ich 1945 beim Tanzen kennen. Ich habe in Stuttgart geheiratet und die Kinder großgezogen. Zwei unserer vier Kinder wurden im Lager geboren, die anderen beiden 1950 und 1952 in der Schwarzacherstraße. Serbien ist nicht mehr meine Heimat. Ich bin in Stuttgart ansässig geworden. Ich habe fast mein ganzes Leben in Deutschland verbracht. Vielleicht fahre ich mal hin, um nachzusehen, wie es dort unten aussieht. Aber leben möchte ich dort nicht. Was soll ich noch da unten? Die wirtschaftlichen Verhältnisse in Jugoslawien sind desaströs. Unsere Eltern wären gerne wieder nach Hause gegangen. Wir Jungen haben uns nicht darum geschert. Wir wussten, wir können nicht mehr nach Haus.»

Eva Petto beklagt bis heute, dass ihre Familie und viele ihrer Landsleute Unrecht erlitten haben. Sie wurden enteignet, ihnen wurde die Staatsbürgerschaft aberkannt, sie besaßen über Jahre weder einen deutschen noch einen jugoslawischen Pass. Die deutsche Staatsbürgerschaft hat Eva Petto erst nach mehreren Jahren bekommen. Sie fühlte sich lange als Mensch zweiter Klasse. «Die Leute hier hatten durch den Krieg, durch die Bombenangriffe viel verloren. Sie hatten auch nicht viel. Aber sie hatten ihre Heimat, sie hatten ihre Verwandtschaft, ihre Freunde. Bei uns war alles zerstreut. Wir mussten suchen. Die Großfamilien waren zum Großteil noch zu Hause. Und die hat man vermisst.»

Der Lastenausgleich fiel gering aus, erinnert sich Eva Petto. «Man bekam ein paar hundert Mark. Für das Haus haben meine Eltern auch etwas bekommen, aber das war minimal. Am schwersten aber hat uns getroffen, dass wir unsere Heimat verloren haben, unser Heimatland, den Ort, wo wir geboren sind, wo wir als Kinder gelebt haben, zur Schule gegangen sind.»

Lastenausgleich in der Bundesrepublik

Heimat, Haus und Hof und fast all ihren Besitz hatten Flüchtlinge und Vertriebene verloren, meist besaßen sie nur, was sie auf dem Leib trugen. Um ihnen den Aufbau einer neuen Existenz im Westen zu ermöglichen, musste ein materieller Ausgleich zwischen Besitzenden und Mittellosen versucht werden. Wie und mit welchen Maßnahmen, darüber wurde in den Nachkriegsjahren heftig und kontrovers diskutiert. Die Westalliierten hatten mit der Regelung der Lastenausgleichsfrage Regierung und Parlament der jungen Bundesrepublik beauftragt, die als erstes grundlegendes Gesetz dazu am 18. August 1949 das Soforthilfegesetz (SHG) erließen. Es war eine Übergangslösung und galt in der britischen und amerikanischen Zone, vergleichbare Regelungen gab es aber auch in der französischen Zone. Wer noch Besitz hat, gibt denen ab, die alles verloren haben – dieser soziale Grundgedanke lag dem SHG zugrunde. Das «Gesetz über den Lastenausgleich» vom 1. September 1952 bildete schließlich das wichtigste Gesetz eines ganzen Bündels von Regelungen innerhalb des Entschädigungs- und Eingliederungsprogramms der Bundesrepublik. Es galt für alle, die nachgewiesenermaßen ihr Hab und Gut verloren hatten, also z. B. auch für Bombengeschädigte und heimatlose Spätheimkehrer.

Danach zahlten diejenigen, die noch über ein erhebliches Vermögen verfügten, Abgaben in einen Ausgleichsfonds, in der Regel etwa den Gegenwert der Hälfte des Vermögens. Der Stichtag zur Berechnung der Abgabe war der 21. Juni 1948, der Tag der Währungsreform, die Ausgleichszahlungen erfolgten in vierteljährlichen Raten, verteilt auf dreißig Jahre. Durch die lange Laufzeit

konnten die Raten zumeist aus den Einnahmen durch die Vermögenswerte, vor allem Häuser oder Grundstücke, geleistet werden,
ohne die Vermögenssubstanz anzugreifen.

Aus dem Fonds wurden den Geschädigten, ihren Verlusten entsprechend, z. B. Geldleistungen, Darlehen, Renten, Hausratsent-
schädigungen oder Wohngelder gewährt. Dies war allerdings eher
eine materielle Starthilfe als tatsächliche Entschädigung für den
verlorenen Besitz. Während viele Betroffene die Zuwendungen
als «Tropfen auf den heißen Stein» empfanden, wurden sie von
Einheimischen im Gegensatz gar als ungerechtfertigte Bevorzu-
gung der Begünstigten empfunden.

Bis Ende 2001 beliefen sich die Leistungen aus dem Lastenausgleich auf rund 143 Milliarden DM. Historiker betrachten
das bundesdeutsche Modell des Lastenausgleichs trotz mancher
Schwächen und Unzulänglichkeiten grundsätzlich als einen zentralen und erfolgreichen Bestandteil der Bemühungen um die materielle Bewältigung der Kriegsfolgen.

Aber Eva Petto weiß auch Positives zu berichten. «Nachdem die Vertriebenen in Stuttgart-Rot eingezogen sind, haben sie die Adressen
der Landsleute herauszufinden versucht, die nach Kanada, Australien, Frankreich und in die Schweiz gegangen sind. Sie haben Rund-
briefe verschickt. Daraufhin haben sich tausendfünfhundert Leute
gemeldet, von ihren Erlebnissen erzählt und berichtet, was es Neues
gibt. Das haben wir gesammelt und in den nächsten Rundbriefen
abgedruckt. Der Rundbrief erscheint zweimal im Jahr. In ihm werden
die Geburtstage angezeigt, die Verstorbenen aufgezählt, jeder Name
mit Bildchen, geschrieben in Sütterlin-, lateinischer und kyrillischer
Schrift, so wie es die Leute in der Schule gelernt haben. Die Rund-
briefe haben wieder viele von uns zusammengebracht. Wir haben
dann zahlreiche Zusammenkünfte organisiert. Bis heute fühlen sich
die Donauschwaben als eine große Gemeinschaft.»

Marita Krauss

Fremde Heimat: DDR

In der sowjetisch besetzten Zone und der späteren DDR lagen die Probleme der Vertriebenen- und Flüchtlingsintegration zunächst nicht anders als im Westen: Man musste die rund 4,3 Millionen Ankömmlinge unterbringen, sie notdürftig versorgen, ihnen Arbeit verschaffen und den Versuch unternehmen, sie in die Gesellschaft einzugliedern. Doch die Integration in der SBZ/DDR blieb der Versuch einer Assimilation: Die Vertriebenen, von Beginn an «Umsiedler» genannt, wurden formal gleichgestellt, unterstützt – sollten dann aber möglichst unsichtbar werden. Diese Politik hatte zwar anfänglich auch viele Anhänger bei den Westalliierten, doch spätestens im Zuge des beginnenden Kalten Krieges wandelte sich dies. Im Osten hingegen verstärkte sich das Assimilierungskonzept unter dem Einfluss der Sowjetunion bis hin zum völligen optischen Verschwinden der Vertriebenen als gesonderte Gruppe Anfang der fünfziger Jahre. Seit dieser Zeit gibt es auch keine statistische Erfassung der Vertriebenen mehr. Daher sind langfristige Entwicklungen oft nur lebensgeschichtlichen Berichten zu entnehmen.

Die Politik der Assimilation bot einige Möglichkeiten, sie enthielt aber auch viele Härten. Und vor allem: Sie misslang. Unterhalb der verordneten Angleichung lebte das Sonderbewusstsein der Neubürger weiter. Das wurde spätestens in den achtziger Jahren sichtbar, als die Erinnerung umso lebhafter wiedererstand. Und es gelang auch der sowjetischen Militäradministration und der späteren DDR-Führung trotz repressiver Maßnahmen nicht, Ablehnung und Vorbehalte der Bevölkerung gegen die Neuankömmlinge wirklich zu überwinden und die angestrebte Gleichstellung und Eingliederung zu erzwingen. Insofern ist die «Umsiedlerpolitik» der DDR auch immer ein Gegenbild und Vergleichsgegenstand zur Vertriebenenpolitik der Bundesrepublik.

Die Gründe für die strikte Politik der Verschmelzung waren vielfältig. Zum einen musste die SBZ im Zuge der beginnenden Blockbildung ihre Rohstoffe und die Erzeugnisse der Grundstoffindustrie zunehmend von den östlichen und südlichen Nachbarn beziehen. Und dafür waren schnelle Handelsabkommen, Freundschaftsverträge und wirtschaftliche Zusammenarbeit auf allen Ebenen notwendig. Solchen Verhandlungen standen die Vertriebenen mit ihrem Wunsch nach Rückkehr im Wege: 1947 stammten 72,4 Prozent der «Umsiedler» in der SBZ aus den von Polen annektierten Ostgebieten, rund zwanzig Prozent aus der Tschechoslowakei, also eben aus den potenziellen Partnerländern. Doch für die Sozialistische Einheitspartei Deutschlands (SED) ging es nun um die «deutsch-polnische Freundschaft» ebenso wie um die «deutsch-tschechische Zusammenarbeit».

Hinzu kam – so Walter Ulbricht in einem Zeitungsartikel, der die Orientierungsrichtlinien des Parteivorstandes vorwegnahm – die «Befestigung des Friedens und die Errichtung einer neuen politischen und wirtschaftlichen Ordnung in Deutschland». Diese angestrebte politische, soziale und wirtschaftliche Transformation in eine andere Gesellschaftsstruktur ließ wenig Raum für gruppenspezifische Anliegen oder gar Interessenvertretungen, besonders dann, wenn sie im Gegensatz zu den Zielen der Politik der SED und der Sowjets standen. Diese beharrten von Anfang an darauf, die Rückkehr der Vertriebenen in die alte Heimat für unmöglich zu erklären und sie schnell durch Integrationshilfen in der neuen Heimat zu verankern.

Bereits in den Lagern hielten Referenten Vorträge zu Themen wie: «Warum kam es zur Umsiedlung, und wer ist schuld an unserem Elend?», «Wie kam es zur Oder-Neiße-Linie?», «Gibt es ein Zurück in die ehemalige Heimat?» oder «Was erwartet den Umsiedler in der neuen Heimat?». Solche Vorträge stellten oft für die Betroffenen die erste Chance dar, sich zu informieren und Fragen zu stellen. Wie am Beispiel Thüringens untersucht wurde, waren über die Hälfte dieser Referenten SED-Mitglieder, ein weiteres Drittel gehörte dem

Der Geschäftsführer des Rinderzüchterverbandes in Neustadt-Dosse beglückwünscht den Neubauer Schmidt zur besten Kuh des Dorfes, Juli 1951.

Freien Deutschen Gewerkschaftsbund FDGB an, also der staatlich gelenkten Einheitsgewerkschaft. Es kam zu erregten Diskussionen und Auseinandersetzungen. Ziel dieser Überzeugungsarbeit war es, wie auch DDR-Historiker bis zur Wende von 1989 betonten, die «Umsiedler» zu überzeugen, dass die Nationalsozialisten und der von den Deutschen begonnene Krieg am Schicksal der Ausgesiedelten schuld seien. Doch die Konsequenz war den Ankömmlingen anfangs schwer vermittelbar. Die Hoffnungen auf eine Rückkehr in die alte Heimat blieben trotz aller gegenläufigen Bemühungen bestehen.

Das hatte auch mit den Lebensbedingungen zu tun. Fast die Hälfte der Vertriebenen lebte in der DDR 1949 noch in Gemeinden mit unter 2000 Einwohnern, obwohl auch hier wie im Westen die Abwanderung in die Städte oder in industrielle Zentren eine wichtige Rolle spielte. Eine weitere umfängliche Wanderungsbewegung ging von Ost nach West: Vor dem Bau der Mauer 1961 stellten die Vertriebenen ein gutes Drittel der DDR-Flüchtlinge. Da sie sehr viel weniger mit dem Land verband, zogen es viele vor, im nichtsozialistischen Westen neu anzufangen.

Politik

Bereits im November 1948 wurde von der SED die Leitlinie ausgegeben, die «Umsiedlerbehörden» wie die Zentralverwaltung für Umsiedlerfragen (ZvU) möglichst zügig aufzulösen und die Probleme der Betroffenen nur noch zusammen mit denen der Gesamtbevölkerung zu behandeln. Das Zentralsekretariat der SED verabschiedete einen Beschluss, in dem es hieß, die weitere Existenz von Umsiedlerbehörden würde «den Verschmelzungsprozeß durch die Herausstellung besonderer Umsiedlerinteressen [nur] behindern». Die hier lebenden Umsiedler seien «gleichberechtigte Staatsträger und keine von der Gesamtbevölkerung isoliert lebende Gruppe». Gesonderte materielle Unterstützung dürfe nun nicht mehr nach dem Status als Umsiedler, sondern nur noch nach Hilfsbedürftigkeit gewährt werden.

1949 ging dann auch die Auszahlung der einmalig gewährten «Umsiedlerunterstützung» zu Ende, die immerhin fast die Hälfte der in der DDR registrierten Vertriebenen erreicht hatte. Diese Aktion war als Integrationshilfe gedacht. Doch ebensolche Maßnahmen wollte die SED nun abbauen. Sie stieß dabei auf Widerstand bei der CDU und der Liberaldemokratischen Partei (LDPD), ebenso bei den Mitarbeitern der einschlägigen Behörden, die die Probleme vor Ort nur zu gut kannten. Die CDU-Zeitung «Neue Zeit» schrieb: «Ist es kein Problem, wenn Hunderttausende kein Bett, keinen Strohsack und kaum eine Decke, nur unzureichende Bekleidung und nur noch Holzsandalen besitzen? Hunderttausende wissen nicht mehr, wie es sich in einem Federbett liegt.»

Hinzu kam die Haltung der SED zur Anerkennung der Oder-Neiße-Linie und damit zur Unumkehrbarkeit der Vertreibung. Bereits seit 1948 gingen die Wogen in dieser Frage zwischen den Parteien hoch. Otto Grotewohl, von 1949 bis 1964 Staatspräsident der DDR, verwies auf die außenpolitischen Zwänge: «Bekennen wir uns nicht zur Grenze, schlägt uns aus dem gesamten Osten ein eisiger Wind entgegen. Wo wollen wir denn Kohle und Stahl herbekommen, wenn wir in dieser Linie nicht einen klaren Standpunkt einnehmen.» Konkret verlangten die Sowjetunion und Polen von der DDR die Anerkennung der Grenze als Voraussetzung für die Aufnahme in den «Rat für gegenseitige Wirtschaftshilfe». So kam dann 1950 der «Görlitzer Vertrag» zwischen der DDR und Polen zustande.

Er sollte auch den Vertriebenen die Hoffnung auf Rückkehr nehmen, denn davon versprachen sich die Funktionäre eine wesentliche Förderung der Integration: Schnitt man ihnen die Hoffnung auf Rückkehr ab, würden sich die «Umsiedler» umorientieren und sich produktiv in die Gesellschaft einbringen, so die Überzeugung. Diese Haltung weist solche Funktionäre als technokratische Anhänger des «social engineering» aus, der sozialen Steuerungsmöglichkeit bevölkerungspolitischer Probleme. Die psychische Dimension, die Wünsche, Hoffnungen und Ziele der Betroffenen, ihre reale Situation, ihre Talente und Möglichkeiten spielten eine höchst untergeordnete Rolle. Entsprechend der politischen Linie stieg die Zentralverwaltung für deutsche Umsiedler erst zu einer Hauptabteilung ab, bevor sie letztlich nach einem völligen Personalaustausch zur Abteilung «Bevölkerungspolitik» herabgestuft wurde. Im Frühjahr 1949 hieß es in einem Dokumententwurf des Zentralen Parteiapparats: «Keine Diskussion über das ‹Umsiedlerproblem›, sondern nur noch Diskussion über unsere Arbeits- und Sozialpolitik. Der Begriff Umsiedler muss schnellstens verschwinden.» Die SED erklärte die Umsiedler kollektiv für eingebürgert.

Da dies aber an der Situation der Betroffenen nichts änderte und die Unruhe unter den Vertriebenen wuchs, musste die Regierung schon aus sicherheitspolitischen Gründen 1950 noch einmal nachbessern. Am 8. September 1950, kurz vor den Volkskammerwahlen, wurde das «Umsiedlergesetz» beschlossen, das «Gesetz über die weitere Verbesserung der Lage der ehemaligen Umsiedler», das Kredite, bessere Versorgung und Stipendien versprach. Es war gewissermaßen das Gegenstück zum westdeutschen Soforthilfegesetz. Der Kreis der Berechtigten beschränkte sich jedoch gemäß der Ideologie weitgehend auf Neubauern und Arbeiter in volkseigenen Betrieben, und das Gesetz lief bereits 1952/53 wieder aus. Gleichzeitig wird im Vergleich zum bundesdeutschen Lastenausgleich sichtbar, dass dieses Gesetz sich nur auf die Vertriebenen bezog und nicht etwa Bombengeschädigte, Kleinsparer und weitere Gruppen mit einbezog. Damit war es viel exklusiver und schürte so wiederum den Sozialneid der übrigen Bevölkerung.

In seiner Zielrichtung war das Gesetz zweifellos ein Tribut an die Unruhe unter den «Umsiedlern» und ihre Tendenz, sich zu organisieren. Dies zu verhindern, war der Regierung ein wichtiges Anliegen; zunehmend wurden solche Äußerungen von Vertriebenen kriminalisiert und verfolgt, die Rückkehrhoffnungen oder eine Ablehnung in der Grenzfrage thematisierten. Ansätze zur Bildung von Vertriebenenorganisationen galten als Verschwörung gegen die Staatsmacht. Das Koalitionsverbot für Vertriebene, das im Westen 1948 aufgehoben wurde, ging im Osten bruchlos in entsprechende Maßnahmen der SED-Diktatur über, die den Einsatz staatlicher Gewalt nicht scheute, um ihr Konzept der «Eingliederung» durchzusetzen.

Bis 1956/57 fanden offenbar informelle Vertriebenenversammlungen statt, die jedoch von der Volkspolizei und dem Staatssicherheitsdienst unterdrückt wurden. Immer mehr wuchsen kirchliche Kreise und Institutionen in die Rolle der nicht konformen Vermittlerinstanz hinein. Bei regionalen Kirchentreffen, in Nachbarschaften und Familien trafen sich Einwohner gleicher Herkunft. Bis 1961 besuchten aber auch DDR-Bürger die großen westdeutschen Vertriebenentreffen. Wie im Westen kam es unterhalb der verordneten Assimilierung zu Netzwerkbildung und Kooperation zwischen Landsleuten.

Objekte der Gesetzgebung waren die «Umsiedler» in der Folgezeit nicht mehr. Einen Lastenausgleich wie im Westen lehnten die Sowjets und die SED ab, dies nicht zuletzt deshalb, da 1945 durch Bodenreform, Betriebsenteignungen und Vermögensbeschlagnahmungen bereits ein gewichtiger Teil des Volksvermögens verstaatlicht worden war. Es lag nicht im Interesse der SED, diese Vermögenswerte wieder «umzuverteilen». Auch die statistische Dokumentation musste 1952/53 eingestellt werden, wissenschaftliche Arbeiten zum Thema der Vertriebenen bzw. «Umsiedler» wurden unterbunden.

Wohnung und Ansiedlung

In Ost- wie in Westdeutschland prägten anfangs Lager das Bild: In der SBZ dauerte die Quarantäne bei der Aufnahme in den großen Grenzlagern zwei Wochen, dann wurde weiterverteilt. Dabei setzte die sowjetische Militäradministration früher als die Westalliierten darauf, die «Umsiedler» bei Einheimischen unterzubringen und die Lager zu schließen; daher waren 1947 achtzig Prozent der Betroffenen in Untermiete bei Ansässigen einquartiert. Laut Statistik lebten im Oktober 1948 dann bereits 98 Prozent aller Umgesiedelten in «Dauerwohnungen». Diese Wohnungen waren jedoch meist unzureichende Provisorien.

Ein Weiteres kam hinzu: Unterbringung in Privatwohnungen führte auch zu einer Vielzahl von Reibungsflächen mit den Hauptmietern, die nun ihre ohnehin nicht großen Wohnungen mit Vertriebenenfamilien teilen mussten. Die Vertriebenen stießen auf ganz ähnliche Vorbehalte der Bevölkerung wie im Westen. Hausbesitzer weigerten sich, sie aufzunehmen, oder verlangten horrende Mieten, und Bürgermeister wollten die «Umsiedler» nicht in der Gemeinde haben, es kam zu Streitigkeiten mit den Wohnungshauptmietern um die Nutzung von Arbeitszimmern, um das Betreten der Küche und die Wassermenge, die zur Verfügung gestellt wurde. Es gab immer wieder Beschwerden der Einheimischen über die «Anspruchshaltung» der Ankömmlinge, über ihre überzogenen Wünsche und ihre mangelnde Bereitschaft zur Anpassung. Doch vielfach sahen die Bauern die «Umsiedler» erst einmal nur als Ersatz für die in ihre Heimat zurückgekehrten Fremdarbeiter an – auch wenn sie nicht aus ländlichem Umfeld stammten, mussten sie für Kost und Logis wie Knechte und Mägde in der Landwirtschaft mitarbeiten. Im städtischen Bereich stießen vor allem die vielen Frauen, Kinder und alten Leute auf Ablehnung, die nicht in Arbeit zu bringen waren und daher von Hilfszahlungen leben mussten. Sie galten schnell als «überflüssige Esser» und «Schmarotzer». Von Solidarität mit denjenigen, die alles verloren hatten, konnte auch hier meist keine Rede sein.

Wenn die Neubürger dann doch mit Zwang einquartiert worden waren, mussten sie meist viele Jahre in Notwohnungen ausharren. Das macht eine dürre Zahl sichtbar: Noch im August 1949 verfügten «Umsiedler» nur über je 5,2 Quadratmeter Wohnraum, Einheimische hingegen über 10,2 Quadratmeter; das bedeutet, dass eine vierköpfige Vertriebenenfamilie im Schnitt gerade einmal auf zwanzig Quadratmetern leben musste. Das «Umsiedlergesetz» sah dann zwar zinsgünstige Kredite für den Bau von Wohn- und Wirtschaftsgebäuden vor, ebenso Sonderkredite in Höhe von maximal 1000 DM (Ost), um Möbel und Hausrat zu erwerben. Doch diese Kredite waren oft nicht auszuschöpfen, da es wenig zu kaufen gab. Dies galt gleichermaßen für den sehr zögerlich anlaufenden Wohnungsbau. «Umsiedler», die nicht über entsprechende Netzwerke verfügten, mussten sich bei Zuteilungen häufig am längsten gedulden.

Doch es gab auch einen anderen Weg: die Bodenreform. Die Propaganda der SED feierte vielfach diese nur in der SBZ durchgeführte Bodenreform als großen Erfolg für die Integration der vertriebenen Bauern; so habe man ihnen, im Gegensatz zu den Westzonen, einen guten Neuanfang ermöglichen können. Bot die Bodenreform aber tatsächlich Chancen, die es im Westen nicht gab? Zunächst einmal fußte die Bodenreform auf umfänglichen Enteignungen. Über die Ansiedlung von Neubauern waren bis 1950 immerhin 91 000 Vertriebene – mit ihren Angehörigen summierte sich die Zahl auf 350 000 Menschen – auf Kleinbauernhöfen angesiedelt. Vertriebene stellten 43 Prozent aller Neubauern. Das war jedoch nur ein winziger Teil der über vier Millionen Vertriebenen, und erst nach und nach hatte man die Vertriebenen überhaupt verstärkt für diese Neubauernstellen berücksichtigt. Die Umverteilung von Maschinen, Geräten, Vieh und Gebäuden schloss die Neuankömmlinge ohnehin meist aus, sie vollzog sich vielfach innerhalb der lokalen bäuerlichen Netzwerke. Der von der SED-Propaganda gefeierte Erfolg der Bodenreform blieb damit ein Tropfen auf den heißen Stein – und war mit Blick auf die später folgende Kollektivierung, in der alle Bauern ihre Höfe und ihr Vieh in «Landwirtschaftliche Produktionsgenossenschaften» (LPG) einbringen mussten, kein Weg, wie ihn sich die vertriebenen Bauern vorgestellt hatten.

Auch in den folgenden Jahren und Jahrzehnten waren die Neubürger der Stigmatisierung und Ablehnung ausgesetzt. Vielfach hießen sie nur die «Polacken». Etwas besser ging es ihnen in Neubauerndörfern, in denen sie nicht der Hierarchisierung durch örtliche Honoratioren ausgesetzt waren. Diese Dörfer schlossen sich dann oft gegen die Nachbardörfer ab, und die Bewohner pflegten innerhalb des Dorfes ihre landsmannschaftlichen und konfessionellen Zugehörigkeiten. So kam es auf vielen Ebenen ganz im Gegensatz zur propagierten Politik der Assimilierung auf beiden Seiten zu Abgrenzung und Ausgrenzung. In manchen Fällen schufen sich die Ankömmlinge so aber auch wieder eine neue Heimat in vertrauten personellen Zusammenhängen.

Als die Kollektivierung dann Ende der fünfziger Jahre die Alteingesessenen wie die Neuankömmlinge nötigte, ihr Eigentum in die Landwirtschaftlichen Produktionsgenossenschaften einzubringen, nivellierten sich Besitzunterschiede. Nun wurden auch die Altbauern nach «Arbeitseinheiten», nicht mehr nach Besitz bezahlt. Für viele

LPG „Einheit"
Verwaltung
Hühnerfarm
LPG „Einheit"
Gärtnerei
LPG „Einheit"
Grünfutter - Trockenanlage
Lehrlings - Wohnheim

Vertriebene bedeutete dieser Schritt in die LPG jedoch einen erneuten Verlust ihres gerade wieder erarbeiteten Besitzes. Die Kollektivierung und der Eintritt in die LPG wurden daher meist so weit wie möglich hinausgeschoben, dann als großer Einschnitt erfahren und in eine Reihe mit dem Verlust durch die Vertreibung gestellt.

Dazu ein Beispiel. Die relativ kleine Gruppe der Bessarabiendeutschen wurde im Rahmen des Hitler-Stalin-Paktes vom August 1939 und seinem geheimen Zusatzprotokoll, der die Interessensphären in Ostmitteleuropa abgrenzte, aus ihrer Heimat ausgesiedelt; sie verbrachten oft viele Jahre in Lagern, bevor sie dann in Westpreußen und dem Warthegau von der nationalsozialistischen Führung Land zugesichert bekamen. Nach der erneuten Vertreibung von dort landeten sie in verschiedenen Teilen Restdeutschlands. In Westdeutschland musste die vorher weitgehend bäuerliche Bevölkerung sich meist schnell umorientieren und Arbeitsplätze in der Industrie annehmen. Doch in Mecklenburg-Vorpommern und Sachsen-Anhalt ermöglichte die Bodenreform vielen Bessarabiendeutschen weiterhin eine bäuerliche Lebensform und die Pflege ihrer evangelisch-pietistischen Glaubensgemeinschaft. Großfamilien lebten in den Neusiedler-Dörfern zusammen, und so entstanden Nachbarschaften und neue Gemeinsamkeiten mit Landsleuten. Unterhalb aller verordneten Integrationszwänge bewahrten sie ihre spezifische Mentalität, sie sprachen weiterhin schwäbisch und kochten, wie sie es aus Bessarabien kannten.

Diese Gemeinsamkeiten überstanden vielfach sogar die Brüche der Kollektivierung und auch die Wende von 1989, wie eine Studie der Freien Universität Berlin erwies. Eine Frau aus einem dieser Dörfer berichtete über die Anfänge 1945 und die weitere Entwicklung: «Dann hat's geheißen, es wird gesiedelt. Und dann bin ich mal hierhergekommen und habe erfahren, dass unsere Verwandten, mein Onkel, zwei Onkel, dass die hier sind. Wo wir gehört haben, dass da gesiedelt wird […], sagt meine Mutter, fahr doch hin nach Langwitz, wenn wir siedeln und ernten sollen, die Onkel können uns doch unterstützen, […] und dann sind alle hierhergekommen […] die Verwandtschaft, […] durch das sind wir alle jetzt zusammen.» Es siedelten Verwandte auch aus den Westzonen in das Dorf, Männer kamen aus der Kriegsgefangenschaft heim, Abwanderer gaben ihre Höfe nur an Verwandte weiter. Es entstanden so, jenseits aller offiziellen Ideen, Bessarabier-Dörfer.

Am Anfang sei man, so die Zeitzeugin, oft «als Eindringling betrachtet» worden, doch das habe sich dann bald gelegt. Das lag aber wohl daran, dass die Flüchtlinge in diesen Dörfern in der Mehrheit waren, sich durch ihren immensen Fleiß bald hocharbeiteten und nicht mehr leicht auszugrenzen waren. Die Kollektivierung bedeutete für diese Familien dann oft einen «Umsturz», da sie wieder ihr mühsam erarbeitetes Eigentum verloren. Bessarabiendeutsche wehrten sich offenbar mit am längsten gegen die Kollektivierung. So lange wie möglich gehörten sie dem LPG-1-Typ an, der zumindest noch eigene Tierhaltung erlaubte. Als auch das nicht mehr möglich war und alle spätestens Ende der sechziger Jahre in die LPG Typ 3 eintreten mussten, die kein privates Wirtschaften mehr erlaubte, resignierten viele der Älteren; die Jüngeren jedoch gewannen den neuen Lebensumständen auch Positives ab.

Das Jahr 1989 wurde dann erneut als Umsturz gewertet, wieder musste man von vorne beginnen. Die Erzählung über diese Jahre wird, so die Sozialwissenschaftlerin Ute Schmidt über ihre Erfahrungen aus diesem Projekt, zu einem Refrain, der die Erinnerungen überformt und die Erfahrungen des Verlustes stets neu aktualisiert.

Arbeit

Vielleicht noch stärker als in der Bundesrepublik wirkte der Faktor Arbeit in der DDR als zentrales Element der Eingliederung. In einer Gesellschaft, die sich neben politischer Loyalität so sehr über Erwerbsarbeit definierte, war das nicht verwunderlich. Fast von Anfang an sollte die Assimilierungspolitik den «produktiven» Arbeiter schaffen, ging es doch in der DDR wie in der Bundesrepublik darum, die Wirtschaft anzukurbeln. Das dauerte im Osten länger; die Sowjets stoppten viel später als die Westalliierten die Demontage- und Reparationspolitik, und die Hilfen des Marshallplans schufen im Westen eine andere finanzielle Basis.

Die Startbedingungen unterschieden sich nach Berufszugehörigkeit, Alter und Geschlecht. Handwerker und gelernte Arbeiter fanden in SBZ/DDR schnell wieder Arbeit; ein Neuanfang als Selbständige wurde ihnen aber schwergemacht, da die Ansässigen versuchten, die Plätze für noch in Kriegsgefangenschaft befindliche Einheimische frei zu halten. Erst in den fünfziger Jahren verhalf der gesellschaftliche Transformationsprozess dem Gros der «Umsiedler» in der DDR zur Eingliederung, sei es in der Schwerindustrie, den Stahl- und Walzwerken, in den Chemiebetrieben oder in den Werften der Ostsee. Zu den Arbeitsplätzen entstanden oft auch Wohnsiedlungen; das machte diese Großbetriebe für die Vertriebenen besonders attraktiv, die großenteils immer noch unter dürftigsten Bedingungen untergebracht waren. Wie im Westen gingen viele Vertriebene zur Arbeit in den Bergbau; das war beispielsweise die sowjetische Gesellschaft «Wismut», die Uran abbaute und deren Belegschaft teilweise zu achtzig Prozent aus Vertriebenen bestand. Auch im Kohlekombinat «Schwarze Pumpe» in Brandenburg arbeiteten etliche Vertriebene, ebenso im Eisenhüttenkombinat Ost in Stalinstadt (Eisenhüttenstadt). Für den Aufstieg in die Führungsebene solcher Betriebe war dann vor allem politische Loyalität gefragt. Die Vertriebenen blieben in der Leitungsebene unterrepräsentiert. Insgesamt ist die Benachteiligung gegenüber den Einheimischen bei der Arbeitsplatzvergabe deutlich erkennbar, und anfangs waren die «Umsiedler» wohl oft auch Manövriermasse für ungeliebte Arbeiten in den Bergwerken, beim Deichbau oder in der Landwirtschaft.

Wie im Westen gelang anfangs eine planvolle Unterbringung der Ankömmlinge nicht, die vorläufige Unterbringung fand auf dem Land statt, die industriellen Arbeitsplätze lagen auch hier in den stärker zerstörten Städten oder Industrieregionen. Zentrale staatliche Lenkung nach Arbeitsmarktgesichtspunkten kam vor allem Großbetrieben zugute; dazu zählten die sächsische Textilindustrie, aber auch die Leuna-Werke, also das Chemierevier, mit einem Vertriebenenanteil an der Belegschaft von 47 Prozent.

Inzwischen zeigen lebensgeschichtliche Befragungen mehr über Arbeitsbiographien und Eingliederungsverläufe. Eine Studie von Dagmar Semmelmann befasst sich mit Eisenhüttenstadt, das ab Sommer 1950 in der Nähe von Fürstenberg an der Oder erbaut wurde. In diesem Ort fanden auch umfängliche Befragungen von Alexander von Plato statt, es gibt hier also besonders viele Langzeitinterviews mit Vertriebenen. Das ist kein Zufall: Eine in der Nähe errichtete Wohnstadt bot günstige Unterbringungsmöglichkeiten auch für Vertriebene und ihre Familien, die Arbeit war überdies relativ gut bezahlt, und man sah Aufstiegschancen. Daher wurde Eisenhüttenstadt zum Sammelpunkt für «Umsiedler» aus verschiedensten Gegenden der DDR, vor allem aber aus dem grenznahen Umland. Sie entstammten ganz unterschiedlichen sozialen Milieus. Viele stammten aus Bauern- und Arbeiterfamilien, nur wenige waren Kinder von Angestellten oder Selbständigen. Die meisten erlebten in Eisenhüttenstadt beruflichen Aufstieg: Sie kamen meist ohne höhere Schulbildung oder qualifizierten Beruf, konnten dann aber durch berufliche Weiterbildung zu Meistern, Ingenieuren oder Ökonomen aufsteigen. Manche wurden auch hauptamtliche Partei- oder Gewerkschaftsfunktionäre. Ein Großteil der Befragten trat, sicherlich auch aus Karrieregründen, der SED bei.

Die Integration erfolgte in Phasen: Zunächst ging es um Unterbringung und erste Schritte auf dem Arbeitsmarkt bis 1946/47. In dieser Phase dominierten Diskriminierungen, tiefe Armut und Desintegration. Die Selbstwahrnehmung entsprach vielfach der Fremdwahrnehmung, man sah sich als Nullpunktexistenz, als unerwünscht und unbehaust. Es ging in dieser Phase noch nicht um Zukunftspläne, sondern ums Überleben. Dazu dienten Gelegenheitsarbeiten bei der Enttrümmerung, in der Landwirtschaft und im Forstbetrieb, ebenso Schwarzhandel oder «Organisieren» von Alltagsgegenständen. Die Arbeitsstellen waren nicht befriedigend, sie dienten nur der

Überbrückung. Negative Erfahrungen mit ansässigen Arbeitgebern, Kränkungen und Demütigungen standen neben ersten Freundschaften, manchmal sogar Partnerschaften durch gemeinsame Arbeitskontakte. Prozentual waren in dieser Phase – auf die ganze SBZ gesehen – 43,8 Prozent der Neuankömmlinge in der Land- und Forstwirtschaft beschäftigt, gefolgt von nur 19,4 Prozent in Industrie und Gewerbe, vom Bausektor und der Metallindustrie. Nur 1,4 Prozent waren selbständig. Der Anteil der nicht arbeitsfähigen «Umsiedler» lag ein Drittel höher als bei der einheimischen Bevölkerung.

Mit einem einheimischen Partner begann für manche die zweite, mehr in die Zukunft gerichtete Phase der Integration. Aber auch ohne solche Ehen stabilisierten sich die Vertriebenen durch die Arbeit, sie erfuhren Austausch und Alltagssolidarität, lösten sich aus der reinen Opferrolle und erlebten verstärkt das Gefühl der Selbstbestimmtheit. Bei manchen begann diese zweite Phase schon 1946, in ungünstigeren Fällen erst 1949. Manche nahmen in dieser zweiten Phase, wie das Beispiel Eisenhüttenstadt zeigt, reguläre, selbstgewählte Lohnarbeit auf, andere begannen eine Lehre oder Fachausbildung, die Wohnverhältnisse besserten sich, und die Zukunft sah etwas heller aus. Für Frauen, für ungelernte jüngere Männer wie für ältere Männer, die keine Arbeit in ihrem erlernten Beruf fanden, bot diese Phase jedoch meist noch keine großen Entfaltungsmöglichkeiten. Frauen, aber auch etliche Männer verdienten vielfach ihr Geld mit Heimarbeit. Dafür wurden Produktionsgenossenschaften gegründet, so auch für das Gablonzer Kunsthandwerk in Thüringen. 1948 arbeiteten rund 8000 Vertriebene in 61 solchen Genossenschaften, das waren 0,6 Prozent der «Umsiedler».

Etwa 1949 fiel offensichtlich auch die Entscheidung, in der DDR zu bleiben und nicht in den Westen zu gehen, teilweise verbunden mit dem Entschluss zum Hausbau. Diese Phase wurde rückblickend als Umschwung und Aufbruch erlebt. Sie war auch verbunden mit innerer Zustimmung oder pragmatischer Einbindung in das politische System der DDR. Der Zusammenhang zwischen Integration in den Arbeitsprozess und Einbindung in das gesellschaftliche System der

DDR hatte viel damit zu tun, dass der Arbeitsplatz in der verstaatlichten Ökonomie zu ebendem Ort wurde, an dem der Staat, geführt von der SED, am intensivsten auf den Einzelnen einwirkte. Mit dem Umschwung begann dann ab 1949/50 die dritte Phase, in der die Vertriebenen z.B. in Eisenhüttenstadt ihren beruflichen Aufstieg erlebten.

Vertriebene, so zeigen unterschiedliche Untersuchungen, waren im Westen wie im Osten Deutschlands besonders aufstiegsorientiert, auf Qualifikation und Fortkommen bedacht. Das lag nicht zuletzt an ihren Verlusterfahrungen und dem festen Willen, aus dem Elend der ersten Phase nach der Ankunft herauszukommen, etwas aufzubauen, sich wieder zu etablieren, sich selbst und den anderen zu zeigen, was sie leisten konnten. Nicht zuletzt durch die ständige Abwanderung qualifizierter Leute in den Westen wurde die DDR zu einer viele Gruppen umfassenden Aufstiegsgesellschaft, die auch den Neuankömmlingen große Chancen bot. Das umfasste Männer und Frauen. Durch entsprechende Arbeitsplätze gab es dann auch Wohnungen, Privilegien und Sonderrationen.

Die Befragungen in Eisenhüttenstadt machen Karrierewege innerhalb des politischen Systems der DDR sichtbar, die eng mit dieser Aufstiegsorientierung und der Arbeit in einem Industriebetrieb verbunden waren. Es ist das Gegenstück zum ländlichen Beispiel der Bessarabiendeutschen, die sich in ihrer bäuerlichen Existenz wieder einrichten konnten, ohne sich weiter in das politische System einpassen zu müssen. Für diejenigen Vertriebenen, die sich mit den politischen Forderungen und ökonomischen Bedingungen des DDR-Systems nicht arrangieren konnten oder wollten, bot sich zumindest bis zum Mauerbau der Weg in den Westen als Alternative. Die Übrigen passten sich an oder richteten sich in Nischen ein.

Assimilierung, Identifikation, Loyalität

Von Anfang an versuchte die sowjetische Besatzungsmacht, die kulturelle Eigenständigkeit der Ankömmlinge zu unterdrücken und ihnen ihre besondere Identität zu nehmen, um sie besser eingliedern zu können. Die Identifikation mit der neuen sozialistischen Gesellschaft über den Arbeitsplatz und die politische Loyalität zur SED sollte die Bindungen zur alten Heimat ersetzen, dies vor allem auch vor dem Hintergrund, dass die Rückkehr von Anfang an ausgeschlossen wurde. Diese Politik war jedoch nur bedingt erfolgreich. Viele Betroffene zogen sich in den engen Familienkreis zurück und fügten sich eben nicht in das neue politische System ein, das ihnen untersagte, mit ihrer eigenen Identität sichtbar zu bleiben. Wie hoch dieser Anteil lag, lässt sich nicht quantifizieren, und lebensgeschichtliche Befragungen geben hierzu auch immer nur Ausschnitte wieder.

Sichtbarer sind diejenigen, die den Weg im System beschritten: Im Jahr 1949 entstammten bereits, so die Statistik des DDR-Innenministeriums, 13 Prozent der Abgeordneten in Landtagen, 11,9 Prozent der Kreistagsabgeordneten, 17 Prozent der Kreisräte und immerhin 12,6 Prozent der Bürgermeister Vertriebenenkreisen. Im öffentlichen Dienst wirkten sie bereits fast entsprechend ihrem Anteil an der Gesamtbevölkerung, nämlich zu 20,1 Prozent. Noch bemerkenswerter: 16,4 Prozent der leitenden Angestellten im öffentlichen Dienst waren Vertriebene. Dabei profitierten die Ankömmlinge von der Entnazifizierung, durch die etliche Stellen im öffentlichen Dienst frei wurden; die mögliche NS-Belastung der Ausgesiedelten war nicht so leicht zu prüfen. Diese Zahlen sind nicht denkbar ohne einen hohen Grad an politischer Anpassung, ohne Mitgliedschaft in der SED und die Bereitschaft, an den Zielen der DDR-Führung mitzuwirken.

Da es nach 1952/53, nach der offiziell verordneten erfolgreichen Eingliederung der «Umsiedler», keine Statistiken dieser Art mehr gibt, lässt sich nicht nachvollziehen, wie es mit dieser Anpassung weiterging. Wer sich wirtschaftlich oder politisch nichts von der DDR versprach, wer seine Identität und Herkunft als Vertriebener weiterhin ernst nahm, versuchte wohl eher, in den Westen zu kommen. Wer blieb, musste damit leben, dass die Erinnerung an die alte Heimat kein Gegenstand der öffentlichen Diskussion war, dass die Behörden alle Versuche unterbanden, ostpreußische, schlesische oder sudetendeutsche Kultur zu pflegen, und das Thema Vertreibung tabuisiert wurde. Das Schweigen enthielt dann auch das Verbot, sich mit den erlebten Gräueln bei Flucht und Vertreibung sowie mit der Rolle der Roten Armee auseinanderzusetzen. Damit unterblieb ein zentraler Schritt der Bearbeitung erlittener Traumata.

Doch es gab auch in der DDR die Möglichkeit, sich über den wirtschaftlichen Aufstieg als vollwertiges Mitglied der Gesellschaft zu erleben. Die Massenorganisationen der DDR boten Jugendlichen wie Erwachsenen Identifikationsmöglichkeiten und das Angebot der Gleichstellung mit den Einheimischen. Die verordnete Assimilierung war verbunden mit einem grundlegenden Durchmischungsprozess in der DDR, den die Einheimischen ebenfalls vollziehen mussten, wenn auch von einer anderen sozialen und wirtschaftlichen Ausgangsbasis aus. Die Anpassungsbereitschaft der Neuankömmlinge war durch ihre schlechte Ausgangssituation und ihrem Aufstiegswillen dabei besonders hoch. Damit kam den Neubürgern große Bedeutung in dem sich formierenden DDR-System zu. Dies schuf auch Loyalitäten zum Betrieb, zur Arbeitsbrigade oder zur Jugendorganisation, die zwar nicht immer eindeutig waren und auch einige Doppelmoral enthielten, die aber doch den in der DDR verbliebenen Vertriebenen die Identifikation ermöglichten.

Seit den siebziger Jahren konnten dann Reisen in die alte Heimat Teile des nach wie vor unbewältigten Heimwehs zumindest lindern. Die Auseinandersetzung und die Heimaterinnerung der scheinbar Angepassten blühten seit den achtziger Jahren verstärkt auf. Eine breite Erinnerungsliteratur, aber auch die literarische Verarbeitung durch die zweite oder dritte Generation zeugen davon, dass Erinnerung und vielleicht auch Verarbeitung weitergehen.

Susanne Spröer

Elvira Schmidt: «Mein Deckbett
hab ich nicht losgelassen»

Das Mädchen krümmt sich unter dem Deckbett zusammen, zittert
zwischen Fieberschüben und Schüttelfrost. Plötzlich sind leise Stimmen zu hören, Schritte, die näher kommen, Flüstern. Das Mädchen
öffnet die schmerzenden Augen, dann wird es eiskalt, jemand zerrt
an der Decke, sie klammert sich fest, und dann schreit sie und schreit
und schreit – und wacht schweißgebadet auf. Jahrzehntelang hat Elvira Schmidt dieser Traum verfolgt.

Ihre Geschichte beginnt in Bessarabien, einer Region zweitausend
Kilometer entfernt am Schwarzen Meer. Am 9. Juni 1932 werden
die Bauersleute Robert und Ida Steinwand aus dem deutschen Dorf
Klöstitz stolze Eltern ihrer zweiten Tochter, die sie Elvira nennen.
Beide haben Bessarabien noch nie verlassen, sie sind hier geboren
und werden – so Gott will – hier sterben. Sie ahnen nicht, dass ihnen
und auch ihren beiden Mädchen ein ganz anderes Leben bevorsteht
als den Vorfahren, die seit Generationen hier verwurzelt sind.

Bessarabien – das ist ein von weiten baumlosen Hügeln und frucht-
barer Steppe geprägter Landstrich, der im Südosten an das Schwarze
Meer grenzt. 1815 sind die ersten deutschen Siedler hierhergekommen.
Auch Johannes Steinwand aus Dürrenmettstetten, einem kleinen
Dorf im Schwarzwald, im Herzogtum Württemberg, gehörte zu den
Menschen, die sich fern ihrer Heimat ein besseres Leben erhofften.
1797 ist er aus dem Schwarzwald aufgebrochen, wo es keine Zukunft
für ihn gab: Nur einer der Söhne erbte den Hof, so sah es das würt-
tembergische Erbrecht vor. Ihn hatte man ausbezahlt, und zwar recht
knapp. So blieben allein seine Arbeitskraft, sein Wille und der Mut,

Neues zu wagen. Als Kolonist zog er nach Südpreußen im heutigen Polen, wenige Jahre später weiter nach Bessarabien. Das fruchtbare Gebiet am Schwarzen Meer hatte der russische Zar Alexander I. von den Türken erobert, nun suchte er erfahrene Bauern, die das Steppen- und Weideland für das Zarenreich urbar machten.

Der Ururgroßvater von Elvira Schmidt, geborene Steinwand, ist 1815 einer der Gründer von Klöstitz, der vierten deutschen Siedlung in Bessarabien. Die ersten Ankömmlinge graben Erdhöhlen als Unterkünfte, es gibt nur die endlose Steppe, über die einst Hirten und Nomaden zogen, keine Dörfer, keine Straßen. Rund 17 Hektar bekommt jede der Siedlerfamilien zugewiesen. «Die erste Generation hat den Tod, die zweite die Not und die dritte erst das Brot» sagt ein bessarabisches Sprichwort. Als Elvira Schmidt geboren wird, gehört sie zur sechsten Generation, der es gutgeht: Die Steinwands leben einfach, aber in bescheidenem Wohlstand. In rund hundert Jahren haben die süddeutschen Neusiedler aus einem kargen Landstrich mit hüfthohem Steppengras eine fruchtbare Ackerlandschaft gemacht, mit schwäbischem Fleiß, Sparsamkeit, Selbstausbeutung und Entschlossenheit, getragen von einem unerschütterlichen Glauben. Die Siedler in Klöstitz sind evangelisch-lutherisch. «Schon vom Schwarzwald aus sind sie mit Gesangbuch und Bibel los», erzählt Elvira Schmidt, noch immer hört man den leicht schwäbischen Zungenschlag, und von ihrem Großvater Johannes gibt es ein Foto, auf dem er andächtig die Bibel in der Hand hält.

Das Leben der Bessarabiendeutschen wird bestimmt von den kirchlichen Festen, von den Jahreszeiten, vom Säen und Ernten, denn die meisten Menschen sind Bauern – wie die Steinwands, die in Jahrzehnten gelernt haben, aus dem fruchtbaren Schwarzerdeboden das Beste herauszuholen. Sie bauen Obst, Gemüse und Wein an, züchten Pferde und Schafe. Bis 1918 gehört Bessarabien zum Zarenreich, nach dem Ersten Weltkrieg wird das Gebiet dem rumänischen Staat zugeschlagen. 1930 wird eine Volkszählung durchgeführt: Über die Hälfte der 2,8 Millionen Einwohner sind Rumänen, außerdem leben hier Russen, Ukrainer, Roma und andere Volksgruppen. Die deutschen Siedler machen etwa drei Prozent aus. Ein Vielvölkergemisch. Die verschiedenen Ethnien leben meist friedlich nebeneinander, sie haben wenig Berührungspunkte.

Klöstitz ist ein rein deutsches Dorf, in der Schule spricht Elvira nur Deutsch, im Sommer kommen Bulgaren, Rumänen oder Ukrainer vor allem als Erntehelfer. Mit ihrem eigenen Hof samt Mägden und Knechten, Tieren und Landwirtschaft gehören Steinwands zur Klöstitzer Führungsschicht. Elvira und ihre Schwester (ein Bruder stirbt als Kleinkind) spielen auf der breiten Dorfstraße, zwischen Obstbäumen und Weinbergen, besuchen gemeinsam mit den anderen Kindern die Dorfschule: eine glückliche Kindheit auf dem Land. Ganz besonders liebt Elvira den Weinberg hinter dem Haus und die vielen Tiere, die Pferde und Katzen, Gänse und Hühner und vor allem ihren Hund.

Abschied von Nora

Klöstitz ist ein großes Dorf, 1939 leben hier über dreitausend Menschen. Als im September Hitlers Wehrmacht Polen überfällt, erfahren die Klöstitzer davon aus der Zeitung, der «Odessaer Zeitung» oder der «Deutschen Zeitung Bessarabiens», die Robert Steinwand seinen Töchtern Elvira und der zwei Jahre älteren Lily abends vorliest. Die Front ist weit entfernt, die Kinder, die nur das beschauliche Dorfleben kennen, können sich unter Krieg nichts vorstellen. Und doch haben die Kriegsherren längst eine Entscheidung gefällt, die das Leben Elviras und aller anderen Dorfbewohner für immer verändern wird. Schon vor Kriegsbeginn haben Adolf Hitler und Josef Stalin in Moskau das Schicksal der Bessarabiendeutschen besiegelt. In einem geheimen Zusatzprotokoll zum Hitler-Stalin-Pakt vom 23. August 1939 haben sie vereinbart, wie die zu erobernden Gebiete aufgeteilt werden: Bessarabien wird Russland zugeschlagen, die deutschen Bessarabier nach Polen umgesiedelt – in die von der deutschen Wehrmacht besetzten Gebiete.

Elvira Schmidt (rechts vorn), Ende der dreißiger Jahre

Elvira Schmidt ist acht Jahre alt, als im Sommer 1940 alle Klöstitzer aufgefordert werden, ihre Sachen zu packen. «Heim ins Reich»
wird die Aktion von der NS-Propaganda schönfärberisch genannt,
und man verspricht den Siedlern Entschädigung: Jeder bekäme in
Deutschland das, was er auch in Bessarabien besessen hatte. Beinahe

alle 93 000 Bessarabiendeutschen aus den 150 Siedlungen verlassen «freiwillig» ihre Heimat – für immer. Zu groß ist die Angst vor der Roten Armee, die im Juni begonnen hat, Bessarabien zu besetzen. Im Oktober verlassen die letzten Bessarabiendeutschen ihre Dörfer. Für Elviras Eltern bedeutet es, alles, was sich die Familie über Jahrhunderte hinweg hart erarbeitet hat, zurückzulassen: die Höfe und Stallungen, die Pferdezucht, ihre Weinberge, Maisfelder und Obstplantagen. Elvira fällt der Abschied von den Tieren am schwersten. «Meine Schwester und ich hatten ja beide einen Hund, meiner hieß Nora. Die Hunde durften nicht mit. Wir weinten beim Abschied.»

Die Frauen und Kinder werden mit Bussen und Militärlastwagen nach Galatz gebracht, die Männer folgen mit den Pferdewagen voller Hausrat. Noch nie ist Elvira so weit von ihrem Dorf entfernt gewesen, für die Kinder ist die Reise auch ein aufregendes Abenteuer. Von Galatz aus geht es mit dem Schiff weiter, auf Ausflugsdampfern die Donau entlang. «Meine erste Schifffahrt, das war was! Und da haben die Leute so einen gelben Saft getrunken, den ich nicht kannte – aber ich wollte auch mal probieren.» Der «Saft» ist bitter und herb, er schmeckt ihr nicht – es ist Bier, das sie aus Bessarabien nicht kennt. Dort wurde nur Wein angebaut, zum Mittagessen gab es für alle ein Gläschen Wein, auch für die Kinder, erinnert sich Elvira Schmidt. Sie erzählt sehr anschaulich, ihre Worte lassen das kleine Mädchen lebendig werden, das staunend die fruchtbaren Donauebenen vorbeiziehen sieht.

Die nächste Station ist Semlin bei Belgrad, wo sie in einem Auffanglager untergebracht werden, dem ersten von vielen, die folgen sollen. An Semlin hat Elvira Schmitz gute Erinnerungen: Die Anwohner sind freundlich und bringen den Reisenden Essen und Lebensmittel. Niemand weiß, wo die Fahrt enden wird, zunächst geht es einige Wochen später nach Wien weiter. In Wien, das seit dem Anschluss Österreichs 1938 zum Deutschen Reich gehört, werden die Ankömmlinge von einer Musikkapelle begrüßt. Doch der fröhliche Empfang täuscht, auch hier ist die lange Reise nicht vorbei, sie führt weiter nach Riesa an der Elbe, in der Nähe von Dresden. Im

Durchgangslager schlafen alle in großen Gemeinschaftssälen. «Jede Familie, wie groß sie auch war, bekam ein Doppelstockbett», erzählt Elvira Schmidt, sie quetschen sich zu viert in die Betten, verstauen ihre wenige Habe. Intimsphäre gibt es nicht, die Betten sind nur mit abgehängten Decken voneinander getrennt. Nach rund einem Jahr und einem weiteren Lageraufenthalt in Litzmannstadt, dem polnischen Łódź, hat das Lagerleben endlich ein Ende: «Als es dann hieß, es geht zur Ansiedelung, da waren alle wieder froh. Endlich raus aus dem Lagerleben. Aber kein Mensch wusste, was auf uns zukam.»

Zwangsheimat im «Reichsgau Wartheland»

Im Oktober 1941 schließlich steht der Umzug in das neue eigene Haus bevor, im kleinen Dorf Pogoń im Kreis Konin. Doch die Ankunft ist ein Schock, vor allem für die Eltern: «Und ich weiß noch wie heute, als wir auf dem Hof ankamen, standen noch die Betten im Haus, es war alles noch eingeräumt. Und meine Mutter sagte dann bloß: ‹In dieses Haus gehe ich nicht. Ich leg mich da nicht hin. Das sieht ja so aus, als wenn die Menschen, die drin gewohnt haben, noch gar nicht lange weg wären!› Pogoń ist wie die ganze Region von der Wehrmacht geräumt worden, die Besitzer der Höfe sind aus ihren Häusern vertrieben, ermordet, in Konzentrationslager oder in das Reichsgebiet zur Zwangsarbeit verschleppt worden. Über viereinhalb Millionen Polen sind im nationalsozialistischen Eroberungswahn, dem verbrecherischen Streben nach «Lebensraum im Osten» ums Leben gekommen. Für die Gebiete mit deutschen Neusiedlern gilt, dass es keine polnischen Herren geben darf – nur als Diener oder Knechte dürfen Polen bleiben. Das Dorf Pogoń liegt im «Reichsgau Wartheland», einem Gebiet, das die nationalsozialistischen Machthaber völkerrechtswidrig annektiert haben und nun mit Deutschen aus Bessarabien, Wolhynien, Galizien und den baltischen Staaten besiedeln.

Für ihre Eltern sei der Gedanke, in einem Haus leben zu müssen, das man anderen Menschen weggenommen hatte, furchtbar gewesen, erinnert sich Elvira Schmidt. Sie ist mittlerweile neun Jahre alt. «Aber als Kind damals dachte ich: Mensch, was meine Mutter bloß hat! Ich war froh, da steht ein Bett, da kann ich schlafen. Und endlich raus aus dem Lagerleben. Und so sind wir dort geblieben.» Nicht alle Polen haben das Dorf verlassen, Arbeiter, Knechte und Mägde werden zur Arbeit für die Deutschen zwangsverpflichtet und arbeiten nun für die deutschen Neusiedler. Aber es gibt eine klare Trennung, zum Beispiel dürfen die Polen nicht gemeinsam mit den Deutschen am Esstisch sitzen. Ihre Eltern, erzählt Elvira Schmidt, hätten die polnischen Arbeiter aber immer gut behandelt. «Dann hat mein Vater gesagt: ‹Wenn wir ein Schwein schlachten, wird es geteilt. Die Polen bekommen ihren Teil nach Hause und kochen es sich dann selbst.›» Viele Jahrzehnte später, nach dem Mauerfall und dem Ende des Kalten Krieges, wird Elvira Schmidt nach Polen reisen und Pogoń besuchen. Die alten Bekannten empfangen sie herzlich. Es macht Elvira Schmidt heute noch stolz, dass ihre Eltern offensichtlich in guter Erinnerung geblieben sind. «Die Polen waren überhaupt nicht böse zu uns», erzählt sie über ihren ersten Besuch in Polen nach der Wende, «damals war Krieg, und wir konnten ja nichts dafür und sie auch nicht, dass es so kam. Und deshalb waren wir befreundet.»

Elvira geht in Pogoń auch wieder zur Schule. Deutsche und polnische Kinder spielen miteinander, und auch die Verständigung klappt schnell: Elvira lernt von ihren Spielkameraden Polnisch, dafür bringt sie ihnen Deutsch bei. Elvira spricht jetzt drei Sprachen: Deutsch, Polnisch und Schwäbisch, die Sprache ihres bessarabischen Heimatdorfes Klöstitz.

Ein Albtraum

Bis Anfang 1945 lebt Elvira mit ihrer Familie in Pogoń. Sie ist dreizehn Jahre alt, als ihr Leben erneut eine dramatische Wendung nimmt: Im Januar erreicht die Rote Armee und damit die Front den Kreis Konin. «Es war Mitte Januar, es war sehr kalt, es gab viel Schnee. Wir haben uns fertig gemacht, die Wagen gepackt und sind auf die Flucht gegangen. Nicht wir allein, es waren viele, die Straßen waren alle verstopft, alles Flüchtlinge, die nach Deutschland wollten.»

Kurz vor Posen wird der Flüchtlingstreck von der Front eingeholt und beschossen: «Und zuerst kamen Tiefflieger, es waren ja eigentlich nur Frauen und Kinder auf den Wagen. Und da schossen die Tiefflieger zwischen Pferde und was auf den Wagen war, und wir alle sind runter. Stellen Sie sich mal vor, hoch Schnee, 24 Grad minus, und querfeldein haben wir uns im Schnee versteckt. Und wo die Flieger drübergeflogen waren, war der Schnee nicht mehr weiß, er war rot vom Blut der Menschen.» Elvira Schmidt spricht mit leiser Stimme, man merkt ihr an, dass es sie noch heute aufwühlt. «Aber aus unserer Familie hat es niemanden getroffen. Aber wo sollten wir jetzt hin? Nun waren wir ganz heimatlos. Mitten im Winter, mitten in der Fremde.»

Und dann wird die Familie auch noch auseinandergerissen, der Vater von russischen Milizen verschleppt. Die Frauen und Kinder beschließen, zum Hof zurückzufahren. Auf dem Rückweg begegnen sie marodierenden russischen und polnischen Soldaten. «Und dann kam so eine besoffene Gesellschaft an, und ein Pole fasst mich an und reißt mich vom Wagen. Ich sollte ihm meinen Trauring geben und die Uhr und so was. Und da sag ich: «Ich hab gar nichts, ich hab keinen Trauring!» Und dann hat er mich genommen und hinter den Wagen gestellt und wollte mich erschießen. Und dann …» Elvira Schmidt blinzelt mit den Augen, «oh, jetzt muss ich weinen, wenn ich das erzähle … aber er hat's nicht getan, nur gezielt auf mich. Und dann kam ein Russe und hat den besoffenen Polen weggeholt und gesagt: ‹Siehst du denn gar nicht, das ist doch noch ein Kind!›» Elvira springt zurück auf den Wagen, der Russe schickt die Gruppe schnell weiter. «Ich wusste gar nicht: Lebe ich jetzt noch oder bin ich tot? Er wollte mich erschießen. Das habe ich mein ganzes Leben nie vergessen. Oft träumt man ja auch in der Nacht davon. Der steht da und will dich erschießen.» Elvira Schmidt hält kurz inne. Das sei der einzige Pole, der so schlecht zu ihnen gewesen sei, ergänzt sie dann. Denn zurück in Pogoń, werden sie von den polnischen Nachbarn gewarnt: Ihr Haus sei voller Wehrmachtssoldaten, alle betrunken und gefährlich. Die Nachbarn nehmen sie bei sich auf, teilen das wenige, was sie zum Leben haben, mit den deutschen Flüchtlingen.

Plötzlich sind die Rollen vertauscht: Die Deutschen brauchen Hilfe und die Polen helfen. Elvira, ihre Mutter und die Schwester werden getrennt auf verschiedenen Höfen untergebracht. Im Mai 1945 ist der Krieg in Europa endlich vorbei. Den ganzen Sommer über leben sie bei den polnischen Familien. Elvira, die Tiere liebt, hilft auf dem Feld mit, geht Kühe hüten. Doch die Familie will zurück nach Deutschland. «Zurück» in ein Deutschland, das keiner von ihnen kennt, niemand war bisher so weit im Westen. Und doch ist da die Sehnsucht nach den Landsleuten, nach der vertrauten Sprache. Im Dorf und in der Schule darf jetzt nur noch Polnisch gesprochen werden. Schließlich gelingt es der Mutter, Fahrkarten nach Berlin zu organisieren, dafür verkauft sie ihren Schmuck. «Ich erinnere mich gut, so ein großes goldenes Herz hat sie den Behörden verkauft, um die Fahrkarten zu bekommen.» Im November 1945 heißt es dann wieder Abschied nehmen. Gepäck ist verboten, wieder müssen sie alles zurücklassen. Nur was sie am Leib tragen, dürfen sie mitnehmen. Und: ihre Bettwäsche, ein Deckbett für jeden. Die Mutter weist sie an, Kleidung dreifach übereinanderzuziehen: «Hemdchen, Höschen, Pullover, alles dreimal über, dass wir dann wenigstens etwas zum Wechseln haben. Dann kamen wir in Konin im Warthegau zur Miliz, und da gab es eine ganz strenge Frau, jeder musste einzeln zu ihr rein. Sie hat kontrolliert, was wir anhaben, und dann mussten wir uns ausziehen. Sie hat bestimmt, was wir wieder mitnehmen durften. Ein Hemdchen, ein Höschen, einen Pullover und den Mantel konnten wir auch behalten.»

Aus Elvira Schmidt spricht wieder das dreizehnjährige Mädchen, wenn sie von den Schikanen bei der Ausreise erzählt: «Mitten im Winter, es war November, und dann schickt sie uns so los. Das war wirklich gemein.» Wie alle Flüchtlingszüge ist auch dieser Zug mit Menschen vollgestopft. Die Zugfahrt ist entsetzlich. Immer wieder stoppt die Lokomotive, Frauen werden rausgezerrt und vergewaltigt, auch Elviras Freundin. Elvira versteckt sich.

Nach einer endlos langen Reise voller Unterbrechungen kommt der Zug endlich am Schlesischen Bahnhof in Berlin an. Die Flüchtlinge übernachten in einem großen Bunker voller Menschen und voller Läuse. Niemand weiß, wie es weitergeht. Geld haben sie keines mehr, Essen gibt es kaum, mal eine Erbsensuppe, mal verteilen amerikanische Soldaten auf großen Lastwagen Brot an die Flüchtlinge. Nach ein paar Wochen werden sie weitergeschickt, in ein riesiges Flüchtlingslager in Mecklenburg, das Quarantäne-Lager Kronskamp. «Alle Ställe, alle Scheunen waren voll mit Flüchtlingen aus Westpreußen, Ostpreußen, Schlesien und uns Bessarabiendeutschen. Es gab viele Kranke, und sehr viele sind gestorben.» Auch Elvira Schmidt erkrankt, mit Verdacht auf Typhus wird sie von Mutter und Schwester isoliert und in ein «Krankenhaus» verlegt: «Aber das war ein Kälberstall. Auf der einen Seite lagen die Toten und auf der anderen Seite die, die noch nicht ganz tot waren. Dazu gehörte ich.» Betten gibt es nicht, die Kranken liegen zu Hunderten im Stroh, neben den Leichen, man kann sie kaum voneinander unterscheiden.

Eines Nachts hört Elvira zwischen Fieberträumen und Schüttelfrost, wie sich Schritte nähern, dann zerrt jemand an ihrem Deckbett, sie krallt sich darin fest und versucht zu schreien. Sie bekommt Lumpen in den Mund gestopft. «Vorher war mir gar nicht bewusst, dass da ein alter Mann neben mir lag. Und der stand nun auf und fing auch an zu schreien: ‹Lasst dem Kind sein Deckbett! Wollt ihr wohl gehen!› Und dann sind die Räuber verschwunden.» Die Räuber, das sind Flüchtlingsjungen, zerlumpt, kaum älter als sie selbst. Der alte Mann wendet sich an Elvira: «Sag mal, Kind, hast du noch Verwandte hier?» – «‹Ja›, sag ich, ‹meine Mutti, aber ich darf ja nicht bei ihr bleiben.›»

Wieder blinzelt Elvira Schmidt heftig mit den Augen bei der Erinnerung an diese Nacht im Lager. «Da muss ich wieder weinen», sagt sie, «na, jedenfalls hat der alte Mann mich dann angefasst und gesagt: ‹Komm, ich bring dich zu deiner Mutti.› Meine Mutti hat mich gleich erkannt. Dann hab ich mich da hingekuschelt bei meiner Schwester und meiner Mutter. Und dieser alte Mann, hab ich im Nachhinein gedacht, das war mein Schutzengel.» Über zweitausend Flüchtlinge sind im Winter 1945/46 im Übersiedlerlager Kronskamp an Entkräftung und Seuchen gestorben.

Ihr Deckbett lässt sie von nun an nicht mehr los, auch als sie das Lager Kronskamp im Sommer 1945 endlich verlassen darf, schleppt sie es mit. Mit Mutter und Schwester läuft sie die rund drei Kilometer von Kronskamp nach Laage, die entkräftete Elvira wird immer wieder huckepack genommen. Dann geht es weiter nach Norden, Richtung Ostsee. Am Bahnhof Laage werden die Flüchtlinge in Züge verladen, schließlich erreichen sie das kleine Örtchen Schwaan in der Sowjetischen Besatzungszone, in einer Felder- und Auenlandschaft zwischen den Flüssen Beke und Warnow gelegen. Sie werden in der leergeräumten Fischfabrik untergebracht.

Endlich gibt es regelmäßig zu essen: zwei kleine Pellkartoffeln pro Tag. Nach einer guten Woche geht die Reise weiter. Am Nikolaustag des Jahres 1945 erreichen Elvira, ihre Mutter und ihre Schwester schließlich Hof Tatschow. Hier ist die lange Reise von Bessarabien über Polen und Berlin zu Ende, Tausende Kilometer haben sie auf Wagen, in Flüchtlingstrecks, zu Fuß und in überfüllten Zügen zurückgelegt. Kann dies ein Ort zum Bleiben sein, zum Wurzelnschlagen? Und wenn ja, wie kann man neu anfangen, wenn man fast nichts mehr hat, gezeichnet ist von Krankheit und Erschöpfung, die Familie auseinandergerissen? Vom Vater haben sie seit nun schon fast einem Jahr nichts mehr gehört.

In Hof Tatschow gibt es Kartoffelsuppe zum Sattessen. Abwechselnd: Nur einen einzigen Löffel haben Mutter und Töchter auf der Flucht retten können. Elvira als Jüngste und noch geschwächt von der Krankheit, ist als Erste dran, dann Mutter und Schwester. Die drei sind in einem Wagenschauer untergekommen, leben erst in einem Kälberstall, dann wird eine Buchte in einem Hühnerstall frei, zwei mal zwei Meter im Quadrat, ein winziges Kämmerchen für drei Menschen. Sie schlafen auf primitiven, aus Brettern genagelten Stockbetten und heizen mit einem kleinen Kanonenofen, der kaum Wärme spendet. Auch im Herrenhaus sind Flüchtlinge untergebracht. Vier lange Jahre wird das ihr Zuhause sein.

Mittlerweile sind endlose Flüchtlingsströme aus dem zersprengten Deutschen Reich durch die von Landwirtschaft geprägte Region gezogen. Im Winter 1945 leben rund eine Million Flüchtlinge und Vertriebene in Mecklenburg. Allerdings nennt man sie hier anders als in den westlichen Besatzungszonen: «Umsiedler» heißen sie im Sprachgebrauch der Behörden.

Die Gutsherren, denen Hof Tatschow zuvor gehört hat, sind fort, über ihr Schicksal wissen die Neuankömmlinge nichts. Viele Einheimische gibt es in Schwaan nicht mehr, Ende 1945 sind über die Hälfte aller Bewohner Mecklenburgs «Umsiedler». Die dreizehnjährige Elvira lernt, Lebensmittel zu organisieren, unbemerkt Kartoffeln aus der großen Miete zu klauen, zu improvisieren. Aus den Kartoffeln backt sie Kartoffelpuffer, als Reibe dient ein alter Blecheimer, in den sie mit einem Nagel Löcher schlägt, ein Stein ist der Hammer, der Eimerboden die Bratpfanne. Noch heute erzählt sie voller Stolz von ihrer praktischen Erfindung. Tauschgeschäfte auf dem Schwarzmarkt sind nicht möglich – sie besitzen ja nichts mehr zum Tauschen.

Schließlich lernt sie die elf Jahre ältere Hilde kennen, die auch in der Siedlung lebt, ihr Vater ist Stellmacher. Sie fragt ihn, ob er wisse, wo es Arbeit für sie gäbe. Er wolle seine Frau fragen, erwidert er. «Und am nächsten Tag kam er und sagte, seine Frau würde sich freuen, wenn ich ihr in der Küche helfe, Kartoffeln schälen und abwaschen.» Mit vierzehn hat Elvira Schmidt ihre erste Arbeit als Dienstmädchen, zumindest ihre Mahlzeit ist gesichert, und am Abend darf sie sogar eine Kanne Milch für Mutter und Schwester mitnehmen. «Wir waren die glücklichsten Menschen der Welt.» Nur manchmal packt sie die Traurigkeit: «Als ich dann Hausmädchen war, musste ich ja tun, was mir gesagt wurde. Dann wurde mir erst richtig bewusst, dass wir nichts mehr haben, nichts mehr sind. Und ich musste jetzt gehorchen. Die Leute waren nicht hässlich zu mir, sie waren nett. Warum ich traurig bin, habe ich ihnen nie gesagt. Das war mein Geheimnis.»

Elvira Schmidt, 1947

Endlich gelingt es ihnen, Neues vom Vater zu erfahren. Die Mutter hat an die polnischen Freunde in Pogoń geschrieben, in der Hoffnung, dass auch der Vater sich dorthin wendet. Es ist die letzte Adresse, die er von seiner Familie noch hat, nur über Polen kann er sie finden. Und tatsächlich: Die Polen erhalten Post aus Sibirien. Der Vater lebt! Aber er ist in russischer Kriegsgefangenschaft, es ist ungewiss, ob und wann er freikommen wird. Über den Kontakt nach Pogoń erfährt auch Robert Steinwand, dass seine Frau und die Töchter in Mecklenburg und in Sicherheit sind. «Warum seid ihr im Osten geblieben?», wird Elvira später immer wieder von ihren Verwandten aus Stuttgart gefragt werden. Und sie wird antworten: «Wir mussten ja bleiben! Der Vater hat nun gewusst, wo wir sind, und das wollten wir ihm nicht antun, von hier aus weiterzureisen.» Also bleiben sie in Hof Tatschow, warten, hoffen und beten.

1947, da ist Elvira vierzehn, steht ihre Konfirmation an, neben Taufe und Hochzeit das wichtigste religiöse Ereignis für die gläubige evangelische Familie. Doch Elvira hat nichts anzuziehen. Die Kleider der Töchter ihrer Arbeitgeberin passen ihr nicht. «Dann wurde eine Schneiderin bestellt, die ein Kleid für mich umgenäht hat. Das habe ich zur Konfirmation angezogen. Ich bekam auch ein Gesangbuch von der Familie und ein weißes Taschentuch mit Myrte darauf.» Äußerlich zeigt sie sich glücklich, im Inneren aber schmerzt sie die Großherzigkeit der Chefin. «Ich hab das Kleid dankbar angenommen, aber was glauben Sie, wie das wehtat! Wir waren zu Hause wer, und jetzt war ich auf Almosen angewiesen. Das war sehr schwer, aber darüber spricht man ja auch nicht so. Aber hart war es schon. Auch für meine Mutter. Ihr Kind wird konfirmiert, und sie kann ihm nichts bieten.» Für ihren Konfirmationskuchen sammelt sie Ähren und drischt sie mit einem Knüppel. In der Mühle tauscht sie die Körner gegen Mehl. Gebacken wird der Kuchen bei Nachbarn, eine eigene Küche haben die Steinwands nicht.

Glückliche Fügungen

Im Herbst desselben Jahres geht Elvira wieder einmal Kartoffeln stoppeln und – noch heute ist es ihr ein bisschen peinlich – betteln im Nachbardorf. Dort lebt auch eine Familie Schmidt aus Hinterpommern, Mutter, Sohn und Großmutter. Sie haben schon 1945 einen Hof zugeteilt bekommen: Im Herbst ist in der Sowjetischen Besatzungszone mit der sozialistischen Umverteilung des Landbesitzes begonnen worden, der sogenannten Bodenreform. Die großen Güter, Staatsdomänen, werden in kleine Siedlungen aufgeteilt und an Kleinbauern vergeben. So haben die Schmidts ein Haus samt 30 Hektar Land bekommen und das Glück gehabt, eine Kuh und ein Pferd dazuzulosen. Nach zwei harten, arbeitsamen Jahren geht es ihnen jetzt schon wieder verhältnismäßig gut. Die Hausherrin bietet dem hungrigen Mädchen Milchsuppe zum Frühstück an, Elvira nimmt dankbar an. Am nächsten Tag kommt sie wieder, etwas früher, und hilft beim Tischdecken. Wegen der Milchsuppe – und wegen des Sohnes der Familie. Werner heißt er und ist zwei Jahre älter als Elvira. «Tja, und dann ist er mich einfach nicht mehr losgeworden», schmunzelt sie.

Ausgleichsmaßnahmen und Bodenreform in der SBZ und der DDR

Auch in der Sowjetischen Besatzungszone (SBZ) und der DDR wurde ein Lastenausgleich lebhaft diskutiert, schließlich aber nicht umfassend umgesetzt. Dennoch gab es einige Ausgleichs- und Eingliederungsmaßnahmen für «Umsiedler», wie Flüchtlinge und Vertriebene seit Oktober 1945 in der SBZ offiziell genannt wurden. Den Vorstellungen der sozialistischen Gesellschaftstheorie entsprechend, hatten die sowjetische Besatzungsmacht und die SED-Politiker keinerlei Interesse daran, die Besitzverhältnisse der Vorkriegszeit wiederherzustellen. Vielmehr wurde eine grundsätzliche Veränderung der Eigentumsverhältnisse angestrebt und mit der Enteignung der Besitz-Eliten und der Bodenreform 1945 auch umgesetzt. Diese Maßnahmen auf Kosten Dritter kamen auch den Umsiedlern zugute. Ihnen wurde z. B. als «Neubauern» Siedlungsland zugeteilt, oder sie erhielten Mobiliar aus enteigneten Beständen. Zudem bekamen arbeits- und mittellose «Umsiedler», v. a. alleinerziehende Frauen, Kinder oder nicht erwerbsfähige alte Menschen, bis Mitte 1949 eine «einmalige Umsiedlerunterstützung» in Höhe von 300 Reichsmark für Erwachsene bzw. 100 Reichsmark für Kinder.

Dabei orientierte sich in SBZ und DDR der materielle Ausgleich vor allem an der aktuellen Bedürftigkeit und nicht wie im Westen am verlorenen früheren Besitzstand. Das Motto lautete: «Gleichheit gestalten», so formulierte es die Zeitung «Neues Deutschland» im September 1947. Vor allem die jungen Umsiedler sollten rasch zu produktiven Arbeitskräften in Landwirtschaft und Industrie werden, daher trieb man ihre Assimilation schnell voran und zwang die Menschen zur Anpassung. Das «Gesetz über die weitere Verbesserung der Lage der ehemaligen Umsiedler» vom 8. September 1950 (ein Pendant zum westdeutschen Soforthilfegesetz) unterstützte die Eingliederung mit der Vergabe von Krediten und beschleunigtem Wohnungsbau.

Auch in der sozialpolitischen Frage des Lastenausgleichs bestand zwischen den beiden deutschen Staaten ein Konkurrenzverhältnis. Zeitgenössische DDR-Analysen betrachteten das westdeutsche Lastenausgleichsgesetz gar als einen entscheidenden Grund für die überdurchschnittlich hohe Zahl von Umsiedlern unter den «Republikflüchtigen».

Weitere zwei Jahre schlagen sich Elvira, ihre Mutter und ihre Schwester durch, leben im Hühnerstall. Im April 1949 fahren Elvira und ihre Schwester Lily zum Bahnhof, denn sie haben eine wunderbare Nachricht bekommen: «Wir wussten auch, wann er ankommt. Und nun standen wir gegenüber vom Bahnhof, und auf einmal kommt da so ein alter Russe raus. Nein, das ist nicht unser Vater. So eine russische Pudelmütze, eine russische Wattejacke trug er, er hatte ja alles aus Sibirien. ‹Ja›, sagte meine Schwester, ‹das ist er.› Tatsächlich, es stimmte. Und dann gingen wir zu Fuß bis nach Hof Tatschow mit ihm nach Hause. Nicht in ein Haus, sondern in einen Hühnerstall, eine Buchte. Aber wir waren wieder zusammen.»

Die Rückkehr des Vaters ist der Wendepunkt. Im Herbst 1949 wird auf Hof Tatschow eine Siedlung frei, und der Vater bekommt den Zuschlag. Es ist nur Ackerland, kein Haus, kein Vieh. Aber für einen Mann, der die Kriegsgefangenschaft überlebt hat, ist es ein Traum. Sie sind die Letzten im Dorf, die «Neubauern» werden. «Was glauben Sie, der Mann kommt aus Sibirien, hat Haus, Hof, alles verloren und bekommt hier Acker angeboten!» Die Familie borgt sich Hacken aus und beginnt sofort, die neun Hektar Land zu bearbeiten. Ein Jahr lang schuftet der Vater, quält sich und pflügt und sät. Elvira hilft mit, und damit sie pünktlich zum Mittagessen zu Hause ist, baut sie sich eine Sonnenuhr. Ein Jahr später können sie sich vom Ertrag der ersten Kartoffel- und Getreideernte zwei Pferde kaufen.

Gleichzeitig wird mit dem Hausbau begonnen. Auf dem Ackerland ist ein Bauplatz vorgesehen, der Keller schon ausgeschachtet, dann hatten die Vorbesitzer aufgegeben. Alle packen mit an, Hausbau in Eigenarbeit. Die Gemeindeversammlung gewährt den Steinwands einen Kredit von 10 000 Mark, alles andere müssen sie selbst beschaffen. Bäume werden dafür im Wald gefällt, Nachbarn helfen mit, das erste eigene Schwein wird für die Maurer geschlachtet. Nach den langen Jahren auf der Flucht und in Lagern, in Zügen und Hühnerställen ist 1952 das eigene Haus fertig. Für Elvira und ihre Familie sind es weit mehr als vier Wände – es steht für Geborgenheit, Sicherheit und Glück. «Sie glauben gar nicht, was das bedeutet, wenn man kein Zuhause hat. Wenn man in der Fremde herumirrt. Das war schon wichtig für jemanden wie uns, die wir alles verloren hatten.»

Nicht allen Heimatlosen gelingt es, so schnell Fuß zu fassen. Doch anders als Flüchtlinge aus Städten oder wenig agrarisch geprägten Gegenden haben die Bessarabiendeutschen umfassende landwirtschaftliche Kenntnisse, sie sind ja seit Generationen Bauern. In der Zeit der Ansiedlung in Polen hatten sie außerdem gelernt, sich auf neue Bedingungen wie andere Böden, Vegetationszeiten und klimatische Unterschiede einzustellen. Viele arbeiten dazu ohne Unterlass von Sonnenaufgang bis zur Dämmerung, ihrem pietistischen Arbeitsethos entsprechend. «Einige, die Handwerker gewesen waren, wussten ja gar nicht, wie das gehen sollte. Das war nicht so einfach für die Leute, sie sollten eine Siedlung nehmen und was draus machen, aber sie hatten einen ganz anderen Beruf, Stellmacher oder Schmied … aber die Flüchtlinge wussten genau, wie das geht. Die kamen recht bald vorwärts. Nach kurzer Zeit war ein Haufen Vieh da und Schweine, und bald waren sie hier im Ort geachtete Leute.»

Ein Jahr lang spart die Familie sich das Essen vom Mund ab, dann geht es aufwärts. Bald besitzen sie vier Kühe, zwei Pferde und viele Schweine. Wie in Bessarabien sind sie großteils Selbstversorger: Sie machen Butter, die sie in Rostock, zwei Stunden Bootsfahrt entfernt, gewinnbringend verkaufen. Eine Privatkundin versorgt sie dafür mit Kleidung und Möbeln. Der Erfolg kommt auch deshalb, weil es gelingt, das sozialistische Plansoll regelmäßig zu übererfüllen, sogenannte freie Spitzen zu erwirtschaften. Diese Erträge dürfen die Kleinbauern selbst behalten, auch noch in den ersten Jahren als Staatsbürger der DDR.

Denn das sind die Steinwands jetzt, seit der Staatsgründung im Oktober 1949. Und als Elvira 1955 ihren Werner Schmidt aus Hinterpommern heiratet, muss sie kein geborgtes Kleid mehr tragen wie bei ihrer Konfirmation. Vier Jahre lang wächst der Betrieb weiter, leben sie gut, haben sie Geld. Elvira ist glücklich: Endlich ist sie Bäuerin, Eigentümerin von Pferden und Landmaschinen. Es ist beinahe wie in ihrer unbeschwerten Kindheit in Bessarabien. «Aber wo wir dann so richtig in Gang waren, ging es los mit der LPG. Dann haben wir ein Schriftstück unterschreiben müssen, dass wir freiwillig in die LPG gehen. Freiwillig – wir ‹mussten freiwillig› …»

Ende der fünfziger Jahre beginnt auch in Mecklenburg die Kollektivierung der Landwirtschaft, die schon 1952 beschlossen, zeitweilig aber ausgesetzt worden war. Vieh, Gerätschaften, Maschinen – alles muss nun abgeliefert und in die LPG eingebracht werden. Das Ackerland und auch der Viehbestand gehen als erzwungener «Eintritt» in die Genossenschaft über. «Und dann waren wir wieder sehr traurig. Denn die ganzen Jahre hat jeder ja gearbeitet, was er konnte, um das so hinzukriegen. Und dann wirst du alles wieder los.» Zum dritten Mal in ihrem Leben verliert Elvira Schmidt ihre Existenzgrundlage. Vor allem die Älteren, die Eltern und Schwiegereltern leiden sehr darunter. Doch die Jüngeren, Elviras Generation, blicken stoisch nach vorn. Das hat sie gelernt: «Man muss das Beste daraus machen» – ein Satz, den sich viele Bessarabiendeutsche zum Lebensmotto gemacht haben. Im Gegensatz zu vielen anderen Flüchtlingen und Vertriebenen konnten sie sich ohnehin niemals Hoffnungen auf eine Rückkehr in ihre alte Heimat machen. Halt findet Elviras Familie auch jetzt im Glauben: Einmal in der Woche kommt der evangelische Pfarrer aus Schwaan nach Hof Tatschow, um im Wohnzimmer einen Gottesdienst zu halten.

Elvira Schmidt ist mittlerweile Mutter von drei Kindern geworden. Dreizehn Jahre lang kümmert sie sich um Kinder und Haushalt, ihr Mann arbeitet als Berufskraftfahrer und Einkäufer für die LPG. 1970 beginnt sie ihre zweite berufliche Karriere: Sie bildet sich in Lehrgängen weiter und fährt als erste Frau in der LPG große Landmaschinen wie die Mähdrescher, achtzehn Jahre lang. Schließlich ist sie sogar im Vorstand der LPG und bildet Lehrlinge aus. 1980 darf sie in die Sowjetunion fahren, als Auszeichnung.

Und eines Tages kommt ihr Mann mit einem hochoffiziellen Brief vom Postkasten zurück. Es ist eine Einladung nach Berlin: Staatschef Erich Honecker persönlich überreicht ihr die Medaille «Held der Arbeit» als Anerkennung für ihre Verdienste in der LPG. 1987 ist das, zwei Jahre bevor ihr Leben zum nächsten Mal komplett umgekrempelt wird: 1989 fällt die Mauer, im Jahr darauf wird Deutschland wiedervereinigt. Erst danach erfährt sie, dass in Mecklenburg viele Familien aus Bessarabien leben, sie selbst kannte nur drei von ihnen. Prompt organisiert die engagierte Frau ein Heimattreffen. Und beginnt, nach ihren Wurzeln zu suchen.

Ein Leben mit vielen Wurzeln

Nach dem Ende des Kalten Krieges fährt Elvira Schmidt nach Polen und auch nach Klöstitz, das heute Vesela Dolyna heißt und in der Ukraine liegt, schon mehrmals ist sie mittlerweile dort gewesen. Sie erzählt von vielen Freunden und dass sie überall mit offenen Armen empfangen worden sei. Ressentiments begegnet sie mit Humor: Einem Polen, der sie mit der verbotenen ersten Strophe der Nationalhymne, mit «Deutschland, Deutschland über alles» begrüßt, singt sie ein polnisches Lied vor – und bringt ihn so zum Staunen und Lachen. Auch Dürrenmettstetten, den kleinen Ort im Schwarzwald, aus dem ihr Urahn Johannes Steinwand vor über 200 Jahren nach Bessarabien ausgewandert ist, hat sie besucht, genauso wie den Herkunftsort mütterlicherseits, Würzweiler im Donnersbergkreis. In Dürrenmettstetten hat sie einen Onkel gefunden, der ihr den auf der Flucht verlorenen Stammbaum kopiert hat, ihre Wurzeln, die sie fest im Hier und Jetzt verankern.

Was war die schönste Zeit ihres Lebens? «Meine Kindheit», sagt Elvira Schmidt ohne Zögern. «Die Kindheit zu Hause, mit meinen Eltern, mit meiner Schwester.» Auf dem Bauernhof in Bessarabien, mit all den Tieren, den Gänsen, Schafen, Pferden und Hunden. Mit ihrem Hund Nora. Danach nennt sie gleich Hof Tatschow, wo sie heute lebt, die neue Heimat. Und natürlich die Familie.

Die Familie, das ist Heimat für viele, die an so vielen verschiedenen Orten zu Hause zu sein lernten wie die Flüchtlinge und Vertriebenen. «Heimat ist, wo ich geboren bin, das ist meine Heimat. Da haben wir alles verloren. Und jetzt habe ich ein Zuhause, wo ich wohne und geborgen bin und meine Familie lebt.» Die Albträume von Krieg, Flucht und Lagerleben, die sie über Jahrzehnte verfolgten, sind immer seltener geworden. Der Glaube hat ihr auch dabei geholfen: Auf Kirchfreizeiten hat sie Mitte der neunziger Jahre im vertrauten Kreis zum ersten Mal den Mut gehabt, über das Erlebte zu sprechen. Und so die Gespenster der Vergangenheit aus dem Dunkel des Unbewussten ins helle Licht geholt, wo sie langsam verblassen.

Zwischen Traumland und Schweigen:
Bücher der Kinder- und Enkelgeneration
(eine höchst subjektive Auswahl jüngerer Belletristik)

«Stephan hatte kein Schicksal, nur schlechte Schulnoten ...» So lakonisch bringt Hans-Ulrich Treichel die ganze Tragik einer Kindheit im Schatten der Vertreibung auf den Punkt. Stephan, der namenlose Junge aus der Novelle **«Der Verlorene»** (1998) ist im Nachfolgeband **«Menschenflug»** (2005) erwachsen geworden. Doch die Vergangenheit hat ihn nicht losgelassen: Er ist aufgewachsen in den fünfziger Jahren, mit einem Bruder, den er nie kennengelernt hat, den die Eltern in den Wirren der Flucht vor den Russen verloren haben. Und doch ist dieser abwesende Arnold viel gegenwärtiger als er, der leibhaftige Sohn. Die verzweifelte Suche nach dem verschollenen Erstgeborenen bestimmt das Familienleben – doch der eigentliche Verlorene bleibt der namenlose Ich-Erzähler. Hans-Ulrich Treichel, Jahrgang 1952, verarbeitet in den beiden Romanen eindringlich und mit hintergründigem Humor seine eigene Kindheit in einer Vertriebenenfamilie in Westfalen.

Auch die 1971 geborene Emma Braslavsky stammt aus einer Vertriebenenfamilie. Sie ist in der DDR aufgewachsen und 1989 in den Westen geflohen. Ihr Romandebüt **«Aus dem Sinn»** (2008) erzählt von einer kleinen Gemeinschaft sudetendeutscher Vertriebener in Erfurt, die sich Ende der sechziger Jahre mit ihren so nostalgischen wie traumatischen Erinnerungen in der sozialistischen Gegenwart einrichten müssen. Die Hauptpersonen stehen für die unterschiedlichen Wege der Verarbeitung des Traumas: Eduard, der Mathematiker mit Uhrentick, träumt von einer Zukunft mit Sängerin Anna. Sein Freund Paul träumt von einer Rückkehr ins «Sudetenland», Eduards Mutter Ella, von der Tradition der Namen mit «E», backt Apfelstrudel («Sodele, hat's euch also geschmeckt») und bügelt Ex-Geheimrat Gumpls Hemden.

Gumpl, der ein bisschen Geld herübergerettet hat, träumt von Ella. Und während sich die Alten irgendwie arrangieren («Heim komma eh net mehr. Heim komma nimmermehr.»), handeln die Jungen – und geraten mitten in die Wirren des Prager Frühlings. Mit schrecklichem Ende («Jessesmaria!)», aus dem dann doch wieder ein neuer Anfang entsteht.

Von sudetendeutschen Vertriebenen in der DDR handelt auch die Familiensaga **«Die Unvollendeten»** (2003) des Büchner-Preisträgers Reinhard Jirgl, geboren 1953. Darin kleidet Jirgl die Lebensgeschichten und die Heimatsehnsucht der vier sudetendeutschen Protagonistinnen in seinen charakteristischen, der wörtlichen Rede nahen Sprachstil: «Wollten auf Nichts und Niemanden hier sich einlassen. ?Wozu auch (mochten die sich denken), denn das=hier ist ja nur vorübergehend, ist nur Provisorium, und schon Bald – vielleicht schon gleich=Morgen – geht's wieder zurück, in *die-! Heimat*. !Ja, *die-!Heimat* ist unser !wahres=!einziges Zuhause.»

Sprachlich klassisch gehalten, allerdings aus fünf verschiedenen Perspektiven schildert der 1944 geborene Christoph Hein in **«Landnahme»** (2004) die Lebensgeschichte des 10-jährigen schlesischen Flüchtlingsjungen Bernhard. Im fiktiven Guldenburg, irgendwo in Sachsen gelegen, wird der Außenseiter zunächst als «Polacke» gehänselt und von den meisten gemieden. Letztlich aber gelingt es ihm, sich hochzuarbeiten, mit Fleiß und Können, aber auch Opportunismus und Ellenbogen. Erst in der DDR, dann im wiedervereinigten Deutschland – ein fünfzig Jahre umspannendes Zeitgemälde über Aufwachsen und Fremdenangst in der Enge der Provinz, die sich in West und Ost verblüffend ähnelt.

Ihre eigene Familiengeschichte als Kind ostpreußisch-schlesischer Eltern erzählt die Journalistin und Schriftstellerin Petra Reski in den Romanen **«Ein Land so weit»** (2000) und **«Meine Mutter und ich»** (2003). Es sind genau beobachtete literarische

Reisen in eine Ruhrgebiets-Kindheit der sechziger Jahre, zwischen Rotbäckchensaft und Ostpreußenlied: *«Land der dunklen Wälder und kristallenen Seen, über weite Felder lichte Wunder gehn.»* Uns Kindern war das immer peinlich. Meine Großmutter weinte, mein Großvater weinte, meine Tanten und Onkel weinten, auch die Angeheirateten weinten, die Ostpreußen gar nicht kannten, nur meine Cousins und ich tranken Eierlikörflip und aßen dazu Salzstangen.»

Von der Rückkehr in eine fremdgewordene Heimat handelt ein Roman aus ganz anderer, ungewohnter Blickrichtung: **«Ein herrlicher Flecken Erde»** der 1968 geborenen tschechischen Schriftstellerin Radka Denemarková. Damit wagte sie sich 2009 an ein tschechisches Tabuthema: die gewaltsame Vertreibung der Sudetendeutschen. Das preisgekrönte Buch erzählt die tragische Geschichte der Jüdin Gita Lauschmannová, die das Konzentrationslager überlebt und als Deutsche dennoch ihre Heimat verliert. Als alte Frau kehrt sie zurück in ihr Heimatdorf – und trifft auf eine junge Generation, die ihr erneut feindselig gegenübersteht.

Mit dem im Herbst 2010 erschienenen Roman **«Katzenberge»** der jungen Autorin Sabrina Janesch, Jahrgang 1985, schließt sich ein Kreis. Ihre deutsch-polnische Ich-Erzählerin Nele Leipert begegnet auf dem Weg zur Beerdigung des polnischen Großvaters den Geistern der Vergangenheit. «Ist da wer?» – «Jest-tam-ktoś?» Wer oder was da war, erfährt Nele erst nach und nach, als sie ihre Reise auf den Spuren des Großvaters fortsetzt, zurück in die Vergangenheit, von Schlesien in das Galizien nach dem Krieg, wo alles begann. Wo Polen lebten, die vertrieben wurden – Polen, die später nach Schlesien zogen, in die Häuser der vertriebenen Deutschen.

Henning Burk

Eduard Lumpe: «Man muss sich am Leben halten»

Eduard Lumpe, geboren 1934, stammt aus Niedereinsiedel (Dolní Poustevna). Der Ort liegt in der Tschechischen Republik im Kreis Schluckenau (Šluknov) nahe der Grenze zu Sachsen – bis zum Ende des Zweiten Weltkriegs das Zentrum der nordböhmischen Kunstblumenindustrie. Lumpes Vater besitzt dort eine Fabrik, in der Deutsche und Tschechen gemeinsam Kunstblumen herstellen. Nach der Vertreibung baut der Vater in Thüringen eine neue Fabrik auf, die er nach der Kollektivierung 1948 wieder aufgeben muss. Die Flucht aus der sowjetisch besetzten Zone endet für die Familie im ehemaligen Kriegsgefangenenlager Stalag IX A im nordhessischen Landkreis Ziegenhain – die Landesregierung stellt das Barackenlager nach der Währungsreform 1948 Flüchtlingen und Vertriebenen zur Ansiedlung von Betrieben zur Verfügung. Man gibt ihm den Namen Trutzhain. In kurzer Zeit entwickelt sich das Lager zu einem florierenden Industriegebiet mit zweihundert Arbeitsplätzen – bereits Anfang der fünfziger Jahre leben in der Gemeinde fünfhundert Menschen.

1945 ist Eduard Lumpe elf Jahre alt. Als sein Vater in amerikanische Kriegsgefangenschaft gerät, führt seine Mutter die Kunstblumenfabrik allein weiter. Am 15. März erfährt sie, dass die tschechischen Behörden am nächsten Tag ihre Familie ausweisen wollen. Da das Grundstück der Lumpes direkt an der deutsch-tschechischen Grenze liegt, will das tschechische Militär in ihrem Haus Grenztruppen unterbringen. Durch eine tschechische Mitarbeiterin erfährt Eduards Mutter, dass ihre Vertreibung unmittelbar bevorsteht. Dem will sie zuvorkommen. Es hat sich nämlich herumgesprochen, dass bei der Ausweisung Schlimmes zu befürchten ist: Ausgeraubt zu werden gehört noch zu den harmloseren Dingen. Die Mitarbeiterin will der Familie helfen und sagt zu Eduards Mutter: «Packt ein paar Sachen zusammen, aber nicht zu viel. Mein Mann wird euch persönlich zur Grenze bringen und dafür sorgen, dass euch nichts passiert.»

Eduard Lumpe und seine Mutter schaffen es, in der Nacht unbeschadet über die Grenze nach Sebnitz zu gelangen, wo die sächsische Kunstblumenindustrie beheimatet ist. Dort werden sie vom Hausmeister der größten Fabrik des Ortes, der mit den Eltern befreundet ist, im Keller versteckt. Das ist nicht ungefährlich, denn direkt hinter der Fabrik befindet sich die russische Kommandantur. «Als wir aus Niedereinsiedel weg sind und uns in Sebnitz verstecken mussten, habe ich wochen-, monatelang meine Familie durch Schmuggel von Lebensmitteln über die tschechisch-deutsche Grenze versorgt. Ich habe mich öfters heimlich über die Grenze geschlichen und mit tschechischem Geld oder tschechischen Lebensmittelkarten, die die Flüchtlinge aus der Tschechoslowakei mitgebracht haben, mit denen sie aber nichts mehr anfangen konnten, in den Lebensmittelgeschäften von Niedereinsiedel eingekauft. Die Hälfte des Gekauften durfte ich behalten. Das hat uns ernährt. Wir selbst hatten weder Geld noch Lebensmittelkarten, weil wir heimatlos geworden waren. So habe ich die Flüchtlinge mit Essen versorgt und uns selber auch.»

Eduards Grenzspringerei ist natürlich verboten, und jeder, der sich dabei erwischen lässt, wird streng bestraft. Aber die Leute unterstützen Eduard, weil sie ihn mögen. Er ist in den Lebensmittelgeschäften, die nah bei seinem Elternhaus liegen, bestens bekannt. Mit der Tochter eines Ladenbesitzers besuchte er die Schule.

Lange Zeit betreibt Eduard die Schmuggelei unbeschadet, bis sein Vater aus der Kriegsgefangenschaft entlassen wird und sich zu Fuß vom Harz bis nach Sebnitz aufmacht. Ihm ist klar, dass es keinen Sinn hat, auf eine mögliche Rückkehr in die Heimat zu hoffen. So beschließt er, mit seiner Familie Sebnitz zu verlassen, um sich zur amerikanischen Zone durchzuschlagen.

Die Familie durchläuft mehrere Flüchtlingslager und landet Ende 1945 in einem Lager in der Nähe von Pößneck in Thüringen, das damals noch zur amerikanischen Zone gehört. Bald kommen sie in einem kleinen Bauerndorf namens Kleindembach unter. Am Ende des Dorfs steht eine riesige leerstehende Porzellanfabrik. Eduards Vater erhält vom Magistrat die Erlaubnis, in den verlassenen Räumen seine Kunstblumenproduktion wiederaufzubauen. Zum Glück braucht er dazu keinen Maschinenpark, Kunstblumen werden zu achtzig Prozent in Handarbeit hergestellt. Was er allerdings unbedingt für die Produktion benötigt, sind spezielle Werkzeuge. Die hat die Familie alle in Niedereinsiedel zurücklassen müssen. Inzwischen ist Thüringen von den Amerikanern an die russische Besatzungsmacht abgetreten worden. Der Vater durchquert russisch besetztes Gebiet und besorgt illegal aus einer Fabrik in Sebnitz, wo er die Leute gut kennt, nach und nach die notwendigen Geräte.

In den Jahren 1946 und 1947 floriert die Firma in Kleindembach. «Mein Vater hatte aufgrund seiner ehemaligen betrieblichen Tätigkeit gute Verbindungen ins Ausland, etwa nach England. Dadurch erhielt er die Chance, wieder Exportverträge anzunehmen. Somit wurde er ein angesehener Devisenbringer.»

Trotz dieses Erfolgs wird Eduard Lumpes Vater kurz vor Ostern 1948 verhaftet. Man teilt ihm mit, dass der Betrieb Volkseigentum wird. Er könne allerdings als Betriebsleiter weitermachen. «Mein Vater lehnte ab. Daraufhin ließ man ihn im Gefängnis sitzen. Am Ostersamstag hatte der Gefängniswärter ein Einsehen und sagte ihm, er könne über Ostern nach Hause gehen. Zu Hause sagte er zur Mutter: ‹Pack ein, wir verschwinden. Ich gehe nicht mehr in den Knast zurück.› Mir drückte er ein paar Reichsmark in die Hand und sagte: ‹Junge, geh nach Pößneck, nimm den Zug nach Lehesten. Wir treffen uns dort. Wir dürfen nicht gemeinsam aus dem Haus gehen. Niemand im Ort darf uns zusammen sehen.›»

Eduard verpasst den vereinbarten Zug und kommt zu spät nach Lehesten. Die Eltern sind schon weg. Stattdessen wartet ein Bekannter der Eltern auf ihn und beschreibt ihm den Weg in die amerikanische

Zone, den seine Eltern bereits vor ihm gegangen sind – er brauche nur immer geradeaus durch den Wald zu laufen. Als Treffpunkt für den Notfall war mit seinen Eltern einen kleinen Ort in Bayern vereinbart. «Leider hatte ich vergessen, wie dieser Ort hieß. Ich bin also von Lehesten aus irgendwie über die Zonengrenze. Die ganze Nacht bin ich durch den Wald gewandert. Morgens gegen fünf Uhr kam ich an ein Haus, in dem Licht brannte. Ich klopfte an. Ein Mann machte auf und fragte mich, wie ich heiße, woher ich käme. Offenbar sah ich völlig runtergekommen aus, denn er sagte: ‹Junge, komm erst einmal rein. Meine Frau macht gerade Frühstück, da kriegst du was ab. Ich nehme dich mit zur Schicht. Um elf Uhr fährt ein Lastzug. Ich kenne den Lokomotivführer. Der nimmt dich zum nächsten Bahnhof mit, von dem Personen befördert werden.› Von diesem Bahnhof fuhr ich mit meinem letzten Geld über Treysa und Bad Hersfeld nach Riebelsdorf, wo ich endlich meinen Onkel, den es als Flüchtling dorthin verschlagen hatte, getroffen habe. Bis dahin war ich sieben, acht Wochen unterwegs, ganz allein. Ich habe das nur überstanden, weil ich mir gesagt habe, ich muss nach Riebelsdorf in Hessen. Da kann ich unterkommen. Ich bin schwarzgefahren, habe hier und da etwas geklaut. Schuldgefühle hatte ich dabei keine. Man muss sich am Leben halten.»

Eduard findet in Riebelsdorf eine Unterkunft. Er arbeitet in der Landwirtschaft und bekommt von den Bauern zu essen. Während der Feldarbeit entdeckt er auf einem Berg, eingezäunt mit Stacheldraht, ein Lager. Es heißt, dass dort Juden auf ihren Transport nach Israel gewartet haben. Nun soll es von Flüchtlingen besiedelt werden, die dort Betriebe gründen können. Eduard erkennt die Chance. Jetzt muss er unbedingt seine Eltern finden. Über den internationalen Suchdienst erfährt er ihren Aufenthaltsort und berichtet ihnen in einem Brief von dem Projekt der hessischen Landesregierung – sie sollen sofort kommen. «Das Angebot, sich als Betrieb ansiedeln zu dürfen, war das Großartigste, was einem Flüchtling oder Vertriebenen damals passieren konnte. Es stammte vom damaligen Ministerpräsidenten Zinn und bot uns eine Chance besonderer Art. Mein

Vater bekam sofort ein Haus mit Grundstück zugewiesen, nur auf seine Bitte hin. Er musste dafür nichts bezahlen, selbst für den ersten Strom nicht.»

«Endlich wieder Boden unter den Füßen»

Im nordhessischen Landkreis Ziegenhain, der in der ländlichen Region der Schwalm liegt, herrscht zu jener Zeit eine hohe Arbeitslosigkeit. Deshalb werden in dem ehemaligen Kriegsgefangenenlager nur Flüchtlinge aufgenommen, die bereits einen Beruf haben und für sich selbst oder für andere einen Arbeitsplatz schaffen können. Außer den vierzig Mark, die jeder bei der Währungsreform bekommt, besitzen die Lumpes zunächst nichts – die Baracken sind in einem fürchterlichen Zustand, Fenster und Türen fehlen. Notdürftig versucht man, die Schäden zu reparieren. Die alten Pritschen aus dem Lagergefängnis finden als Betten Verwendung.

Trotzdem sind sie glücklich: «Nach langer, schwerer Irrfahrt endlich wieder Grund und Boden unter den Füßen zu haben ist eine Lebenserfahrung besonderer Art. Ein eigenes Haus zu haben, in dem man ganz allein wohnen darf und niemanden fragen muss, ob man dies oder jenes darf, das war für uns wie ein Paradies. Meine Familie war eine der Ersten, die nach Trutzhain kamen. Dann kamen schnell immer mehr. In dieser Anfangszeit war jeder des anderen Freund. Die Leute gaben uns zu essen, wenn wir nichts hatten. Man bot uns an, bei diesem und jenem zu helfen. Wenn ich ein Fenster oder eine Tür reparieren musste, sagte jemand, ‹das mach ich mit dir›.»

In Lumpes Nachbarhaus zieht ein promovierter Landwirtschaftslehrer ein, der Eduard zeigt, wie man Nägel gerade kloppt und Bretter zersägt. Die Nachbarn auf der anderen Seite eröffnen einen Holzschnitzerbetrieb. Von ihnen können sich die Lumpes Werkzeuge ausleihen, manche bekommen sie sogar geschenkt. Um die Gestaltung ihrer Freizeit müssen sie sich keine Sorgen machen: Sie haben genug zu tun, vor allem müssen sie das Haus in Ordnung bringen.

Beim Wiederaufbau der Kunstblumenfabrik stehen die Lumpes vor demselben Problem wie in Kleindembach: Es fehlen Spezialwerkzeuge. Da sie zu den Mitarbeitern in ihrem enteigneten Betrieb in Thüringen weiterhin gute Beziehungen pflegen, bitten sie diese, dort nach und nach ein paar Werkzeuge mitgehen zu lassen, sie in einzelne Päckchen zu verpacken und per Post nach Hessen zu senden. Doch es zeigt sich bald, dass dieses Verfahren zu mühsam ist. Deshalb schicken sie einen Mann aus ihrem Betrieb nach Kleindembach, der die Werkzeuge en gros aus dem Betrieb stiehlt und illegal über die Grenze bringt.

Auch holt Lumpes Vater seinen alten Kunstblumenfärber, der nach der Flucht in Sebnitz tätig ist – dessen ganze Familie kommt später nach und arbeitet bei ihm. Noch drei weitere Familien holen die Lumpes aus Sebnitz nach Trutzhain. «Bevor wir ein Möbelstück zu Hause besaßen, hatten wir bereits unseren Betrieb wiederaufgebaut, die ersten Leute eingestellt und konnten uns selbst ernähren. Bald brauchten wir für die Herstellung künstlicher Früchte mehr Platz, und mein Vater kaufte das Haus gegenüber, um unsere Kunstblumenfabrik weiter ausbauen zu können.» Für den Betriebs- oder Berufsstart bekommen die Flüchtlinge Soforthilfe. «Das waren fünftausend Mark. Die sind an uns ausgezahlt worden, davon hat mein Vater die ersten Löhne bezahlt. Wir brauchten als Kunstblumenhersteller besondere Materialien, die es hier nicht gab. Die mussten wir uns organisieren. Dann hat sich der Betrieb bestens entwickelt.»

Weitere Firmen entstehen in den Baracken: drei große Webereien, eine Flaschenkastenfabrik, ein Betrieb zur Herstellung von Strohmatten für die Abdeckung von Gewächshäusern und mehrere Möbeltischlereien. «Die Soforthilfe mussten die Einheimischen aufbringen. Davon waren die überhaupt nicht begeistert.»

Um besser mit Kunden im Ausland korrespondieren zu können, schickt Eduards Vater den Sohn zu seinem Vertreter nach London; dort soll er Englisch lernen. «Zu diesem Zeitpunkt rief mich meine Mutter nach Hause. Der Vater sei krank, sie könne den Betrieb nicht mehr allein leiten. So kehrte ich mit einem großen Satz Werkzeugen nach Trutzhain zurück und musste als Dreiundzwanzigjähriger den Betrieb übernehmen und weiterführen.»

«Nehmt, was ihr braucht»

Im Barackenlager bildet sich schnell ein Gemeinschaftsgefühl. 1950 kommt sogar die Idee auf, Trutzhain zu einem Wallfahrtsort zu machen. Viele Vertriebene stammen aus der Nähe von Komotau in Nordböhmen, dort gibt es eine Wallfahrerkirche, in der eine Madonna steht, die viele Pilger aus dem Umkreis anzieht. Als Erinnerung daran wäre es schön, sagen sich die Sudetendeutschen, den Brauch in Trutzhain wiederaufzunehmen. Schon bald pilgern die Wallfahrer, die seit ihrer Vertreibung in der Schwalmer Umgebung leben, nach Trutzhain zu einer nachgebildeten Madonna. Mitte der sechziger Jahre wird die provisorische Barackenkirche durch einen modernen Neubau ersetzt, der an ein riesiges Zelt erinnert.

Viele Trutzhainer geben auch Geld, um eine evangelische Kirche zu errichten. «Eines Tages kam jemand zu meinem Vater und sagte: ‹Herr Lumpe, Sie haben doch das obere Grundstück gekauft, wir möchten dort gerne die evangelische Kirche hinbauen, dazu brauchen wir Ihr Grundstück, können Sie uns das abgeben?› Da hat mein Vater gesagt: ‹Ja, natürlich.› Und als die Stadt eine Straße anlegen wollte und dafür ein Stück von dem Grundstück brauchte, sagte mein Vater: ‹Nehmt, was ihr braucht.› Wir waren dankbar, dass wir hier so aufgenommen und so ernst genommen wurden mit unseren Sorgen.»

Vor Trutzhain gab es in der Schwalm kaum Industrie, auch kein Kleingewerbe. Das Land war bäuerlich-ländlich und arm. Ein Grund, warum sich die Schwälmer auch nicht vorstellen konnten, dass Flüchtlinge und Vertriebene aus dem Osten dort quasi aus dem Nichts etwas aufbauen. «Offenbar hatten die Menschen hier erst mal den Eindruck, die Flüchtlinge haben alle große Flausen im Kopf. Da kommen Leute und erzählen, was sie zu Hause alles gehabt haben. Das hat man uns anfangs schon übelgenommen. Andererseits kam ich tatsächlich aus einer Gegend, in der die Industrie gut funktionierte. Das heißt, irgendwie waren wir besser dran. Wir hatten auch keine Lust, unser Licht unter den Scheffel zu stellen, aber wir begriffen, dass wir für die einheimische Bevölkerung erst einmal ein Problem waren, das man langsam abbauen muss. Das ist uns zum Glück gelungen. Wir Trutzhainer konnten unter Beweis stellen, dass wir wirklich etwas draufhatten und es nicht nur behaupteten.»

Eduard Lumpes Betrieb wächst stetig. Er beschäftigt zwanzig, dreißig Leute, jeweils die Hälfte davon Flüchtlinge und alteingesessene Schwälmer. Viele sind Heimarbeiterinnen, meist Frauen, deren Männer in einem der größeren Betriebe am Ort arbeiten. Lumpe hat sie in den umliegenden Ortschaften angeworben und angelernt. Der Lohn ist der gleiche wie im Betrieb, zusätzlich bekommen sie einen kleinen Zuschuss für die Reinigung zu Hause und den Stromverbrauch. Es sind reguläre sozialversicherte Arbeitsverhältnisse. Lumpes stellen eine Frau an, die mit dem Auto den Heimarbeiterinnen das Material bringt, den Frauen alles zeigt, die Heimarbeit wieder einsammelt und zurück in den Betrieb fährt, damit sie dort verpackt wird und in den Versand gehen kann.

Weil das Heimarbeitssystem in Lumpes Kunstblumenfirma so vorbildlich funktioniert, wird es von der Landesregierung auch als Modell für die anderen Industrien in Hessen betrachtet. Denn die Heimarbeit ist preiswerter, weil bei gleichem Lohn wie in der Fabrik weniger Kosten anfallen. Die Akkordlöhne werden in der Firma festgelegt. «Wir haben das in unserem Betrieb ausprobiert und festgestellt, das braucht so und so viel Minuten, und das an den Heimarbeiter weitergegeben. Diese Ecklöhne wurden dann für die Heimarbeiter gesetzlich vorgeschrieben. Das Heimarbeitersystem brachte eine gewisse Stabilität in die Flüchtlingsfamilien.»

Bald ist die Zahl der Betriebe in der Barackensiedlung auf über neunzig angestiegen und damit eine eigenständige Gemeinde herangewachsen. «Wir wurden eine Gemeinde, die später an die Großgemeinde Stadt Schwalmstadt angeschlossen wurde. Schon mein Vater hat gesagt, wir sind hier gut aufgenommen worden, also müs-

Eduard Lumpe, 2010

sen wir etwas für diese Gemeinschaft tun. Mein Vater wurde schon früh politisch tätig und ich auch. Ich habe vierzig Jahre lang hier alles mitgetragen. Wir Trutzhainer haben mehrmals hintereinander den ersten Stadtrat gestellt, also den stellvertretenden Bürgermeister. Man hat uns Vertrauen entgegengebracht, man merkte, dass wir für die Einheimischen der Schwälmer Gegend etwas tun.»

Eduard Lumpe weiß, dass die Kunstblumenindustrie unter dem zunehmenden Konkurrenzdruck nicht ständig weiterwachsen kann. Deshalb entwickelt er neue Maschinen für die Kunstfrüchteproduktion und zur Modernisierung der Fertigung. Der Export läuft gut. Dank seiner Englischkenntnisse kann er in vielen Ländern das Geschäft selbst vertreten und die Verkäufe in die Wege leiten. «Meine Mitarbeiter waren alle fabelhaft. Sie hielten in guten wie in schlechten Zeiten zu mir und ich zu ihnen. Mal konnte ich dreißig, mal fünfzig und mal siebzig Leuten Arbeit geben.»

Doch nach fünfzig Jahren ist der Kunstblumenbetrieb der Konkurrenz kaum noch gewachsen und muss wieder verkleinert werden. Dennoch hält Lumpe lange durch. Noch bietet er auf dem Weltmarkt eine bessere Qualität als die Billigproduzenten aus Fernost. Aber die Ware aus Fernost kostet nur halb so viel, und die Kunden bekommen sie kostenfrei geliefert. Daraufhin versucht es Lumpe noch einmal mit Dekorationsblumen aus Blech mit Oberflächenlackierung. Auch das geht eine Zeitlang gut. «Damit haben wir noch fünfzehn Jahre durchgehalten und überlebt, weil wir den beliebten Begriff ‹deutsche Handarbeit› verwendet haben. Doch auch das wurde eines Tages kopiert. Die ähnlich aussehende Ware war viel preisgünstiger, und wir mussten einsehen, dass wir so nicht weitermachen konnten. Ich war mittlerweile fünfundsiebzig geworden und musste mein Geschäft schließlich aufgeben.»

Obwohl viele Trutzhainer sich sehr schnell eine eigene Existenz aufgebaut haben, hält die Sehnsucht nach der alten Heimat noch lange an. «Viele der älteren Bauern sind fast daran zerbrochen, dass sie kein eigenes Feld mehr hatten. Meine Familie merkwürdigerweise nicht. Das hängt damit zusammen, dass wir hintereinander drei-, viermal die Heimat verloren haben. Meine Großeltern sind aus Österreich weggegangen und haben dort alles zurückgelassen, wir mussten aus der Tschechoslowakei weg, sind dann aus Thüringen, aus der sowjetisch besetzten Zone geflüchtet. Mein Vater hat mal zu mir gesagt, wo man seinen Hut hinhängen darf, da ist man zu Hause.»

Vertriebenenpolitik ist in der Familie Lumpe kein Thema. «Als Václav Havel in der Tschechoslowakei an die Regierung kam, sah es so aus, als könnte man Eigentumsansprüche anmelden. Aber meine Mutter hat gesagt: ‹Nein, das machen wir nicht. Wir sind dort ausgewiesen worden, die Tschechen haben die Erlaubnis der Alliierten gehabt, so etwas zu tun, wir wollen dort jetzt nicht mit Feuer und Gewehr hingehen. Wir wollen jetzt auch keine Ansprüche stellen. Wir sind inzwischen länger in Trutzhain. Das ist unsere Heimat. Hier sind und bleiben wir.›»

Eduard Lumpe zieht ein ähnliches Fazit. «Wir haben eine Gemeinschaft in Trutzhain entwickelt, die war so fabelhaft einfach, so wunderbar. Wir fühlten uns wieder zu Hause. Das war unsere neue Heimat. Wir spürten nicht diese starke Sehnsucht, die Menschen in schwereren Verhältnissen ertragen mussten, irgendwo in einen Bauernhof hineingedrückt, wo sie nicht willkommen waren. Frei lebend konnten wir uns gegenseitig unterstützen, so gut, wie wir wollten und konnten. Und wir haben eine Gemeinschaft hier gegründet, die bis zum heutigen Tag reicht.»

«Grün ist die Heide»
Der deutsche Heimatfilm: Ersatzheimat für Heimatlose

«Macht es den Menschen, die zu euch geflüchtet sind, nicht schwer. Wer nicht von der Heimat wegmusste, kann nicht ermessen, was es bedeutet, heimatlos zu sein», appelliert der ehemalige schlesische Gutsbesitzer Lüder Lüdersen (Hans Stüwe) an die Bewohner des Heidestädtchens, in dem er Zuflucht gefunden hat – und damit gleichzeitig an die Menschen auf den Kinositzen. «Grün ist die Heide» war der Kassenschlager des Jahres 1951, über 19 Millionen Zuschauer sahen den erfolgreichsten Film der fünfziger Jahre, der 1952 den Bambi-Filmpreis erhielt. Der Film traf den Nerv des Lebensgefühls der Menschen im zerstörten Nachkriegsdeutschland. «Von hundert Menschen im Kino haben neunzig geheult», erinnert sich Regisseur Bobby E. Lüthge, selbst Schlesier, an die Reaktion des Publikums, als das «Riesengebirgslied» erklang. Noch immer lebten viele Menschen zwischen Ruinen, die Traumfabrik entführte sie in ein heiles ländliches Naturidyll, Entwurzelten verhieß sie Harmonie und privates Glück in einer neuen Heimat.

«Grün ist die Heide» erzählt vordergründig eine Liebesgeschichte, besetzt mit dem Traumpaar der fünfziger Jahre, Sonja Ziemann und Rudolf Prack: Ein Flüchtlingsmädchen erringt die Zuneigung eines jungen Försters in der Lüneburger Heide. Doch subtil werden auch die sozialen Probleme der Zeit thematisiert: Den ehemaligen Gutsbesitzer Lüdersen treibt die Sehnsucht nach der verlorenen Heimat zum Wildern in den Wald, er ist ein gebrochener Mann, kein Verbrecher. Als ein Polizist erschossen wird, verdächtigen die misstrauischen Dörfler prompt ihn des Mordes. Doch es gibt ein Happy End, Lüdersen stellt den wahren Mörder, und Tochter Helga kann ihren Förster heiraten.

Der Film zeigt fleißige Flüchtlinge, die klaglos ihr Schicksal annehmen, sich um Integration bemühen und am Ende dafür belohnt werden – ein Schema, mit dem auch andere erfolgreiche

Heimatfilme beim Publikum punkteten: «Das Mädchen Marion» (1956), «Der Förster vom Silberwald» (1954), «Ännchen von Tharau» (1954) oder «Die Mädels vom Immenhof» (1955). Sie alle setzen auf den hemmungslosen Einsatz von Klischees, eine melodramatische Liebesgeschichte und malerische Landschaftsbilder, garniert mit Trachten und Volksmusik.

Filme dagegen, die eine realistische Darstellung der Wirklichkeit boten, floppten meist trotz Starbesetzung. Mit Krieg und Schuld, mit den Ursachen der Vertreibung, wollte man sich im Kino nicht beschäftigen. Auch Filme über die Schrecken der Flucht, die z. B. «Nacht fiel über Gotenhafen» (1959) eindrücklich zeigte, waren keine großen Publikumserfolge, genauso wenig wie die tragikomische Darstellung der Schattenseiten des Zusammenlebens im Film «Mamitschka» von 1955. Ihre schwierige Lebensrealität mochten die Menschen nicht auch noch auf der Leinwand sehen. Bei den wenigen Dokumentarfilmen zum Thema Integration war es ähnlich: Der 1949 noch von den Besatzungsmächten fertiggestellte Film «Asylrecht» verschwand für viele Jahre in den Archiven, weil kein Kino ihn spielen wollte – obwohl er auf der Biennale in Venedig ausgezeichnet worden war. Zu realistisch beschrieb er die erschütternden Zustände und Schicksale in den Flüchtlingslagern. Und obendrein stellte er in einer historischen Einordnung klar, dass die Deutschen nicht nur Opfer, sondern eben auch Verursacher von Flucht und Vertreibung waren. Kein Stoff für Kinoträume.

Henning Burk

Gabriele von Altrock: «Das ist auch Heimat: von dort hierherverpflanzt»

«Meine Heimat gibt es nicht mehr. Sie ist für immer untergegangen.» Mit dieser nüchternen Feststellung umreißt Gabriele von Altrock, die heute in Harheim, einem Stadtteil von Frankfurt am Main, lebt, ihre Einstellung zu Schlesien. Der Gutshof ihrer Ahnen, Schloss Biegnitz bei Glogau, gehörte einst zum deutschen Reichsgebiet und liegt jetzt in Polen. Er wurde in den Jahrzehnten nach ihrer Flucht nicht mehr gepflegt und ist inzwischen verfallen.

Für Gabriele von Altrock ist mit der Zerstörung des Landguts ihrer Vorfahren eine heile Welt untergegangen, eine festgefügte, patriarchalische, unverrückbare Ordnung. In ihr hat jeder alles als gottgegeben hingenommen, mit preußischem Pflichtbewusstsein sein Bestes gegeben, «vor Gott und in der Verantwortung für den Mitmenschen», sagt sie. Das zeichnete das untergegangene Schlesien aus. «Als kleines Mädchen habe ich einmal zu meinem Vater gesagt: ‹Ich hol jetzt den Retsch.› Darauf hat er sofort geantwortet: ‹Das heißt Herr Retsch!› Das war das Preußische. Wir mussten ‹Herr Retsch› mehrfach wiederholen. Seitdem habe ich nie wieder ohne Respekt von anderen Leuten gesprochen. Einmal streng und klar ausgesprochen. Dann war das erledigt.»

Aus Respekt und Fürsorge habe sich ihre Familie stets bemüht, für jeden zu sorgen: «Alle meine Verwandten haben sich immer um das Wohl ihrer Angestellten gekümmert. Es war selbstverständlich, in seinem Testament auch die Diener zu bedenken. Jeder hat etwas bekommen. Jeder war bemüht, wohltätig zu sein. Das hat Respekt eingebracht. Der Graf hatte nur finanziell eine bessere Stellung. Er

hatte die Verpflichtung, für andere da zu sein. So bin ich aufgewachsen.»

Als 1945 die russische Front näher rückt und alle in Biegnitz aufgefordert werden, nach Westen zu ziehen, gehen viele nicht mit. Die Schneiderin nicht und der gehbehinderte Schuster mit seinen verkrüppelten Beinen auch nicht. Man würde ihnen schon nichts antun. Gabriele von Altrock erinnert sich: «Mein Vater hat gesagt: ‹Wer soll die Kühe melken, wer soll das alles machen? Ich will nicht weg.› Da kam der Ortsgruppenleiter und sagte zu meinem Vater: ‹Der Führer hat befohlen, das Dorf muss geräumt werden.› Er drohte ihm mit der Waffe. Da hat meine Mutter zu meinem Vater gesagt: ‹Du bist krank. Was willst du allein als kranker Mann hier? Das geht nicht. Du hast eine Frau und Kinder, willst du denn, dass du hier erschossen wirst?› Wir sind dann geflüchtet. Die Schneiderin hat nicht überlebt, der Schuster auch nicht. Die meisten, die sich in den größeren Dörfern Schlesiens geweigert haben wegzugehen, mussten als Zwangsarbeiter in die Kohlegrube. Meine Patentante, die auch in Schlesien geblieben ist, meinte, man würde ihr nichts tun, sie sei eine alte Frau. Sie hat noch jahrelang jämmerlich leiden müssen.»

Die Nachkriegszeit stellt Gabriele von Altrock vor ganz neue Aufgaben. Zum Nachdenken bleibt kaum Muße. Sie braucht Geld, muss Lebensmittel organisieren und ihr Studium schaffen. Sie weiß nicht, wo Verwandte und Freunde sind. Viele ihr nahestehende Menschen sind gestorben. «Für mich war die Isolation das Schwerste. Das bissel Nahrung: Wenn ich Sauerkraut und Kartoffeln hatte, war ich schon zufrieden, mehr brauchte ich nicht. Aber die menschliche Verbindung, das gemeinschaftliche Ertragen, Menschen, die einen ohne große Worte verstanden, das war wichtig. Wir waren Menschen mit ähnlichem Schicksal. Menschen, die das Glück hatten, einen Rucksack gerettet zu haben.»

Für die abwehrende Haltung der Einheimischen zeigt Gabriele von Altrock Verständnis. «Die Leute hatten den Krieg satt. Sie wollten ihre Ruhe haben. Das Dorf, in das ich eingewiesen worden bin, war völlig übervölkert. Wir waren eine Zumutung für die, denen wir aufgebürdet worden sind.» Böswilligkeit sei ihr allerdings selten widerfahren.

Ihre Generation, sagt Gabriele von Altrock stolz, habe nach dem Krieg einen heute unbegreiflichen Optimismus gehabt. Das kleinste Taschentuch, das man bekommen konnte, sei ein sichtbares Zeichen dafür gewesen, dass es wieder aufwärtsging. «Auch ich war von einem ungeheuren Lebensmut beseelt. Eine bessere Zukunft wird kommen. Man war für alles dankbar. Vom Roten Kreuz hatte ich eine Marschgepäckdecke bekommen, ein schrecklich raues Material. Daraus hat mir eine Schneiderin einen Mantel gemacht. Ich bin damit rumgelaufen und habe mich geschämt, weil ich so hässlich ausgesehen habe. Aber es war ein wärmender Mantel.»

Gabriele von Altrock ist nach ihrem Studium Bibliothekarin geworden. Ein für sie passender Beruf, meint sie. Da konnte sie für andere verantwortlich sein, so wie sie es von ihrem Elternhaus gewöhnt ist. «In der Früh war ich die Erste, abends die Letzte.»

Das sei der Geist Schlesiens in ihr, sagt Gabriele von Altrock. Nur so habe ihre Generation die schweren Kriegs- und Nachkriegsjahre überstehen können: «Und damit haben wir wieder Boden unter die Füße bekommen, schrittweise, langsam. Wir haben nie vergessen, dankbar zu sein. Nichts, was wir bekommen haben, war uns selbstverständlich. Schlechtes, Schweres, Schlimmes haben wir getragen. Schönes mit Dank und Freude hingenommen. Bescheiden sein, das ist unser christliches Fundament.»

In den fünfziger Jahren wandert sie mit ihrem ersten Mann und zwei Kindern nach Brasilien aus. Voller Elan, sagt sie, die Welt stand ihr offen. Sie werden in einer deutschen Kolonie, um 1850 von ausgewanderten Pommern gegründet, freundlich aufgenommen. Doch dann verträgt sie das Klima und die Ernährung nicht. Die Regenzeit macht sie schwermütig. «Jeden Tag Regen, Regen, Regen.» Sie bekommt ein weiteres Kind, die Versorgung mit Wasser ist schlecht, die Milch für die Kinder wird bei der Hitze schnell sauer. Das Leben ist mühsam. «Trotzdem haben wir schöne Zeiten gehabt. Die Landschaft war unvergleichlich schön, anders, großzügig. Aber irgendwann stößt der Mensch an seine Grenzen.»

Nach Deutschland zurückgekehrt, gründet Gabriele von Altrock 1974 die «Humanitäre Hilfe für Schlesien», um die Menschen, die in der Heimat geblieben sind, materiell und ideell zu unterstützen. Sie ruft zur Spendensammlung auf: Wohnzimmereinrichtungen, Eisschränke, Küchenherde, Geschirr, Porzellan, Besteck werden ihr wortlos vor die Tür gestellt, und sie bringt sie in die alte Heimat. Am Anfang fährt sie viermal im Jahr dorthin.

Auf die Idee, ein Hilfswerk für Schlesien zu gründen, kommt sie durch eine Zeitungsmeldung – darin heißt es, in Oberschlesien gebe es keine Deutschen mehr. Daraufhin recherchiert sie und erhält von dort einen Brief mit der Bitte, sie solle doch vorbeikommen, man würde ihr gern berichten. Kurz darauf fährt sie los: «Ich hatte nichts, keinen Stadtplan, ich konnte kein Polnisch. Ich bin einfach losgefahren. Es war abenteuerlich. Die Leute dachten, ich spinne.» Mit Händen und Füßen versucht sie sich zu verständigen, aber die Menschen schütteln nur den Kopf. Nach drei Tagen findet sie endlich den Absender des Briefes. «Am meisten freute sich der Mann darüber, dass ich ihm eine Platte mit deutschen Volksliedern mitgebracht habe. Es war *Am Brunnen vor dem Tore*, er legte sie auf, öffnete das Fenster und sang mit gebrochener Stimme begeistert mit. Immer wieder von vorn.»

«Bicher, Bicher»

Dann nimmt sie Verbindung mit der deutschen Gruppe auf, die ihr von den Lebensverhältnissen der Schlesier erzählt. Sie fragt, was die Menschen brauchen, was ihnen fehlt. «Zu meiner großen Verwunderung war die Antwort: *Bicher* – Bücher. Ich wusste, dass Lebensmittel knapp waren, dass vieles knapp war, auch Geld, aber wie aus einem Munde sagten diese Menschen: *Bicher, Bicher*. Und das zu einer Bibliothekarin und Buchhändlerin! So entstand mein erster Bücherbus. Daraus entwickelte sich dann die Humanitäre Hilfe für Schlesien.»

Das Hilfswerk erfülle sie bis heute mit Freude, sagt die Achtundachtzigjährige und betont, wie dankbar sie sei, dass sie das noch leisten könne. «Meine Freunde sagen immer, ich bin so rüstig, weil ich mich um andere Leute kümmere. Das stimmt. Die fordern mich. Ein bisschen Mitmenschlichkeit in der heutigen schwachen Zeit zu verwirklichen, das ist mein Erbe von den Vorfahren. Ein Leben lang hart arbeiten und Vorbild sein. Du kannst vom anderen nicht mehr verlangen als von dir selbst. Von dir selbst musst du am meisten verlangen. So bin ich groß geworden.»

Inzwischen hat Gabriele von Altrock mehr als achtzig Transporte mit Hilfsgütern organisiert. «Egal wo ich hinkomme, wir haben sofort einen Kontakt, ohne jede Schwierigkeit. Das liegt an der Mentalität. Wir Schlesier sind mitteilungsfreudiger, kontaktfähiger und kontaktbereiter als die Hessen. Diese Mitteilungsfreudigkeit verleitet zum Schwätzen. Aber das ist eine nette Gemeinsamkeit. Wir fühlen uns von jetzt auf gleich verwandt. Ein unbeschreiblich beglückendes Gefühl.»

Der Verlust der alten Kultur bekümmert Gabriele von Altrock bis heute: «Viel schmerzlicher als der Verlust von Land und Besitz ist der Verlust der Kultur, der Tradition, der Kontinuität der Familie, der Gräber und Familienfriedhöfe. Wenn wir an die Gräber gegangen sind, fühlten wir uns aufgerufen, ja verpflichtet, den Ahnen wert zu sein.» Der christliche Glaube, sagt sie, mag eine Fortführung der alten Lebensbasis ermöglichen, aber die versunkene Lebenswelt kann er nicht ersetzen.

In die Landsmannschaften fühlte sie sich nie eingebunden. «Ich gehe hin, ich verlasse sie nicht, ich sage ihnen: ‹Leute, ich tu was für Schlesien, ich will die Erinnerung dort wachhalten.› Aber eingebunden? Nein.» Auch an die großen Schlesiertreffen erinnert sich Gabriele von Altrock mit gemischten Gefühlen. «Da haben unsere Politiker große Reden gehalten. Der Adenauer, auch der Kohl. Es hieß immer, Schlesien bleibt unser – wir können wieder in die Heimat zurück. Diese Reden haben uns in die Irre geführt, und wir haben daran geglaubt.» Gabriele von Altrock ist überzeugt, dass der katholische Adenauer das evangelische Preußentum nicht mochte, und empfindet das Eintreten dafür, dass Schlesien wieder deutsch werde, als Heuchelei. Auch die Rolle Helmut Kohls sieht sie kritisch. Der habe sich in unverschämter Weise für die Wiedervereinigung feiern lassen. «Das war keine Wiedervereinigung. Das ist den Leuten nur so eingehämmert worden. Das war höchstens eine Teilvereinigung. Zwei deutsche Staaten wurden teilvereinigt. Wiedervereinigung würde die gesamten deutschen Ostgebiete umfassen. Das ist ein großer Unterschied. Wir Schlesier haben dem Kohl geglaubt, obwohl hinter verschlossenen Türen alles schon längst abgekartet war. Es hieß immer: Schlesien unter polnischer Verwaltung. Wir haben immer gedacht, die polnische Verwaltung würde eines Tages auslaufen.»

Trotz dieser Enttäuschungen bleibt Gabriele von Altrock bis heute Mitglied der CDU. Vielleicht auch aus Dankbarkeit, dass sie in der Partei ein Stück neue Heimat gefunden hat. Ein Parteimitglied bietet ihr im Frankfurter Stadtteil Harheim ein Grundstück an – er findet, dass man eine so tatkräftige Frau im Ort brauchen könne. Tatsächlich stürzt sich Gabriele von Altrock aus Dankbarkeit in die Öffentlichkeitsarbeit – inzwischen ist sie zum dritten Mal zur Seniorenbeirätin gewählt worden. «Wir Zugereiste, Vertriebene, Flüchtlinge, Neuankömmlinge haben hier in Harheim einen Kulturverein gegründet, weil wir uns für die hessische Kultur interessiert haben. Wir haben alte Ackergeräte, die zur bäuerlichen Kultur des Landes gehörten, ausgegraben. Da haben die Leute erst gesagt: ‹Das alte Gelärr.› Als wir dann aber das Museum aufgebaut hatten, schwanden die Vorbehalte, und es entstanden persönliche Kontakte. Jawohl, ich bin sehr gerne hier, ich bin dankbar, ich fühle mich eingebunden. Die Einheimischen haben sich auch geöffnet, aber da gehörte schon eine gewisser Impuls dazu. Und der ging doch eher von mir aus.»

Gabriele von Altrock hat Tieferes im Sinn, wenn sie den Hessen ihre eigene Kultur vor Augen führt. Sie will ihnen klarmachen, dass sie noch etwas haben, was für sie selbst verloren ist: «Ich sage ihnen: ‹Seid stolz auf das, was ihr habt! Die Kreuze, die es hier noch überall am Wege gibt, diese Stätten des Gebets und der Erinnerung, die haben wir nicht mehr!› Uns ist es gelungen, ihnen die Augen zu öffnen. Sie sehen jetzt ihre eigene Umgebung mit anderen Augen und sagen, es ist schön, dass diese bäuerliche Kultur noch weiterlebt.»

Ihr kam die Idee für das Museum, während sie ihr Haus in Harheim baute. Bei der Ausschachtung stieß sie auf die Gräber einer alten Siedlung und auf das Skelett einer Frau, die offenbar eine Bluse aus Leinen getragen hatte. Gabriele von Altrock geht mit den Knöpfen der Bluse zum Juwelier und lässt sich von ihm daraus Manschettenknöpfe für ihren Sohn fertigen. Es soll einen symbolische Bezug zu dem Ort schaffen – da lebt die Tradition noch einmal auf: die Verbindung zum Boden.

Gabriele von Altrock ist dankbar, in Hessen leben zu können, es ist ihr Zuhause. Aber ihre Heimat ist und bleibt Schlesien. «1848 hatte die Oder Hochwasser. Unser Dorf und andere Dörfer waren total überflutet. Als das Hochwasser wieder verschwunden war, hat unser Urgroßvater auf dem Feld, auf dem die Flut zum Stillstand kam, ein Dankeskreuz errichten lassen. Jetzt ist das Dorf verschwunden, das Land polnisch und das Kreuz zerschunden, vergammelt, Müllabladestelle. Ich habe es immer wieder besucht, mein stilles Gebet gesprochen und mir gedacht, es gibt nur zwei Möglichkeiten: abreißen oder neu machen. Ich habe mich für eine Restaurierung entschieden. Es ist wieder schön geworden. Das ist Heimat. Das ist ganz etwas anderes als ein momentanes Zuhause.»

Geblieben ist die Sehnsucht. Und die bewahrt Gabriele von Altrock durch ihre Verbindung zu den Menschen, die nicht weggegangen sind, zu deren Kindern und Enkelkindern. Deshalb fühlt sie sich nicht heimatlos. «Ich habe auch ein Stück Heimaterde hierhergebracht. Die beiden Fliederbüsche draußen im Garten, die habe ich, als sie ganz klein waren, in Schlesien ausgegraben. Heute sind sie riesig. Das ist auch Heimat: von dort hierher verpflanzt. Das ist schön, den Fliedergeruch von damals heute hier zu erleben. Es ist das Gemüt Joseph von Eichendorffs», sagt sie, «der mit seiner volkstümlichen, schlichten Art das bei uns tief verinnerlichte Gefühl für die schöne, von Gott geschenkte Landschaft widerspiegelt.»

Vertriebenen-Organisationen, -Parteien und -Verbände

Auch wenn viele Vertriebene noch lange darauf hofften, eine Rückkehr in die alte Heimat war den alliierten Vereinbarungen entsprechend unmöglich. Die Besatzungsmächte, vor allem die US-Militärregierung, strebten eine rasche Eingliederung der Neuankömmlinge in die alteingesessene Bevölkerung an. Einzig Familienverbände durften zusammenbleiben, größere Gruppen aus gleichen Herkunftsgebieten wurden möglichst getrennt und an unterschiedlichen Orten angesiedelt. Aus Angst vor Unruhen wurden soziale Bindungen zwischen Landsleuten weitgehend unterbunden. Zwischen 1946 und 1948 galt in den westlichen Besatzungszonen ein sogenanntes Koalitionsverbot, das Vertriebenen die Gründung von Heimatvereinen, eigenen politischen Parteien und Verbänden untersagte. Dennoch gründeten Vertriebenengruppen immer wieder unverdächtig wirkende Tarnorganisationen, die sich im Verbotsfall unter anderem Namen neu formierten. Als einzige größere politische Organisation wurde die am 15.2.1946 mit 15 000 Mitgliedern gegründete Arbeitsgemeinschaft deutscher Flüchtlinge e.V. genehmigt. Als das Koalitionsverbot ab 1947 gelockert wurde, entstanden in Windeseile zahlreiche Vereinigungen und regionale Landsmannschaften, die sich der Selbsthilfe, der Traditions- und Brauchtumspflege, aber auch der Verfolgung politischer Ziele widmeten.

Die wichtigsten Organisationen:

BdV (Bund der Vertriebenen) Der «Bund der Vertriebenen – Vereinigte Landsmannschaften und Landesverbände e.V.» ist ein föderalistisch aufgebauter Dachverband der Landsmannschaften, der am 27.10.1957 gegründet und am 14.12.1958 endgültig konstituiert wurde. Heute gehören ihm 20 Landsmannschaften in 16 Landesverbänden an. Die Angaben bezüglich der Mitgliederzahlen schwanken zwischen 2 Millionen (nach Angaben des BdV), 550 000 nach Recherchen der Nachrichtenagentur ddp und rund 100 000 Mitgliedern, wie der «Deutschlandfunk» ermittelt haben will (Stand 2010). Die Präsidentin des BdV ist seit 1998 Erika Steinbach.

Gesamtdeutscher Block/ BHE (Bund der Heimatvertriebenen und Entrechteten) Der BHE wurde von Waldemar Kraft im Januar 1950 in Schleswig-Holstein als Partei der Flüchtlinge und Vertriebenen gegründet (den Namen «Gesamtdeutscher Block/ BHE» erhielt die Partei 1951). Die politischen Ziele des GB/BHE konzentrierten sich auf die Forderungen nach «Lebensrecht im Westen» (z.B. zu Lastenausgleich und Wohnungsbauprogrammen) und «Heimatrecht im Osten» (Rückkehr zu den Grenzen von 1937). Beide Forderungen waren auch Motto eines SPD-Kongresses im April 1957. Vor der Bundestagswahl 1961 fusionierte der GB/BHE mit der DP (Deutsche Partei) zur GDP (Gesamtdeutsche Partei). Mit Theodor Oberländer stellte der BHE 1953 bis 1956 den Vertriebenenminister (Oberländer blieb zwar bis 1960 Minister, wechselte 1956 aber zur CDU).

ZvD (Zentralverband der vertriebenen Deutschen) Der ZvD wurde am 9.4.1949 gegründet als Zusammenschluss der auf Länderebene organisierten Interessenverbände. Der erste Vorsitzende des ZvD war der spätere Vertriebenenminister Hans Lukaschek.

VOL (Vereinigte Ostdeutsche Landsmannschaften) Die VOL wurden am 24.8.1949 gegründet, sie waren ein Zusammenschluss von neun heimatpolitischen Verbänden.

ZvD und VOL beschlossen zunächst im «Göttinger Abkommen» vom 20.11.1949 eine Kooperation mit aufgeteilten Tätigkeitsfeldern: Der ZvD kümmerte sich um wirtschaftliche und soziale Belange, die VOL um heimat- und kulturpolitische Fragen. Beide gemeinsam organisierten den ersten «Tag der Heimat» am 5.8.1950 und entwarfen die «Charta der deutschen Heimatvertriebenen» (*vgl. Seite 122*). Später überlagerten sich die Arbeitsfelder, es kam zu Konkurrenz und Machtkämpfen.

BvD (Bund der vertriebenen Deutschen) Der BvD war die Nachfolgeorganisation des ZvD und wurde gegründet am 18.11.1951. Er bestand bis 1959 und ging dann im BdV auf.

VdL (Verband der Landsmannschaften) Der VdL war die Nachfolgeorganisation des VOL, er bestand fünf Jahre, von 1952 bis 1957, und ging ebenfalls im BdV auf.

Stiftung Flucht Vertreibung Versöhnung

Die «Stiftung Flucht Vertreibung Versöhnung» (SFVV) ist eine Stiftung des öffentlichen Rechts, die am 30.12.2008 mit dem Ziel gegründet wurde, »im Geiste der Versöhnung die Erinnerung und das Gedenken an Flucht und Vertreibung im 20. Jahrhundert im historischen Kontext des Zweiten Weltkrieges und der national-sozialistischen Expansions- und Vernichtungspolitik und ihren Folgen wach zu halten». Träger der Stiftung ist das Deutsche Historische Museum in Berlin, ihr Direktor der Historiker Manfred Kittel. Vorgesehen ist als «sichtbares Zeichen» und «Ort lebendigen Gedächtnisses» eine Dauerausstellung im Berliner Deutschlandhaus, ergänzt mit Wechselausstellungen zu Einzelaspekten.

In einem Dokumentations- und Informationszentrum will man künftig wissenschaftliche Erkenntnisse vermitteln und zu weiterer Forschung anregen, auch im internationalen Austausch. Neben deutschen Historikern sollen auch Wissenschaftler aus den östlichen Nachbarländern, z.B. aus Polen, Ungarn oder Tschechien, am Ausstellungskonzept mitwirken. Doch sowohl die personelle Besetzung des 21-köpfigen Stiftungsrates als auch der wissenschaftlichen Beraterkommission, die das Konzept erarbeiten soll, stehen seither im Mittelpunkt einer kontroversen Diskussion, die Eckpunkte für die Ausstellung wurden inzwischen vorgestellt.

Zur Geschichte von Flucht und Vertreibung und der Integration der Vertriebenen gibt es neben lokalen Erinnerungsorten in einzelnen Städten und Kommunen auch Museen, die Geschichte und Kultur verschiedener Heimatgebiete von Vertriebenen zeigen, zum Beispiel das Ostpreußische Landesmuseum in Lüneburg, das Westpreußische Landesmuseum in Münster-Wolbeck, das Pommersche Landesmuseum in Greifswald und das Schlesische Museum in Görlitz. Mit der Geschichte der Sudetendeutschen wird sich zukünftig das Sudetendeutsche Museum in München beschäftigen, das sich derzeit in Planung befindet.

Prominente aus Vertriebenenfamilien oder mit Wurzeln im historischen deutschen Osten (kleine Auswahl)

Banat: Nobelpreisträgerin Herta Müller, Schriftsteller Hans Dama **Bessarabien:** Ex-Bundespräsident Horst Köhler, ev. Pfarrer Arnulf Baumann **Böhmen und Mähren:** Entertainer Harald Schmidt, Schriftsteller Otfried Preußler, Literaturkritiker Hellmuth Karasek, Schauspielerin Ruth Maria Kubitschek, Moderatorin Uschi Nerke, Fußballer Philipp Lahm, Künstler Markus Lüpertz, Karikaturist Walter Hanel, Fußballer Sigfrid «Siggi» Held **Danzig:** Bundeskanzlerin Angela Merkel (Mutter aus Danzig), Schriftsteller Günter Grass, Politiker Horst Ehmke, Schauspieler Matthias Habich, Journalist und Autor Uwe-Karsten Heye (geboren in Nordböhmen, Mutter aus Danzig), Schauspielerin Ingrid van Bergen, Schauspielerin Nastassja Kinski (Vater Klaus Kinski aus Danzig), Journalist Rupert Neudeck, Schauspieler Wolfgang Völz **östliches Brandenburg:** Schriftstellerin Christa Wolf (Landsberg an der Warthe) **Ostpreußen:** Journalist Klaus Bednarz, Sängerin Lena Valaitis, Schauspieler Armin Müller-Stahl, Fußballtrainer Udo Lattek, Komödiant Ingo Insterburg (eigentlich Ingo Wetzker, geb. in der ostpreußischen Stadt Insterburg), Zirkusdirektor Gerd Simoneit-Barum und Tochter Rebecca Simoneit-Barum, Sänger und Schauspieler Volker Lechtenbrink, Politiker Bernd Neumann, Politiker Sigmar Gabriel (Mutter aus Ostpreußen), Schauspielerin Witta Pohl **Pommern:** Schauspielerin Barbara Wussow, Schauspieler Burkhard Driest, Schlagersänger Michael Holm, Politikerin Antje Huber, Schauspielerin Ellen Schwiers, Politiker Manfred Stolpe, Schriftsteller Horst Stern, Kabarettist Henning Venske **Schlesien:** Kölner Erzbischof Joachim Meisner, Kinderbuchautor Janosch (eigentlich: Horst Eckert), Politiker Wolfgang Thierse, Fußballer Miroslav Klose, Lukas Podolski und Michael Ballack, Schauspielerin Thekla Carola Wied, Moderator

Thomas Gottschalk, Politiker Hans-Ulrich Klose, TV-Journalist Alfred Biolek, Schauspielerin Hanna Schygulla, Journalist Friedrich Nowottny, Historiker Fritz Stern, Handball-Legende Bernhard Kempa **Siebenbürgen:** Sänger Peter Maffay, Schriftsteller Eginald Schlattner **Donauschwaben/Ungarn:** Ex-Außenminister Joschka Fischer.

Anhang

Zum Weiterlesen

Literarische Darstellungen

Emma Braslavsky: Aus dem Sinn, Berlin 2007.
Christine Brückner: Jauche und Levkojen, Frankfurt am Main 1975.
Christine Brückner: Nirgendwo ist Poenichen, Frankfurt am Main 1977.
Radka Denemarková: Ein herrlicher Flecken Erde, München 2009.
Günter Grass: Unkenrufe, Göttingen 1992.
Christoph Hein: Landnahme, Frankfurt am Main 2004.
Sabrina Janesch: Katzenberge, Berlin 2010.
Reinhard Jirgl: Die Unvollendeten, München 2003.
Peter Kurzeck: Kein Frühling, Frankfurt am Main 2007.
Petra Reski: Ein Land so weit, München 2000.
Petra Reski: Meine Mutter und ich, München 2003.
Arno Surminski: Kudenow oder An fremden Wassern weinen, Hamburg 1978.
Arno Surminski: Polninken oder Eine deutsche Liebe, Hamburg 1984.
Arno Surminski: Grunowen oder Das vergangene Leben, Hamburg 1989.
Hans-Ulrich Treichel: Der Verlorene, Frankfurt am Main 1998.
Hans-Ulrich Treichel: Menschenflug, Frankfurt am Main 2005.

Überblickdarstellungen und Monographien
zu einzelnen Themen und Orten

Klaus J. Bade | Pieter C. Emmer | Leo Lucassen | Jochen Oltmer (Hg.): Enzyklopädie Migration in Europa vom 17. Jahrhundert bis in die Gegenwart, Paderborn 2007.
Detlef Brandes | Holm Sundhausen | Stefan Troebst (Hg.): Lexikon der Vertreibungen. Deportation, Zwangsaussiedlung und ethnische Säuberung im Europa des 20. Jahrhunderts, Wien | Köln | Weimar 2010.
Andreas Ehrhardt: Wie lästige Ausländer. Flüchtlinge und Vertriebene in Salzgitter 1945-1953, Salzgitter 1991.
Martin Grzimek: Trutzhain. Ein Dorf, München 1984.

Hermann Heidrich | Ilka E. Hillenstedt (Hg.): Fremdes Zuhause. Flüchtlinge und Vertriebene in Schleswig Holstein nach 1945, Neumünster 2009.

Hans Henning Hahn | Eva Hahn: Die Vertreibung im deutschen Erinnern. Legenden, Mythos, Geschichte, Paderborn 2010.

Dierk Hoffmann | Marita Krauss | Michael Schwartz (Hg.): Vertriebene in Deutschland. Interdisziplinäre Ergebnisse und Forschungsperspektiven, München 2000.

Dierk Hoffmann | Michael Schwartz (Hg.): Geglückte Intergration? Spezifika und Vergleichbarkeiten der Vertriebenen-Eingliederung in der SBZ/DDR, München 1999.

Andreas Kossert: Kalte Heimat, München 2008.

Marita Krauss (Hg.): Integrationen. Vertriebene in den deutschen Ländern nach 1945, Göttingen 2008.

Hilke Lorenz: Heimat aus dem Koffer. Vom Leben nach Flucht und Vertreibung, Berlin 2009.

Wolfgang Meinicke | Alexander von Plato: Alte Heimat – neue Zeit. Flüchtlinge, Umgesiedelte, Vertriebene in der Sowjetischen Besatzungszone und in der DDR, Berlin 1991.

Hannelore Oberpenning: Arbeit, Wohnung und eine neue Heimat…: Espelkamp – Geschichte einer Idee, Essen 2002.

Dieter Pfau | Heinrich Seidl (Hg.): Nachkriegszeit in Siegen 1945 -1949, Siegen 2004.

Ute Schmidt: Die Deutschen aus Bessarabien, Wien / Köln / Weimar 2006.

Stiftung Haus der Geschichte der Bundesrepublik Deutschland (Hg.): Flucht, Vertreibung, Integration, Bielefeld 2005.

Thomas Urban: Der Verlust. Die Vertreibung der Deutschen und Polen im 20. Jahrhundert, München 2004.

Über die Autoren

Henning Burk, geboren 1945, studierte Theaterwissenschaft in München und Wien. Promotion über das Thema «Psychoanalyse und Theater». Seit über 35 Jahren arbeitet er als Autor und Regisseur für öffentlich-rechtliche Rundfunkanstalten, u.a. HR, WDR und ZDF. Seine Schwerpunktthemen sind Kultur und Zeitgeschichte. 2008 realisierte er gemeinsam mit seinem tschechischen Kollegen Pavel Schnabel den ARD-Zweiteiler «Die Sudetendeutschen und Hitler».

Erika Fehse, geboren 1956, studierte Theater-, Film- und Fernsehwissenschaften, Ethnologie und Pädagogik in Köln. Seit 1982 arbeitet sie als freiberufliche Dokumentarfilmerin und Rundfunkjournalistin u.a. für WDR, ZDF und Arte. 1993 erhielt sie für den Kino-Dokumentarfilm «Si Mustapha Müller – Kurze Zeit des Ruhms» den Deutsch-Französischen Journalistenpreis. Zu ihren Schwerpunkten gehören zeithistorische Themen. www.erika-fehse.de

Susanne Spröer, geboren 1965, studierte Geschichte und Journalismus und volontierte beim WDR in Köln. Seitdem arbeitet sie als Filmemacherin und Autorin. Ihr Credo: Geschichte ist immer die Geschichte von Menschen – deshalb stehen stets Menschen im Mittelpunkt ihrer Filme, darunter «Margaret Sanger: Moderne Geburtenkontrolle» (1999) und «Trümmerjahre: Zeit der Frauen» (2006). Seit 2007 arbeitet sie als Redakteurin in der WDR-Geschichtsredaktion.

Marita Krauss, geboren 1956, ist Professorin für neuere Geschichte an der Universität Augsburg. Sie befasst sich seit über zwanzig Jahren mit Themen von Migration und Integration, forscht und publiziert über Vertriebene und Remigranten nach 1945, über Grenzen, die Veränderungen bei den Zurückbleibenden und über Frauen im Migrationsprozess. 2009 erschien ihre Biografie von Dr. Hope Bridges Adams Lehmann, der ersten Frau, die in Deutschland ein medizinisches Staatsexamen ablegte.

Gudrun Wolter, geboren 1964, studierte Germanistik, Theaterwissenschaft und Publizistik an der Freien Universität Berlin. Sie ist Redakteurin in der Programmgruppe Gesellschaft/Dokumentation des Westdeutschen Rundfunks, verantwortlich für Programme im Bereich Geschichte/Zeitgeschichte. Zudem ist sie Autorin zahlreicher Filmdokumentationen zu historischen Themen, u. a. über Zuwanderung in Preußen, über die nationalstaatliche Einigung Italiens oder über die Geschichte der litauischen Hauptstadt Vilnius.

Bildnachweis

Picture Alliance: 16, 20, 29, 35, 38, 90, 110, 119, 193, 200
Robert Brokoph: 48, 58, 59
Peter Kurzeck: 65
Ingrid Berlik: 81
Hildegard Spors: 84, 86, 94, 99
Werner Krokowski: 130, 145, 147
Ruth Annuschies: 150, 155
Helga Plessow: 151, 159, 170
Hartmut Brandenburg: 157, 163, 166, 167, 171
Franz Bachert: 174, 184, 187
Eva Petto: 177, 180
Elvira Schmidt: 212, 221
Henning Burk: 240
Gabriele von Altrock: 246

Deutsche Gebietsverluste

FINNLAND

⊙ Helsinki

Ladogasee

⊙ Leningrad

Åland
_1921–35_
neutralist.

Narva ⊙

⊙ Tallinn

Dagö

ESTLAND _Peipussee_

Ilmensee

Ösel

stsee

LETTLAND

⊙ Riga

Düna

⊙ Polozk

⊙ Witebsk

Memel ⊙ LITAUEN

Memelgebiet
1923

⊙ Kaunas

⊙ Wilna

Weißrussische
SSR

Königsberg

adt

⊙ Suwalki

Wilna-
gebiet

⊙ Minsk

SOWJETUNION

Ostpreußen

n

⊙ Białystok

⊙ Warschau

Bug

⊙ Brest-Litowsk

⊙ Lodz

POLEN

⊙ Lublin

⊙ Rowno

⊙ Kiew

Dnjepr

Krakau

⊙ Lemberg

Ukrainische SSR

Dnjestr

SLOWAKEI

Bug

⊙ Tschernowitz

udapest

Transnistrien

NGARN

RUMÄNIEN

Pruth

Bessarabien
_1918/20_

Schwarzes
Meer

onau

Deutsche Gebietsverluste

Saarland (seit 1946 franz.
Zoll- und Wirtschaftsgebiet;
1.1.1957 Land der Bundes-
republik Deutschland)

NORWEGEN

Oslo

Stavanger

Stoc

Skagerrak

SCHWEDEN

Kattegat

Öla

Nordsee

DÄNEMARK

Karlskrona

Kopenhagen

Rügen

Pommern

Hamburg

Szczec

unter poln.
Verwaltung

Bydg

Amsterdam

Berlin

NIEDERLANDE

DDR
1949

Pe

Brüssel

DEUTSCHLAND
1949

Köln

Leipzig

unter poln.
Verwaltung

BELGIEN

Bonn

Weimar

Wrocław

LUX.

Rhein

Frankfurt

Schlesie

Saarbrücken

Sudetenland

Prag

Nürnberg

TSCHECHO
1948 VR

Straßburg

Donau

Brün

FRANKREICH

München

Linz

Wien

Dijon

ÖSTERREICH

SCHWEIZ

Genf

Drau

Lyon

ITALIEN

JUGO-
SLAWIEN
1945 Förderative VR

Mailand

Triest
1947–54
Freistaat

Venedig

Po

0   50   100 km

Europa 1949

FINNLAND
Helsinki

Ladogasee
Leningrad

Åland
1921–35
neutralist.

Tallinn   Narva

Dagö

Estnische SSR
seit 1944
Peipussee   Ilmensee

Ösel

stsee

Lettische SSR
seit 1944

Riga

SOWJETUNION
(RSFSR)

Düna

Polozk
Witebsk

Klajpeda

Litauische SSR
seit 1944

Kaunas

Wilna

ingrad
unter sowjet. Verwaltung

ansk

Ostpreußen

unter polnischer Verwaltung

Minsk

Weißrussische SSR

Białystok

ń

Bug

Warszawa   Brest

chter

Łódź

POLEN
1947 VR

Lublin

Kraków

Lwow

Rowno

Kiew

Ukrainische SSR

Dnjepr

Dnjestr

Bug

OWAKEI

Karp.-Ukr.

Czernowitz

udapest

NGARN
1949 VR

RUMÄNIEN
1947 VR

Moldauische
SSR

Pruth

Schwarzes
Meer

onau